NICOLAS DE BONNEVILLE

NICOLAS DE BONNEVILLE

PRÉ-ROMANTIQUE ET RÉVOLUTIONNAIRE

1760—1828

Thèse pour le Doctorat d'Université

présentée

à la Faculté des Lettres de Strasbourg

PAR

PHILIPPE LE HARIVEL

Master of Arts (Honours), de l'Université d'Edimbourg

EN DÉPÔT:

LIBRAIRIE ISTRA, MAISON D'ÉDITION

STRASBOURG, 15, rue des Juifs — PARIS, 57, rue de Richelieu

GREAT BRITAIN, BRITISH EMPIRE, UNITED STATES

HUMPHREY MILFORD, OXFORD UNIVERSITY PRESS

1923

A MON PÈRE

PRÉFACE

« Avant ' 89, dit Sainte-Beuve, il y avait en France un très réel commencement de romantisme, une veine assez grossissante dont on est tout surpris à l'examiner de près : les drames de Diderot, de Mercier, les traductions et les préfaces de Letourneur, celles de Bonneville. »

La recherche précise et la détermination des éléments qui donnaient ainsi, avant la Révolution, une direction secrète à la littérature de plus tard, m'ont naturellement conduit à Nicolas de Bonneville. Cependant une monographie, consacrée à cet auteur, resterait incomplète si elle ne comprenait pas un compte rendu de son rôle politique.

Sans me dissimuler les imperfections de la thèse que je présente à l'Université de Strasbourg, j'ose croire que cette étude d'une personnalité aussi intéressante que sympathique ne sera pas dépourvue d'utilité. Œuvre de jeunesse, interrompue par la guerre, elle représente cependant le résultat de longues et persévérantes recherches : on y trouvera, à côté de renseignements puisés à des sources plus ou moins connues, nombre de détails inédits.

Nicolas de Bonneville n'ayant fait jusqu'ici l'objet d'aucun travail spécial et complet, c'est à la fois une biographie, une critique littéraire et un résumé d'idées politiques et sociales qu'il a fallu entreprendre.

La destinée mouvementée et souvent malheureuse de Bonneville se déroule à travers les péripéties innombrables des événements publics auxquels il se trouve mêlé, et les difficultés d'ordre privé où se débat le père de famille. Le suivre pas à pas dans ce dédale est une impossibilité : le fil conducteur se brise sans cesse ; il se produit des lacunes qu'aucune documentation ne vient combler.

Il y a autant d'incohérence dans la marche de sa pensée. Le manque de composition, l'allure libre de ses articles où vagabondent son esprit et son style, rompt constamment l'enchaînement de ses idées. Nulle part il n'y a d'unité.

L'ordre suivi pour ses théories générales (sociales, religieuses, historiques) permet cependant de percevoir un certain développement.

*Dans l'*Histoire de l'Europe Moderne, *commencée* « sous le régime des censeurs », *Bonneville suit l'humanité de siècle en siècle, cherchant dans la politique et la religion ce que l'on peut considérer comme l'empreinte d'une époque. Il sent s'éveiller en lui une curiosité pour la philosophie de l'histoire et il s'intéresse tout particulièrement aux révolutions modernes dont il suit les conséquences civiles : changements dans le gouvernement et dans les mœurs d'un peuple. Cœur généreux, il s'indigne des entraves que le système féodal impose aux nations, il s'étend sur les droits des peuples et il insiste sur le rôle important que doit jouer la démocratie dans l'Etat.*

*Développant alors le côté moral de son système, Bonneville publie, à part, l'*Esprit des Religions, *où il cherche à résoudre le problème du bonheur social en établissant un gouvernement susceptible de se perfectionner. Il désire voir évoluer un état social où chacun jouirait de tous les plaisirs compatibles avec le bien public. Il voudrait maintenir les hommes en société et les y rendre heureux. « Ce qui forme vraiment le corps social, c'est la race humaine* qui a été, qui est encore *et* qui sera toujours. » *La religion est l'évidence ou la découverte des lois de la nature, mises en pratique ; de là, culte de la loi. Pour conserver le principe du perfectionnement, il faut convoquer la nation entière à des fêtes annuelles où des projets de loi seront soumis à la sanction du peuple réuni.*

Son rôle politique, qui découle naturellement de ses théories sociales, se trouve tracé dans la biographie et dans le chapitre intitulé « Bonneville journaliste ».

Grand apôtre de la Révolution, ennemi de toute servitude comme de tout excès, il employa son talent à secourir ses contemporains et à leur prêcher les principes de l'amour, de la liberté et de l'égalité. Il fut lié tour à tour avec Condorcet, Bailly, Brissot, et Kosciuszko et eut comme amis Fontanes, Roucher, André Chénier et Mercier. Ses liaisons avec Fauchet et Paine l'entraînèrent dans le parti des novateurs. Il fréquenta les salons de Mme Roland et de Mme Helvétius.

La partie consacrée à l'étude de ses travaux littéraires indiquera sur quels points un mérite d'innovation revient à Bonneville.

*Hardi précurseur du romantisme, il fut un des premiers à initier les Français à la littérature allemande et à leur proposer des modèles plus en rapport avec l'esprit remuant et énergique de son époque que les classiques du XVII*e *siècle.*

Notre auteur avait une très haute conception du rôle social de l'écrivain, inspirateur des législations et guide des peuples vers l'avenir, conception que les grands romantiques porteront à son apogée. Il composait des chants populaires et des hymnes religieux destinés à préparer et précipiter « les grandes créations sociales ».

Bonneville s'apitoie sur l'isolement du poète dans une société utilitaire. Il se lamente sur le sort du jeune génie, méconnu de son époque, mais sans souffrir en rien du « mal du siècle », *du pessimisme de doctrine ou de tempérament qui donnera à des plaintes analogues un caractère si différent vers* 1835.

Bien avant Chateaubriand et Nodier, Bonneville marque une réaction contre l'excès d'intellectualisme chez l'homme de lettres. Parfois il fait de la pensée avec son cœur dont il écoute les oracles et les prophéties. Il a également le sens des émotions collectives qui servent de support aux groupements humains.

Je saisis cette occasion de remercier cordialement tous ceux qui m'ont apporté leur concours : d'abord, mon estimé professeur, M. Baldensperger, des précieuses indications qu'il a bien voulu me fournir, ainsi que de ses encouragements et de son appui, sans lesquels il m'eût été très difficile, sinon impossible, de mener à bien ma tâche.

Je dois reconnaître ensuite la complaisance du personnel de la Bibliothèque Nationale qui a tant fait pour faciliter mes recherches, ainsi que l'érudition et l'amabilité de M. Lambert, de la Bibliothèque Municipale d'Evreux, qui a réuni et mis à ma disposition toute une liasse de pièces officielles et autres.

Pour les détails inédits relatifs à la Franc-Maçonnerie je suis redevable à MM. Lantoine et Lahy de la Grande Loge de France, Rite Ecossais.

Enfin, quant à mes recherches relatives à la famille Bonneville en Amérique, elles ont été orientées par Mrs. Waterhouse (née Helen Stockin, de Watertown, Mass.), The War Department du Gouvernement des Etats-Unis, The New York Historical Society, et M. A. A. de Bonneville de New-York.

Je prie toutes ces personnes de bien vouloir agréer cette expression de ma sincère reconnaissance.

Philippe LE HARIVEL.

Edimbourg, septembre 1922.

CHAPITRE PREMIER.

LA VIE DE NICOLAS DE BONNEVILLE.

Nicolas de Bonneville, fils de Pierre-Jean de Bonneville, procureur, naquit à Evreux le 13 mars 1760. On ne possède aucune donnée précise sur les origines de la famille, mais il est probable qu'elle était établie depuis des siècles dans le pays et qu'elle y occupait une situation honorable. En effet, dans l'Echiquier [1]) de 1343, tenu à Rouen, figure un Pierre de Bonneville, archidiacre d'Evreux. D'autre part [2]) les archives du département de Seine-Inférieure possèdent un document daté du 1er septembre 1603 où il est fait mention d'un certain « maistre Jehan de Bonneville, procureur de noble dame Suzanne Duval, dame de Bordigny, veuve de Messire Loys de Grimonville . . . gouverneur pour sa Majesté en la ville et château d'Evreux ». [3]) Le 19 mai 1669 naquit dans la paroisse de Saint-Thomas d'Evreux « damoiselle » Louise Angélique de Bonneville, fille de Nicolas de Bonneville, «escuier, seigneur de Chamlelac». En 1685 il y avait, au Couvent de Saint-Sauveur d'Evreux, une Renée de Bonneville. Enfin, dans les registres [3]) des décès nous constatons l'inhumation de Taurin de Bonneville en octobre 1763, avec celle de sa femme Marie-Catherine Desame quatre jours plus tard.

De l'enfance de Nicolas de Bonneville nous ne savons que peu de chose. Il fut sans doute élevé chrétiennement, car il fit sa première communion à l'église cathédrale d'Evreux et [4]) y fut confirmé le 17 avril 1775 à l'âge de 15 ans. On rapporte cependant qu'il aimait à parcourir en silence les bois et les montagnes voisines de sa ville natale, tantôt

[1]) Voir Farin t. II, p. 84.

[2]) Voir aussi le dict. Brétheine.

[3]) Voir registre des bapt., mar., etc. de la paroisse de Saint-Thomas d'Evreux (à l'Hôtel de Ville).

[4]) Voir registre de catholicité de la paroisse Saint-Denis (Evreux).

seul, plongé dans Plutarque, Montesquieu ou Rousseau, tantôt accompagné d'un ami, Buzot, que le même âge et des goûts semblables liaient à son enfance. Leur origine aussi les rapprochait, car ils étaient tous deux fils de procureurs, demeurant dans la même paroisse.

Dès cette époque, Bonneville faisait preuve d'une vive imagination, difficile à contenir, et une lecture continuelle de la Bible contribua beaucoup à son exaltation. [1]) A la fin de sa première année de philosophie, il devait soutenir, comme thèse publique imposée, que Rousseau était un athée et qu'il avait interdit la prière. « Je me lève tout indigné, tout tremblant. Je sens encore le silence de l'assemblée qui me fit tressaillir : j'ouvre un livre, c'était Emile : je lis : «Faites vos prières « courtes, selon l'instruction de Jésus-Christ : faites-les toujours avec « le recueillement et le respect convenable. » Le bruit et le scandale qui s'ensuivirent obligèrent le jeune Bonneville à quitter Evreux pour Paris, où il continua ses études grâce à la générosité de d'Alembert, dont il resta le protégé jusqu'à la mort de celui-ci en 1783. Ce départ précipité pour la capitale ne lui fit pas oublier son pays natal. [2]) En 1784, lors des inondations causées par la fonte des neiges, Bonneville exposa la situation malheureuse des habitants d'Evreux au Gouvernement, qui s'empressa de secourir ses compatriotes affligés.

Bonneville s'appliqua tout d'abord aux études grammaticales et acquit en peu de temps des connaissances sérieuses en matière de langues vivantes. [3]) Il recevait chez lui des Anglais, des Américains et des Allemands et soutenait la conversation également bien dans ces divers idiomes. Il s'occupa du reste toute sa vie de lexicologie, mais à ses heures et en dilettante. Comme la vraie linguistique ne fait que naître à la fin du 18e siècle, il serait inutile de s'attarder sur les tâtonnements peu scientifiques de Bonneville, sur ses comparaisons si souvent fondées sur des contresens philologiques. Il serait cependant peut-être dans le vrai quand il nous propose de nous laisser guider par le sens commun là où la phonétique nous fait défaut. Notons en passant qu'il s'était lié avec Jacques Le Brigant, érudit basbreton, qui retrouvait toutes les langues de la terre dans la sienne et cherchait à démontrer que même le sanscrit et le chinois dérivent du celtique.

---

[1]) Voir *Choix de Petits Romans imités de l'Allemand.*

[2]) Voir *Mercure de France*, mars 1784, pp. 81-82.

[3]) Il est peut-être intéressant de rappeler qu'un compatriote de Bonneville, Pierre-Louis Siret, né à Evreux le 30 juillet 1745, mort en 1797, a marqué parmi les grammairiens les plus connus de l'époque en fait de langues étrangères vivantes.

Comme passetemps, Bonneville composait des vers et des imitations de la Bible — surtout des livres de Job et d'Isaïe. Désireux de ne laisser qu'un souvenir épuré, il détruisit plus tard une foule de poésies légères et licencieuses « composées dans la première ivresse des sens ». Bientôt Adrien-Chrétien Friedel, professeur à l'école des pages du roi se l'associa dans son œuvre de traduction du *Théâtre Allemand* dont Bonneville fit la plus grande partie. [1]) Le mérite de Friedel et Bonneville est d'avoir donné les premiers un recueil un peu complet des chefs-d'œuvre du *Théâtre Allemand,* initiant ainsi les Français à une littérature presque inconnue chez eux à cette époque. Quelques années plus tard, après la mort de son collaborateur et ami Friedel, Bonneville publiait seul un volume de petits romans [2]) imités de l'allemand, ouvrage dédié à la reine, qui l'honorait de sa protection. Selon Nodier, Bonneville devait cet appui royal à un recueil de premiers vers, introuvables de nos jours. [3]) Il fournit aussi à Boisgermain une version interlinéaire anglaise de *Télémaque.*

En 1786 il fit un voyage en Angleterre et profita de son séjour pour fréquenter les Francs-Maçons et pour commencer une traduction de *l'Histoire de l'Europe Moderne* de Russell, travail qu'il abandonna bientôt pour une œuvre originale sur *l'Histoire de l'Europe depuis l'Irruption des Peuples du Nord dans l'Empire Romain.* [4]) Nous sommes portés à croire que son initiation à la Franc-Maçonnerie se bornait à la simple étude des doctrines franc-maçonniques et à la fréquentation de maçons réputés. [5]) Deux ans après cette pseudo-initiation il publia un travail sur la Franc-Maçonnerie où il chercha à prouver que cette confrérie aurait eu des supérieurs inconnus dans l'Ordre des Jésuites. D'après Barruel, [6]) Jean-Joachim-Christophe Bode aurait fourni à Bonneville les matériaux nécessaires pour faire accréditer cette théorie. La publication de Bonneville fut traduite en allemand : *Die Jesuiten vertrieben aus der Freymaurerei und ihr Dolch zerbrochen durch die Freymaurer.* Leipzig, Goeschen, 1788, 2t. in 8°.

L'ouvrage, bien que dédié à la « très chère et très respectable Loge de la Réunion des Etrangers, Orient de Paris » — en remerciement de renseignements qui avaient été fournis à l'auteur — était une critique et même une divulgation de la Franc-Maçonnerie, repro-

[1]) 1782-85 voir chapitre VII.
[2]) Voir chapitre VIII.
[3]) Nodier, Œuvres. t. VII. Note Historique VIII.
[4]) Voir chapitre III.
[5]) Voir chapitre *Les Jésuites chassés de la Franc-Maçonnerie.*
[6]) Barruel, *Mémoires sur le Jacobinisme,* t. V, 1799.

duisant *Le Catéchisme Anglais*[1]) de Samuel Pritchard, un Léo Taxil de là-bas. Le Prospectus de cet ouvrage[2]) étant distribué par les concierges et gardiens de plusieurs Loges de Paris, l'Orateur de la Chambre des Provinces le dénonça au Grand Orient le 16 mai 1788. Celui-ci arrêta que défense serait faite aux distributeurs de contribuer en aucune manière à la diffusion du prospectus et de coopérer à la vente de l'ouvrage. D'autre part, la Loge de la Réunion des Etrangers, par décision spéciale du 9e jour du 4e mois 5788 (juin 1788) refusa la dédicace qui lui avait été faite.

Nicolas de Bonneville ne fut membre d'aucune Loge de France, mais se dit initié dans une Loge de Londres. Certains auteurs assurent que Bonneville fut Maçon et appartint à la Loge des Neuf Sœurs, mais Amiable, dans son ouvrage sur cette Loge, ne le cite pas et le passage où Barruel parle de lui dans son Histoire *Mémoires pour servir à l'Histoire du Jacobinisme* ne prouve pas qu'il fit partie de ce célèbre atelier. D'ailleurs la liste que donna en 1838 le directeur de la revue maçonnique *Le Globe* ne nomme pas Bonneville parmi les membres des Neuf Sœurs.

En 1789 Bonneville devint Electeur de la Ville de Paris[3]) et peu après la séance royale du 23 juin, il voulut organiser une espèce de milice pour maintenir la tranquillité à Paris et proposa à l'Assemblée des Electeurs (25 juin) la création *d'une garde bourgeoise*.

Chargé de l'approvisionnement de Paris,[4]) il s'acquitta de cette importante fonction avec un patriotisme qui fut récompensé par la décoration du Mont Carmel, que lui remit Monsieur, depuis Louis XVIII, en sa qualité de grand maître de l'Ordre.

Il se mit à la tête des volontaires de Rouen, qui, reconnaissant en lui un chef, lui donnèrent le titre de Lieutenant-Colonel. Il contribua ainsi à supprimer les émeutes suscitées par la disette. En 1792, il rendra une deuxième fois la tranquillité à la ville de Rouen.

Mais donnons la parole à Bonneville lui-même. Voici comment il s'exprime dans sa proclamation aux amis de la liberté, au moment où il posait sa candidature à l'Assemblée législative.

---

1) *Masonry Dissected*, Londres, 1730 in 8°, 7e éd. 1737.

2) Détails inédits gracieusement communiqués par la Grande Loge de France (Rite Ecossais) et par le Grand Orient de France.

3) Voir Alexandre Tuetey, *Répertoire Général des sources manuscrites de l'Histoire de Paris pendant la Révolution*. Paris, 1890, t. I, 3149, 3153, 3169, 3178.

4) Voir *Moniteur* (réimpression), t. I, p. 593.

« Frères et amis[1]) je ne vous dirai point: discutez ma vie toute entière, c'est un peu trop vague : voici quelques titres et ce sont des actions : si mon nom est obscur, mes œuvres au moins, qui ne dépendent point de la jalousie, ni de l'injustice de mes rivaux, ne le sont pas.»

« Le Tribun du Peuple, ouvrage proscrit, que Mirabeau, cependant, faisait vendre chez lui, à Versailles, et dont j'étais l'auteur engagea les électeurs patriotiques à se réunir. Le 25 juin, ils s'assemblèrent au Musée. C'est dans l'histoire de l'insurrection parisienne par M. Dusaulx, témoin oculaire et dans les procès-verbaux des électeurs de 1789, qu'on verra quelle fut ma conduite et ma prévoyance, pour sauver les représentants du peuple, qui allaient périr dispersés et qu'on ne secourait pas, quoiqu'ils se fussent déjà mis sous la sauvegarde de la nation. Ce fut alors que, me dévouant tout entier et pour échauffer le cœur de mes collègues, par un exemple de courage, je donnai le signal de ralliement à tous les amis de la liberté : aux armes, citoyens, aux armes. Ce cri formidable, dans l'Assemblée des Electeurs de Paris, qui était publique, réveilla tous les bons esprits de la capitale et servit de mot d'ordre pour tous les électeurs de l'Empire. »

« Le 12 juillet, Lambesc entrait dans les Tuileries, je volai à mon poste à l'Hôtel de Ville : je ne parlerai point des dangers que je courus dans cette journée, je remplissais mon devoir. Nous nous trouvâmes quatorze, et dans cette nuit de terreur et d'espérances j'ose affirmer que j'eus une quatorzième part à ces plans admirables d'Union et d'insurrection qui ont sauvé la France. »

« On allait manquer de pain. Les entrepreneurs des vivres étaient en fuite, il fallait retrouver des fils brisés : ce que j'exécutai dans un premier voyage, si pénible et si dangereux, me fit renvoyer sur le champ en qualité de commissaire général pour l'escorte des convois, sur la route de Rouen et du Havre. Ce que je fis à Rouen, pendant toute la crise du mois de juillet, où l'on avait confié à mes faibles mains l'escorte des convois de la capitale, me paraît à moi-même, aujourd'hui si prodigieux que j'ai peine à y croire . . . . . Les ennemis de la chose publique nous donnaient souvent (ce que nous ne pouvions savoir) à escorter des blés pourris, des farines échauffées, dans l'espérance que nous serions pillés et qu'ils les feraient payer, comme bons, au gouvernement. »[2])

«L'élite de la jeunesse de Rouen se trouva réunie, je lui donnai un chef, des drapeaux, une place forte, dont tous les chefs et les gardes

---

[1]) Voir *Nicolas de Bonneville, électeur du département de Paris aux Véritables Amis de la Liberté*. Voir aussi *Tribun du Peuple*, 1789, 3e édition, pp. 151-2.

[2]) Voir *Procès-Verbal des Electeurs de* 1789, t. II.

furent expulsés, sans que personne y ait perdu la vie. Je fis avancer un petit nombre de nos gardes nationales, vers tous les postes importants, et jusqu'à Pont-de-l'Arche, dont j'avais su peu à peu m'emparer. J'avais une poignée d'hommes sur les chemins : on m'y croyait une armée puissante et seul à Rouen avec un brave grenadier de mon district, tout fléchissait devant mes desseins. Le peuple qui m'appelait « le petit père des gardes nationales » me donna un grade de colonel et une épée. »

« On aura besoin à l'Assemblée Nationale de traiter avec les nations voisines : j'ai de toutes leurs langues une grande connaissance, je les parle même avec facilité, je connais par quinze ans de travaux assidus, et par des relations et des voyages, ce que l'Angleterre a de plus célèbre, leur génie, leur commerce, leur caractère : j'ai vu par moi-même. »

Le projet de Bonneville de former une *garde bourgeoise* ne passa pas inaperçu. Près de 15 jours plus tard Mirabeau, craignant les désordres qui pourraient résulter d'un soulèvement de Paris, se fait applaudir à l'Assemblée Nationale, en faisant une motion semblable.

Le 10 juillet, les Electeurs de Paris demandent de nouveau la constitution d'une *garde bourgeoise* et Bonneville propose en plus « de se constituer en Corps de Commune, de confirmer provisoirement les officiers municipaux, de les inviter à prendre séance pour délibérer avec les Electeurs, de convoquer les soixante districts et de les engager à nommer chacun un représentant pour se joindre aux Electeurs. » C'est donc à Bonneville que revient aussi l'honneur d'avoir conçu l'organisation future de la municipalité parisienne.

Le 13 juillet, l'Assemblée nationale insiste sur l'établissement de la *garde bourgeoise* et, le même jour, le Procureur du Roi permet l'organisation de contingents de citoyens pour former une milice parisienne.

Le 17, le Roi se rend à Paris où il est reçu par les Electeurs et les membres du corps municipal. Il se dit très satisfait et approuve l'établissement de la *garde bourgeoise*, qui est alors chargée de le reconduire à son palais de Versailles.

Le 18 septembre de cette même année, Bonneville fut élu membre de l'Assemblée des *Trois Cents*, dont le mandat était de présenter aux districts un plan de constitution municipale.

Le 13 octobre 1790, Bonneville fonda avec l'abbé Fauchet un « Cercle Social »[1]) dans le but de rallier le genre humain à « cette doc-

[1]) Voir chapitre V.

trine de l'amour qui est la religion du bonheur ». Son organe sera la *Bouche de Fer.* C'est de la presse du Cercle Social et de l'imprimerie de Bonneville que sortirent plusieurs journaux importants de l'époque et dont Bonneville fut rédacteur ou sous-rédacteur : *La Bouche de Fer, Le Tribun du Peuple, La Chronique du Mois, Le Bien Informé.* Il eut comme collaborateurs Mercier, Condorcet, Thomas Paine et l'abbé Fauchet.

Le Cercle Social était une Loge de tendance maçonnique, comme il en existait tant à cette époque où la Franc-Maçonnerie était de mode et où l'on prétendait utiliser cet organisme pour arriver à la régénération du genre humain. Il se constitua en club ordinaire ayant pour but principal la réforme sociale. « Une grande pensée nous assemble, dit Fauchet, il s'agit de commencer la confédération des hommes, de rapprocher les vérités utiles, de les lier en système universel, de les faire entrer dans le gouvernement des nations, et de travailler dans un concert général de l'esprit humain à composer le bonheur du monde. »[1])

Ce club aura une grande vogue et son activité inquiétera même les Jacobins qui l'accuseront de socialisme. Il ne fermera ses portes qu'en juillet 1791, après la fusillade du Champ de Mars.

L'allure libre et un peu désordonnée du Club des Cordeliers plut à Bonneville. Ces patriotes étaient du reste moins théoriciens qu'hommes d'actions et Bonneville leur offrit souvent l'hospitalité dans sa *Bouche de Fer* qui prêchait, comme eux, l'élargissement du suffrage [2]) et le gouvernement direct avec referendum. Bonneville y encouragea l'esprit républicain qu'il retrouvait aussi dans la *Société du point central des Arts et Métiers* dont il faisait également partie. Il y voyait ses théories mises en pratique. Bonneville, qui ne se lassait pas de réclamer l'institution d'ateliers de charité, put ainsi amener cette société à demander, le 3 juillet, « l'ouverture de nouveaux travaux dans les départements ».

En juillet 1791, Bonneville fondait avec Paine, Achille Duchâtelet, Condorcet et Lanthénas une « Société Républicaine » dont l'organe devait être *Le Républicain,* mais il ne parut que quatre numéros de ce journal. Madame Roland [3]) qui en parle comme d'un

---

[1]) Discours d'inauguration.

[2]) Avec 12 autres sociétés populaires, le *Cercle Social* signa, le 15 juin 1791, « l'arrêté qui réclame à l'Assemblée l'abolition des classes politiques et l'établissement du suffrage universel ».

[3]) Voir *Mémoires de Mme Roland écrits durant sa captivité.* nouv. éd. Paris 1864, 2 vol. voir aussi Hatin, tome V.

« *fruit défendu* », donne dans ses mémoires quelques détails sur la naissance de cette feuille. Elle fut imaginée dans une réunion qui eut lieu chez Pétion et à laquelle assistaient Brissot et Robespierre. Les rédacteurs de cette nouvelle publication désiraient « diriger le mouvement qui s'était prononcé contre la royauté après la fuite de LouisXVI». « L'objet de cet ouvrage est d'éclairer les esprits sur le républicanisme qu'on calomnie, parce qu'on ne le connaît pas : sur l'inutilité, les vices et les abus de la royauté, que le préjugé s'obstine à défendre, quoiqu'ils soient connus. »

Vers 1791, Bonneville, en désaccord avec son ami et collaborateur l'abbé Fauchet [1]) sur certains points de croyance, s'était brouillé avec lui, et se vit obligé de continuer à lui tout seul la rédaction de sa *Bouche de Fer*, organe qui devint un des plus avancés du parti des Cordeliers dont Bonneville était membre. C'est à ce moment [2]) qu'il travaillait également à ses essais *De l'Esprit des Religions.*[3]) Cet ouvrage embrasse tous les empires et tous les hommes et l'on y trouve les théories sociales, politiques et religieuses de ce républicain et socialiste, disciple des philosophes du XVIIIe siècle.

La suspension du Roi, votée par l'Assemblée le 26 juin, irrita les Républicains qui voyaient la déchéance leur échapper. Les Cordeliers et les sociétés populaires, auxquelles se joignirent plusieurs sections de Paris, soutinrent alors un mouvement insurrectionnel. Condorcet parla, le 8 juillet, au *Cercle Social* sur la « *nécessité d'une république* » et fit ressortir que l'égalité était établie maintenant que les corps intermédiaires étaient supprimés. Les Cordeliers en appelèrent au peuple et rédigèrent avec les sociétés populaires réunies la fameuse *Pétition des Cents* qui invitait l'Assemblée à ne rien décider sur le sort du Roi avant que le vœu des Communes de France ne fût exprimé. Mécontents de ne pas avoir été reçus par l'Assemblée, ils firent une nouvelle pétition qui fut jugée inutile par Robespierre et Pétion, puisque le vote du décret avait déjà commencé. Les Cordeliers se rendirent alors au *Cercle Social* où se trouvaient déjà réunis plus de 4000 personnes et ensuite aux Jacobins. Tandis que ces derniers, s'en tenant aux *moyens constitutionnels*, abandonnaient le mouvement, Bonneville et d'autres se rendirent au Champ de Mars avec des délégués des sociétés fraternelles. Le 16 juillet, ils déposèrent sur l'autel de la

---

[1]) Voir chapitre IV. Voir aussi *Bouche de Fer*, avril-mai 1791, pp. 181-189.

[2]) 1791-1792.

[3]) Voir chapitre IV.

Patrie une nouvelle pétition. Elle déclarait le décret de l'Assemblée nul et demandait « le jugement d'un roi coupable » et « le remplacement et l'organisation d'un nouveau pouvoir exécutif ».

Le lendemain les citoyens devaient la signer mais l'Assemblée et la municipalité, résolues de supprimer le mouvement, prirent des mesures rigoureuses et proclamèrent la loi martiale. Le drapeau rouge, hissé à l'hôtel de ville, fut le signal d'alarme. La foule, s'armant de pierres, attaqua la troupe et le massacre des signataires commença.

Quelques jours après, le *Cercle Social* cessait la publication de sa *Bouche de Fer*.

En novembre de cette même année (1791), nous retrouvons le patriote Bonneville comme un des fondateurs de la *Chronique du Mois* où il fait des tableaux analytiques des débats à l'Assemblée législative. Il offre ce travail à ses souscripteurs comme un *nouveau code* qu'il fait précéder d'un coup d'œil général sur la Constitution de 1791. Dans cette nouvelle feuille, qui deviendra le porte-parole du ministre Roland, Bonneville épouse les querelles des Girondins et attaque vigoureusement Robespierre et Danton. Epouvanté par les exigences de la Commune, écœuré des excès du Comité de Surveillance, Bonneville renonce, après le 2 septembre, à sa part dans la *Chronique du Mois* mais il reprend la plume quelques jours plus tard pour flétrir par des chants énergiques, mais parfois barbares, les auteurs des nuits de septembre.

Au mois de mars 1792, Bonneville s'était abouché avec J.-B. Louvet avec l'intention de fondre son *Bulletin des Amis de la Vérité* avec la *Sentinelle*, journal affiche destiné à battre la royauté en brèche. En janvier de l'année suivante, Bonneville mit son projet à exécution et fit reparaître le *Bulletin des Amis de la Vérité*, où il inséra 8 placards de la *Sentinelle* ; ceux-ci parurent du 3 janvier au 18 février.

Entre temps, Bonneville s'était lié avec Thomas Paine qui s'était jeté avec ardeur dans le mouvement révolutionnaire. Combattant la politique de Pitt, Paine avait essayé d'amener une entente entre la France et l'Angleterre. En 1790 il entamait avec Burke sa polémique sur les *Droits de l'homme* et Bonneville conçut une grande admiration pour ce partisan de la Révolution Française. Accusé de Jacobinisme et poursuivi pour ses écrits radicaux, Paine repassa en France où il reçut un accueil enthousiaste. Nommé citoyen français (1793) et élu membre de la Convention (6 septembre 1792), il appuya la politique des Girondins. Ce fut alors (1793) que Paine loua un ancien hôtel de

Mme de Pompadour au n° 63 du Faubourg Saint-Denis. Bonneville y passait souvent ses soirées dans la compagnie des Roland et des disciples anglais de son ami.

Le 18 mai de cette même année, Marat, qui venait d'apercevoir Bonneville dans une des tribunes de la Convention, s'avisa de le dénoncer comme aristocrate. [1]) Il fut arrêté, mais le bonheur voulut qu'il échappât à l'échafaud et même à la prison. Après la proscription des Girondins, avec lesquels il s'était lié, il fut arrêté de nouveau et la journée du 9 thermidor prévint seule son exécution. Il fut également accusé d'être l'imprimeur de l'ex-ministre Roland, mais une perquisition faite chez lui ne fit découvrir que quelques volumes d'auteurs latins, anglais et allemands.

Pendant quelques années nous perdons toute trace de Bonneville. Cependant il semble s'être réfugié à Evreux où il aurait mené une vie paisible et retirée. Par des registres de comptes, ainsi que par d'autres papiers conservés à l'Hôtel de Ville d'Evreux, il est démontré que Mme Bonneville y était installée marchande de nouveautés.

Dans l'été de 1800, Bonneville est chargé par Thomas Paine de traduire son *Pacte Maritime,* [2]) traduction qui fut imprimée et distribuée à Paris aux ambassadeurs de toutes les nations neutres. Déjà en 1797 Thomas Paine donnait, dans une de ses proclamations au Peuple Français, [3]) une esquisse de son pacte maritime et en septembre de l'année suivante il envoya neuf articles de son code à Talleyrand, nouvellement nommé Ministre desRelations extérieures. La vieille querelle de la *liberte des mers* se trouvait engagée dans ses importantes revendications. L'auteur demande que les bâtiments des nations neutres aient le droit de commercer librement sur les mers comme en temps de paix, promesse faite de ne pas fournir des matériaux de guerre aux belligérants : les infracteurs seraient très sévèrement punis. Il faudrait que les nations neutres entrassent dans une association pour suspendre tout commerce avec toute nation belligérante, qui molesterait les vaisseaux appartenant à cette association. L'Angleterre — car cette politique est dirigée surtout contre la Grande-Bretagne — perdant son commerce, consentirait à la liberté des mers. Elle usurpe le droit de visiter, fouiller et molester les vaisseaux neutres sur les mers ; elle doit être tenue à accepter de bonne foi toute promesse d'une nation neutre.

---

[1]) Voir le *Moniteur* du 20 mai 1793.

[2]) Voir M. D. Conway, *The Writings of Thomas Paine*, 4 vol. in 8°. New-York 1895, t. III, p. 367 et suivantes. *Maritime Compact* suite de *On the Jacobinism of the English at Sea.*

[3]) *Letter to the People and Armies of France*, Paris 1797.

Sous Napoléon, son attitude fière et indépendante valut à Bonneville de nouvelles persécutions. L'asile qu'il avait donné à des suspects tels que Barruel Beauvert, qui était resté chez lui comme correcteur d'épreuves, éveilla les soupçons des autorités. Nodier, du reste, nous le dépeint comme « l'hôte assidu de tous les malheureux de tous les partis. »[1]) Ayant osé, dans le *Bien Informé*, du 19 brumaire an VIII, comparer Napoléon à Cromwell, il se vit confisquer ses presses qui ne lui furent jamais rendues ; ainsi privé de son gagne-pain il tomba dans la misère.

Obligé de quitter son logement, 4 rue du Théâtre Français, il se réfugia auprès de son père à Evreux, [2]) où il fut l'objet d'une longue et rigoureuse surveillance de la police. Après quelques années passées de la sorte dans sa ville natale, les autorités firent acte d'humanité et lui accordèrent la permission d'aller à Paris, où il espérait trouver le moyen de vivre.

Pendant ce temps, sa femme et ses enfants avaient passé en Amérique ; cet épisode transatlantique de la famille de notre écrivain est assez curieux pour qu'on nous excuse de le rappeler ici avec quelques détails.

L'hospitalité[3]) que les époux[4]) Bonneville avaient donnée à Thomas Paine de 1797 à 1802 avait été en effet le point de départ d'une sincère et durable amitié dont nous trouvons de nombreuses preuves. Ce ne fut pas seulement un logement qu'ils lui avaient offert, mais aussi les soins, le dévouement et l'affection dont il avait eu besoin en pays étranger, loin des siens. Ils lui avaient créé une famille et l'avaient choisi comme parrain de leur second fils Thomas. Aussi Paine voua-t-il à ses amis français une reconnaissance à toute épreuve. Il leur payait sa pension chez eux et aidait son ami dans ses travaux littéraires, faisant venir des fonds d'Amérique afin de les secourir dans leur dénuement. Prévoyant enfin la possibilité d'une nouvelle persécution

---

[1]) Nodier, Œuvres, t. III, Note historique VIII.

[2]) Voir *Archives Nationales* F [7] 8083 n° 1196. Voir aussi *Archives de l'Hôtel de Ville d'Evreux*, liasse 1790-1815, ainsi que la correspondance du Maire n° 397, 518, 795, reg. in f° n° 6 et aussi reg. des passeports in f° 41(5)5 et 41(7)4 ; pour le signalement de Bonneville voir appendice « A » I.

[3]) Voir Bonneville, *Pacte Maritime*, et aussi Conway, *The Writings of Thomas Paine*, t. IV, p. 507.

Voir également Conway, *Life of Thomas Paine*, t. II, pp. 278 et 283.

[4]) D'après un document aux Archives d'Evreux, Nicolas de Bonneville et Marguerite Brasier (de Bonneville) ne seraient pas légalement mariés : ils auraient contracté une union libre (voir *Reg. des décès de la Commune d'Evreux de* 1807).

des républicains-socialistes, ils avaient formé le projet de passer tous en Amérique, mais la surveillance dont Bonneville était l'objet l'avait empêché de quitter la France.

Peu après le départ de Paine (1802), Mme Bonneville était partie seule avec ses enfants, mais il avait été convenu que son mari les rejoindrait dès que les circonstances le lui permettraient. Respectant ses promesses et justifiant de la confiance que les Bonneville avaient en lui, Paine leur donna un asile à Bordertown. Après les années orageuses de la Révolution passées à Paris, Mme Bonneville ne tarda pas à trouver la vie morne dans cette campagne où tout respirait l'ennui. Elle se transporta donc bientôt à New-York, au grand chagrin de Paine [1]) qui craignait la médisance de ses compatriotes et les habitudes dépensières de cette Parisienne. Le problème lui parut difficile à résoudre ; cependant il décida, dans l'automne de 1803, de s'installer avec ses protégés à New Rochelle où il avait une exploitation rurale. Les enfants se plaisaient chez ce vieillard qui savait si bien les amuser, mais le train de maison rustique et la tranquillité de la campagne avaient peu d'attrait pour cette femme encore jeune et belle et dont les goûts mondains se trouvaient contrariés auprès du vieil écrivain acharné au travail. La conversation même était rendue difficile par leur connaissance imparfaite, lui du français, elle de l'anglais. S'imaginant que les ressources de leur protecteur étaient en rapport avec ses travaux assidus, Mme Bonneville ne comprenait pas la nécessité de l'économie rigide qu'il lui imposait dans le but d'assurer l'avenir des enfants qu'il avait pris à sa charge.

On abandonna par conséquent la ferme ; Mme Bonneville s'engagea comme gouvernante dans une famille de New-York et Paine retourna à New Rochelle où il fit venir Bebia (Benjamin) Bonneville et son filleul Thomas. Soucieux de l'éducation de ces enfants, il les mit bientôt en pension dans une école des environs ; quant au troisième fils Louis, il alla rejoindre son père en France pour des raisons que nous ignorons.

Une lettre datée du 4 avril 1807 et adressée à Nicolas de Bonneville à Paris nous apprend que sa femme tenait alors, avec une dame anglaise, une pension de jeunes filles. Paine s'inquiétait cependant du long silence de son ami et le priait constamment et avec instance de se décider à faire les démarches nécessaires pour faire relever la surveillance qui pesait sur lui et à prendre ses dispositions pour re-

[1]) Voir lettre du 24 mars adressée à M. Hyer, Bordertown, N. J. et que possède la *New York History Society* citée par Conway (*Life of Paine*. Éd. 1909, p. 290).

joindre sa famille. Paine méditait aussi une édition complète de ses œuvres et comme sa santé ébranlée lui causait des appréhensions, il attendait avec impatience l'arrivée de son ancien *compagnon* dont il semblait espérer la collaboration. Bonneville ne donnait toujours pas de ses nouvelles et comme la maladie prenait son empire sur l'infortuné pamphlétaire, Mme Bonneville entendit ses plaintes, et eut pitié de sa vieillesse délaissée. Elle accourut à son chevet et, déférant à ses prières, elle loua à Greenwich une petite maison, voisine de sa demeure, l'y fit transporter et lui prodigua tous les soins que nécessitait l'état du pauvre vieillard et que lui dictait sa vive reconnaissance. C'est là qu'il mourut le 8 juin 1809.

Comme les Quakers avaient refusé une sépulture à cet *apostat*, l'auteur de *Age of Reason* avait manifesté le désir d'être enterré dans sa propriété à New-Rochelle à condition qu'à la vente de cette ferme l'on respecterait sa tombe. Escortée de ses fils, Mme Bonneville entreprit le long trajet de 22 milles et accompagna le triste convoi jusqu'à cette fosse obscure et profane. Avant que la terre ne recouvrît à jamais ce digne et loyal protecteur, elle lui jeta un suprême adieu et s'écria : « Oh ! Mr. Paine ! Mon fils est ici pour témoigner de la reconnaissance de l'Amérique et moi pour celle de la France. »

La longue intimité qui avait existé entre Paine et Mme Bonneville fut mal interprétée et éveilla les soupçons de Cheetham, qui accusa Paine d'avoir séduit Mme Bonneville. Celle-ci lui intenta un procès en diffamation et il fut condamné à une amende. Paine avait poursuivi son œuvre charitable jusqu'à la fin, et avait même assuré l'avenir de ses amis par les dispositions testamentaires prises à New-York, peu de temps avant sa mort. [1]) En effet, il légua à Mme Bonneville trente actions de la *New York Phénix Insurance Company*, d'une valeur de 1500 dollars, ainsi que tous ses biens meubles et la moitié de la rente de la partie sud de sa ferme à New-Jersey, afin qu'elle fût à même de pourvoir à l'entretien et à l'instruction de ses enfants Benjamin et Thomas, auxquels il la pria d'inculquer l'amour de Dieu et le sentiment du devoir et de la moralité. Il chargea ses exécuteurs testamentaires de vendre cette propriété et de partager également entre les enfants, à leur majorité, l'argent qu'on en tirerait. Il légua aussi à Nicolas de Bonneville la moitié du produit de la rente d'une autre partie de la propriété. Lors de ce partage, Mme Bonneville, soucieuse d'exécuter fidèlement la promesse qu'elle avait faite au bienfaiteur de sa famille, racheta le carré de terrain où reposaient ses restes.

---

[1]) Voir Conway, *Writings of Thomas Paine*, t. IV, pp. 507-8.

De son vivant, Paine avait inspiré à William Cobbett [1]) un profond mépris et un dégoût suprême et celui-ci l'avait compris dans la haine qu'il vouait à tous les meneurs de la Révolution Française. Cependant le pamphlet [2]) où ce polémiste et ancien conventionnel prédisait la suspension des paiements en or par la banque d'Angleterre — chose qui se produisit bientôt après — occasionna chez le publiciste anglais un revirement complet. A partir de ce moment, cette brochure devint son livre de chevet. Plus tard il passa au camp des radicaux et défendit les principes de la Révolution Française. Voulant réhabiliter Paine, qu'il avait calomnié en 1796, il se proposa de publier une esquisse véridique de la vie de celui-ci, qui contiendrait également sa correspondance avec des hommes éminents. Ayant appris que Mme Bonneville préparait de son côté une biographie documentée, il voulut lui acheter son manuscrit. Les conditions spéciales que cette dernière chercha à lui imposer firent échouer l'entreprise qui ne se réalisa pas. Toutefois, la copie des manuscrits, souvent annotée et corrigée par Mme Bonneville, est restée parmi les archives de la famille Cobbett. Certains passages y sont même textuellement reproduits des notes primitives et sont restés à la première personne. C'est une impression de ces documents, jusqu'alors inédits, que M. D. Conway incorpore comme appendice dans sa *Vie de Thomas Paine.* [3])

La chute de Napoléon permit à Bonneville de rejoindre sa famille à New-York.

Washington Irving nous trace dans la préface des *Aventures du Capitaine Bonneville* [4]) un tableau assez piquant du révolutionnaire résigné qu'était Nicolas, dont l'imagination vive et le cœur tendre le rendaient peu propre à la lutte pour la vie, subissant cependant avec courage et bonhomie les cruelles épreuves de l'existence, grâce à son heureux naturel. Il nous le dépeint assis à l'ombre des arbres de la *Battery* ou du portique de Saint-Paul, les yeux rivés sur un livre, sourd aux bruits de la cohue et oublieux des heures fugitives. [5])

---

1) Pseudonyme *Peter Porcupine.*

2) *The Decline and Fall of the English System of Finance,* 1796.

3) Ouvrage cité.

4) *Adventures of Captain Bonneville or Scenes beyond the Rocky Mountains of the Far West,* 3 vol., London 1837.

5) Page 7. « He is represented as a man not much calculated for the sordid struggle of a money-making world, but possessed of a happy temperament, a festivity of imagination, and a simplicity of heart, that made him proof against its rubs and trials. He was an excellent scholar : well educated with Latin and Greek and fond of modern classics. His book was his elysium : once immersed in the pages of Voltaire, Corneille or Racine

En 1812 Bonneville traduit un ouvrage posthume de son ami Paine,[1]) à savoir *De l'Origine de la Franc-Maçonnerie.* Cette brochure avait été publiée à New-York en 1810 par la femme de Bonneville, mais elle en avait exclus tout ce qui avait rapport à la religion chrétienne. Nicolas obtint le manuscrit original par l'intermédiaire de M. Gallatin, ministre du trésor public aux Etats-Unis. Cet envoi comprenait aussi des lettres de sa femme et de ses fils Benjamin et Thomas. C'est par ces lettres qu'il apprit que son ami avait rempli sa promesse d'être le protecteur et le père adoptif de la famille aux Etats-Unis, où il avait lui-même le dessein de se rendre plus tard. Cet ouvrage sur la Maçonnerie tend à prouver que par ses coutumes, ses cérémonies, ses hiéroglyphes et sa chronologie elle dérive de la religion des anciens Druides.

Malgré toute sa résignation et sa foi dans les destinées de la libre Amérique, Bonneville éprouvait la nostalgie de la France. Nous le retrouvons à Paris vers 1819.

Il se fit bouquiniste ; sa pauvre petite librairie était située rue des Prés Saint-Jacques et c'est là qu'il mourut presque fou le 9 novembre 1828. Une demande collective, hélas trop tardive, de Victor Hugo, d'Alfred de Vigny et de Nodier à M. de Martignac, ami de ce dernier, n'aboutit qu'à payer les frais d'enterrement. Voici le triste tableau que Nodier nous fait de sa lamentable fin :[2])

« Dans l'état de misère où il était tombé, il ne cessa d'être l'homme le plus secourable et le plus bienveillant que j'aie connu de ma vie. Sans égard pour les opinions, il accueillait tous les malheurs.

« Aujourd'hui Bonneville est déchu de son talent. C'est un feu éteint par la misère et par la maladie : la dernière fois que je l'ai vu, il s'asseyait sur une chaise qui n'avait point de fond, et arrosait un morceau de pain noir de quelques lampées d'eau. Ce que vous avez résolu pour lui serait certainement un bienfait dans sa situation : quant à la manière de l'offrir, c'est un de ces mystères que la délica-

---

or of his favourite English author, Shakespeare, he forgot the world and all its concerns. Often would he be seen in summer-weather, seated under one of the trees on the Battery, or the portico of Saint Paul's church in Broadway, his bald head uncovered, his hat lying by his side, his eyes rivetted to the page of his book and his whole soul so engaged as to lose all consciousness of the passing throng or the passing hour. »

[1]) Mort en Amérique le 8 juin 1809 chez Mme Bonneville à Greenwich, faubourg de New-York.

Voir Conway, *Writings of Thomas Paine* t. IV, chap. VII.

[2]) Voir Techener. *Bulletin du Bibliophile.* 11 nov. 1847.

tesse de votre cœur vous fera deviner. Comme bienfait du roi, vous lui donnerez plus que de l'argent, car l'idée qu'il n'est méconnu peut rendre quelque ressort à sa vie ; mais il faut lui faire comprendre que c'est ainsi qu'on en agit avec les gens de lettres et qu'on s'occupe de faire davantage pour lui. Je ne sais pas le numéro du pauvre Bonneville, mais il demeure rue des Prés Saint-Jacques et il y occupe une boutique de bouquiniste, que tout le monde vous indiquera. Une grande femme qui a été remarquable par ses manières, dont le malheur à réduit le plus beau type à celui des vieilles Merillies de Walter Scott, vous répondra pour Bonneville, qui n'a peut-être plus de paroles pour s'expliquer. Demandez-lui seulement le nom de ses meilleurs amis : s'il me nomme, c'est lui... »

Mme Bonneville, qui était rentrée en France avec son mari retourna en Amérique en 1833 et mourut à Saint-Louis le 30 octobre 1846 au domicile de son fils Benjamin, le Général Bonneville. [1])

D'après Washington Irving, [2]) Benjamin aurait hérité du caractère de son père, faisant preuve d'une grande bonté de cœur, d'une vraie simplicité de manières et d'une vive imagination. Il avait une figure franche et ouverte et une allure engageante qui prévenait en sa faveur. Un front élevé donnait plus d'éclat à ses riants yeux noirs. Sa modestie et sa douceur contrastaient singulièrement avec ses projets téméraires et fantasques. Il est assez caractéristique de constater que le fils aîné d'un homme qui n'avait guère trouvé sa voie en France soit arrivé aux Etats-Unis, avec des facultés analogues à celles de son père, à une haute situation militaire.

Le Général Bonneville possédait une belle bibliothèque et était légataire de documents de valeur parmi lesquels se trouvaient sans doute l'autobiographie de Thomas Paine ainsi qu'une précieuse collection de correspondance. Prévoyant une absence prolongée, il mit tous ses meubles et valeurs en dépôt et le magasin où ils se trouvaient fut détruit par un incendie. [3]) Ce qui fait qu'il ne reste en Amérique que peu de traces des Bonneville.

---

[1]) Voir appendice « A » XVIII.
Pour la biographie de Benjamin L. E. Bonneville voir G. W. Cullum. *Bibliographical Register of the Officers and Graduates of the United States Military Academy at West Point.* New-York 1868, t. I, pp. 146-150.

[2]) Ouvrage cité.

[3]) Voir Conway *Life of Paine*, éd. 1909, p. XI.

CHAPITRE II.

« LES JÉSUITES CHASSÉS DE LA FRANC-MAÇONNERIE »

Le sujet ; la légende ; les Illuminés ; le complot révolutionnaire.

Ce livre de Bonneville [1]) est divisé en trois parties. La première traite de la *Maçonnerie comparée avec les trois professions et le secret des Templiers du XIVe siècle* ; la seconde de la *Mêmeté des quatre vœux de la compagnie S. Ignace et des quatre grades de la Maçonnerie de S. Jean*; la troisième contient des *notes et preuves* et reproduit le *Catéchisme Anglais* [2]) de Samuel Pritchard un Léo Taxil d'Angleterre. Mais à tout prendre le livre tend à prouver que les Jésuites se sont graduellement glissés dans la Maçonnerie et en sont souvent devenus les maîtres invisibles. Ils falsifient les faits et désirent établir historiquement une descendance des anciens Templiers. Les Francs-Maçons devraient les chasser et continuer leur belle œuvre humanitaire et scientifique. Aimer et soulager son semblable, arracher à la nature ses secrets, voilà ce à quoi il faudrait viser. Il voudrait qu'on imitât Bacon [3]) « qui préparait et calculait des trésors réservés à ses derniers neveux! qui voulait, à force d'épreuves, de combinaisons nouvelles, pousser la Nature à bout, et lui arracher son voile et ses secrets ». Il nous expose presque allégoriquement — forme que Bonneville affectionne assez — son attitude à lui en présence de la Nature. [4])

Qu'il me soit donc permis pour me faire mieux entendre, de comparer la Nature à un Etre pensant qui travaille publiquement

---

[1]) *Les Jésuites chassés de la Maçonnerie et leur poignard brisé par les Maçons*. Londres 1788, 2 volumes.

[2]) (a) *The Perjured Freemason detected*, London 1730 in 8⁰
(b) *Masonry dissected*, 7th edition. London 1730 in 8⁰
(c) *Masonry dissected*, s, l. 1857 in 12⁰
Voir plus haut, Biographie pp. 3-4

[3]) II, 135.

[4]) II, 7 et suite.

et au grand jour mais toujours par modestie, ou par caprice, ou par une loi qui ne m'est pas connue, couverte d'un voile plus ou moins épais. [1]) Si j'entre dans son atelier et que je sois attentif à ses mouvements pleins de grâce ; si j'entends une voix caressante, je sais déjà que ce n'est point un tigre qui est caché sous le voile ; j'y soupçonne un artiste habile ou une femme de génie ; c'est peut-être une jeune fille née pour l'amour ; par quelque heureuse négligence ou par un bienfait de son cœur, elle laissera peut-être s'entr'ouvrir un coin de son voile. Je connaîtrai peut-être sa beauté ; peut-être que par l'étude de ses traits à la dérobée, je pourrai démêler le vrai chemin de son cœur et ensuite apprendre de sa bouche quelle est sa naissance et la cause du voile impénétrable qui cache ses attraits divins et sa main créatrice. Je veux qu'elle paraisse un instant insensible à ma prière ; ne saurai-je pas au moins le but de mes recherches. Après avoir beaucoup obtenu, ne serai-je pas fondé à espérer encore davantage ? Alors si la nécessité ne me permettait pas de rester longtemps en contemplation dans l'Atelier, combien je me trouverais heureux d'aller me recueillir avec les Grands Hommes de mon siècle pour apprendre d'eux l'histoire de tous les indices que l'Être inconnu sous le voile aurait pu donner des procédés de son travail ou du mystère de son sexe ! Et s'ils avaient assez de respect pour la vérité et assez bonne opinion de mon zèle pour avoir à m'offrir des *témoignages* et non des interprétations, que ne leur devrais-je pas de reconnaissance et de bonheur ! Mais si quelque *homme à secret* m'invite à sa confiance ; s'il m'indique sa demeure à jours fixés et que j'ai toujours un nouveau domestique à solliciter, une autre porte à ouvrir ; si le Grand Maître est toujours absent ; si de prétendus initiés se contre-disent tous dans ce qu'ils me racontent des merveilles et des desseins de leur Supérieur, s'ils ne m'apprennent pas même le nom ni la Nature du Protée inaccessible, je m'écrie en frémissant : Tout n'est pas bien ici. »

Voilà quelles sont, à peu près, les différentes impressions qu'on éprouve aujourd'hui dans la Franc-Maçonnerie : « un saint respect pour d'anciennes allégories et de l'indignation pour des énigmes qu'on soupçonne avec raison très-modernes ».

« Mon but, dit Bonneville, [2]) n'est pas d'écrire ici l'histoire de cette société ; dix âges d'homme ne suffiraient point à une pareille entreprise. » (Il aurait eu en effet de la peine à démêler la vraie histoire e cette société, car le problème de ses origines est des plus compli-

[1]) Comparer les Ateliers plus ou moins fermés des Maçons.

[2]) I 1.

qués. On a trop souvent pris — comme il le fait lui-même du reste — leur rite et leurs signes symboliques comme base d'étude pour les rapprocher des anciens mystères.) « Mais pour apprendre au philosophe à respecter une société nombreuse déjà composée de plus de vingt milliers d'hommes, tous admis avec choix, j'écrirai seulement avec simplicité l'histoire de son triomphe sur des mains *invisibles* qui depuis près d'un siècle sont armées d'espérance, de sceptres et de poignards. » «Ne serait-il donc pas possible que, sans descendre immédiatement du Ciel une heureuse institution produisît des législateurs de génie, des héros et des hommes ! » Il veut raisonner froidement et remonter les siècles pour pouvoir mieux comprendre ce que pourrait nous réserver l'avenir ; il désire qu'on regarde un peu au loin et autour de soi. « J'essayerai la méthode sévère de l'analyse qu'on ne trouve guère aujourd'hui en France que dans les écrits d'un Charles Bonnet, d'un Condorcet et d'un Bailly. »

On sent déjà chez Bonneville une vive haine contre le clergé et la tyrannie. [1]) « La tyrannie aura beau épaissir les ténèbres de l'ignorance dont elle nous a enveloppés, de temps en temps quelques explosions de lumière éclairent ses images impures. Elles annoncent au Méchant que la Foudre s'amasse quelque part pour en faire un grand exemple. La terre émue sortira du sommeil léthargique[2]) où elle est plongée et, comme le Taureau endormi que souillaient déjà de leurs poisons les reptiles qui le croyaient mort, elle secouera ses vieux ossements et jettera, je ne sais où, les insectes qui la déshonorent. » Loin d'ordonner la vengeance [3]) comme les Jésuites, Bonneville prêche la tolérance, l'amitié, la fraternité. « *Vil fanatisme* [4]), *je t'exècre, je voudrais pouvoir te mépriser, je ne te haïrais pas* ! » Et encore, [5]) « O mes Frères : N'oubliez pas qu'il faut être Homme avant d'être prêtre ou Soldat ! » « Et encore cet autre précepte, ce premier précepte gravé au sein de vos colonnes antiques. Il n'y a rien de divin où

---

1) II. Introduction.

2) Cf. *Lettre de Bonneville à Condorcet*, Londres, 1787, p. 68 : «On poursuit les Intolérants parce qu'ils veulent nous forcer de croire, ce qu'il est si vrai qu'ils ne croient pas, qu'ils ne s'accordent jamais entre eux sur les objets, commandés à notre croyance ; et la preuve la plus évidente de leur despotisme c'est que, malgré leurs éternelles divisions sur ce que nous avons à croire, ils se réunissent tous pour nous forcer à croire ; à les croire : comme si les hommes étaient nés seulement pour croire ; pour croire ce qu'ils n'entendent point, et non pour agir d'après les sentiments innés dans tous les cœurs. »

3) II. 56.

4) I. 63.

5) I. 42.

il n'y a rien d'humain. » Le Prêtre ambitieux, l'Esprit impur promet aux hommes mille bonnes choses pour l'avenir s'ils veulent se prosterner à ses pieds et l'adorer. Il nous cite du Milton à l'appui de sa thèse : [1])

« All these which in a moment thou behold'st,
The Kingdoms of the world to thee I give
For given to me I give to whom I please,
No trifle : yet with this reserve, not else,
On this condition, if thou wilt fall down
And worship me as thy superior Lord :
Easily done and hold them all of me ;
For what can less so great a gift deserve. »

Bonneville s'évertue à nous démontrer les intrigues employées par les Jésuites pour plier les allégories et initiations des Templiers aux quatre vœux de la « *compagnie indestructible* » et cela dans l'espérance de faire finalement accroire que l'Ordre des Templiers n'était lui-même qu'une institution jésuitique. Les Jésuites, selon Bonneville, ont été les premiers à donner des histoires de la Maçonnerie et ces publications ne sont qu'un chaos insondable, à commencer par *The Use and Abuse of the Masonry* par un nommé Captain Smith. [2]) Cet auteur, dit Bonneville, se contredit continuellement dans son œuvre et l'explication qu'il donne des cérémonies maçonniques est en complet désaccord avec son exposé de l'origine de la compagnie illuminée. Il trouve que les œuvres des Jésuites sur la Maçonnerie ne sont faites que pour entretenir la discorde et renverser les Empires.

Il paraîtrait cependant, d'après la *Grande Encyclopédie*, [3]) qu'un nommé Anderson fut le premier historien de l'Ordre. En tête de la Constitution de la première Grande Loge, dont il fut chargé de rédiger la Constitution, il mit une histoire de la Maçonnerie avec la légende biblique sur l'origine de la corporation.

La théorie de ce Capitaine Smith correspond à l'hypothèse émise en 1737 par Ramsay, qui fit dériver l'Ordre maçonnique des Templiers, apparemment à cause de la légende relative au Temple de Salomon. Ramsay fit accréditer cette légende, qui fait sortir cette

[1]) I. 36.

[2]) En 1783 la Grande Loge de Londres refuse de publier ce travail du Capitaine Smith. En novembre de cette même année il est accusé d'avoir initié des profanes à la Franc-Maçonnerie d'une façon irrégulière. En février 1785 il se voit chassé de la confrérie pour avoir fourni à deux frères en détresse de fausses lettres de recommandation.

[3]) Article *Franc-Maçonnerie*.

corporation des Croisades. [1]) Il désirait trouver des hommes et de l'argent pour servir la cause des [2]) Stuart, où les Maçons jouèrent, comme nous le verrons, un certain rôle. Il cherchait à [3]) « persuader aux Maçons qu'il y avait au fond de leur symbolisme des secrets d'une extrême importance, apanage de rares initiés et à les convaincre que la filiation avec les anciens ordres religieux s'établissait par l'intermédiaire de supérieurs inconnus. »

Bonneville fait alors l'historique de certaines sociétés et en particulier des *Rose-Croix*, disciples, dit-il, de Bacon, qui avaient formé une société toute littéraire et scientifique, société dans laquelle les Jésuites se glissèrent. Il en trouve les preuves comme toujours dans leurs symboles et allégories. [4]) « Les Jésuites firent de la Maison Salomonienne de Bacon un temple de Salomon », donnant des explications bizarres des symboles, et infectant « la source la plus pure ». Il compare par exemple les quatre degrés de la Société des *Rose-Croix*, maçonnés par les Jésuites, aux quatre degrés de l'Ordre des Jésuites: ce qui donne le résultat suivant;

Jésuites	*Grades Maçonniques*	
I. Frère laïque au Temporel.	T. Booz et Tubalcaïn[5])	Apprenti
II. Scholastique	S. Schiboleth	Compagnon
III. Coadjuteur spirituel.	C. Chiblim	Maître
IV. Nôtre	N. Notuma	Maître écossais.

Cependant on fait d'habitude remonter les *Rose-Croix* à une société allemande fondée vers 1600 par un prétendu Christian Rosencreuz qui aurait rapporté d'Orient les secrets les plus précieux. Leurs chapitres se seraient multipliés dans toute l'Allemagne rhénane et

---

[1]) « Discours » que l'on peut lire dans l'*Encyclopédie de Lemmigart* (Ramsay).

[2]) Quel intérêt auraient eu les Maçons suédois, russes, polonais, allemands, hollandais à remettre les Stuart sur le trône ?

[3]) *Grande Encyclopédie*, Article cité.

[4]) II. 4.

[5]) Mots de passe. N. B. Booz l'embarrasse et il le néglige entièrement.

NOTA :

1° Les frères lais, etc. entraient dans la catégorie de Coadjuteurs temporels.

ils se seraient propagés dans les Pays-Bas, en Italie et en Angleterre. Ils se croyaient prédestinés à accomplir la réformation que devait bientôt subir le vieux monde.

D'après Bonneville, [1]) l'Anglais « ne cherche dans la Maçonnerie que des liaisons qui lui seront utiles dans ses voyages : association formidable dont il est très fier d'être membre parce qu'on lui assure tous les jours qu'elle est ancienne ; naturellement vain, il aide à se tromper soi-même : pourvu que son orgueil soit flatté, il paie..............

« Ils aiment la pompe et un grand appareil dans leurs assemblées. Ce sont, en général, d'honnêtes gens que les F.-M. anglais. Il y en a bien quelques-uns parmi eux qui soupçonnent qu'on les mène par le nez ; mais il y en a peu..... Les Francs-Maçons anglais, par leurs aumônes, par leurs encouragements donnés à l'industrie, font le plus grand honneur à la Société. » Mais ils souffrent des supérieurs inconnus à cause de leur insouciance et de leur ignorance. [2]) « Les Français, en général, regardent la Maçonnerie comme une Institution de bienfaisance et comme un rendez-vous honnête à des festins et à des jeux, ne reconnaissent aucun titre qui exempte (comme dans les loges anglaises) des frais du banquet fraternel. »

A force de comparer les insignes et les allégories, Bonneville pense enfin prouver la *croyance* « d'une liaison immédiate de la société des Francs-Maçons avec l'ancien ordre des Templiers. » Il survient des réflexions sur différentes religions et croyances — Gnosticisme, Cabalisme, etc.... [3]) En fin de compte il compare lui-même les Templiers aux Maçons : mais comme des principes religieux (et tous gnosticiens) faisaient la base des secrets des Templiers du XIVe siècle

---

Bonneville laisse là le Coadjuteur et prend l'initial de Temporel.

2° Les Scholastici étaient des jeunes gens occupés de leurs études ; ils devenaient Magistri lorsqu'ils enseignaient les humanités.

Bonneville s'en tient aux Scholastici car l'initial lui convient.

3° Coadjuteur.

Bonneville trouve utile de se servir cette fois-ci de coadjuteur.

4° Nôtre, est en réalité le grade de Profès. Ceux-ci, après et en plus des trois vœux, pouvaient aller prêcher l'Evangile.

La lettre P. ne convient pas aux calculs de notre auteur, alors il appelle les Profès des Nôtres-Nostri, et voilà ce qui lui permet de faire du Jésuite Profès le Notuma ou Maître Ecossais des Francs-Maçons.

[1]) I. 30.

[2]) I. 33.

[3]) I. 122.

et que les Maçons ont comme premier principe que la religion n'est point du tout leur objet, la liaison entre ces deux corps ne serait qu'une chimère. [1]) « Les principes d'une Société secrète peuvent souffrir de grandes altérations, des modifications infinies ; mais il n'est point possible que ces principes deviennent jamais contradictoires. » De plus, les symboles des deux ordres ne se ressemblent vraiment pas. L'Ordre des Jésuites est tout simplement entrée dans la Maçonnerie. Pour prouver sa thèse Bonneville analyse les mots, combine le jeu des lettres initiales, réduit les lettres en chiffres et ensuite les chiffres en lettres et trouve invariablement, après maintes manipulations, des secrets jésuites. [2])

Selon Bonneville, les allégories [3]) qui se trouvent sur les tapis des Francs-Maçons aujourd'hui seraient empruntées au tapis des Rose-Croix.

Encore, l'allégorie de St. Alban fondant une loge en 287 et l'histoire du frère Athelstan en 926, ne représenteraient en réalité que Charles Ier qui fonda une loge en 1646 et son frère Jacques II qui fonda un collège de Jésuites quand il n'était encore que duc d'York, correspondant au Collège de Clermont.

Allégorie	St. Alban	287 = 17	Charles Ier	1646 = 17
	Athelstan	926 = 17	Jacques II	1692 = 17

Anderson cependant rapporte que le roi d'Angleterre confia la direction des travaux de la ville de St-Alban à des Maçons, qu'Athelstan s'intéressa à l'ordre et ordonna la construction d'Abbayes, de villes, etc., que son fils Edwin favorisa encore plus les Maçons et les convoqua régulièrement. Il certifie que c'est à York que les Anglais font constituer leur Maçonnerie particulière en 926, mais ces affirmations ne reposent sur aucune base solide.

Les voyages, selon Bonneville [4]) sont empruntés aux *Rose-Croix*, mais chez les Jésuites ils symbolisent leurs missions — « ils étaient occupés à prêcher une mission en Angleterre lorsqu'ils se glissèrent dans la Maçonnerie, et qu'ils firent de la Société littéraire des Rose-Croix Maçonnés un ordre de moines célibataires. » Leurs livres sont donc chiffrés et clairs pour ceux qui en possèdent la clef. Ils ont été traduits dans toutes les langues, mais les traducteurs n'étant pas Jésuites ont « détruit le sens caché sous les chiffres et n'ont fait de

[1]) I. 126.

[2]) Voir Appendice A, XVI.

[3]) I. 146.

[4]) II. 58.

ces ouvrages ridicules qu'un bavardage encore plus ridicule. » Voilà le résultat de leur « admirable doctrine des équivoques ». Il y a des millions de Maçons qui ne sont que le jouet de ces misérables Jésuites et c'est contre eux que Bonneville élève la voix. Pour entrer dans ces loges, on exige de terribles épreuves et des serments horribles pour ne point révéler ce qui est imprimé partout. [1]) « Quelle atrocité, s'écrie Bonneville, de faire payer à des millions d'hommes des taxes considérables dans l'espérance d'apprendre un secret qu'ils ne doivent jamais savoir ! » car les supérieurs inconnus se préparent des partisans et ne donnent que des symboles mystérieux en échange. Bonneville semble vouloir que la Maçonnerie reste une institution philanthropique ayant pour but le bonheur et le parfait développement de l'humanité.

La légende des Jésuites s'insinuant dans la Franc-Maçonnerie avait été inventée en Allemagne par l'apostat Adam Weishaupt [2]) qui, devenu ennemi acharné de cet ordre religieux, fonda celui des Illuminés. Secondé par ses disciples *Philo*-Knigge, *Lucian*-Nicolaï et *Amelius*-Bode, il sonna l'alarme, espérant que la terreur, naissant de ce danger imaginaire, amènerait à son organisation de nombreuses recrues.

Bonneville, instruit des travaux de Bode et de Nicolaï, crut à cette fable et contribua à la répandre au moyen de l'ouvrage que nous venons de résumer. Il reste douteux qu'il soit entré en relations directes avec les *perfectibilistes* de Bavière ou même qu'il ait rencontré leurs émissaires, *Bayard*-Busche et *Amelius*-Bode, envoyés pour propager *les lumières* de leur maître dans les loges de France, à commencer par celle des Amis Réunis.

Mirabeau, initié en 1786 par Mauvillon, qui lui fournit une partie importante des matériaux de son étude sur la *Monarchie Prussienne sous Frédéric le Grand* serait tombé sous l'influence de cette secte. Nous voyons du reste reparaître dans cette œuvre la théorie des Jésuites [3]) cachés dans la Franc-Maçonnerie et ce diplomate équivoque nous signale la publication de Bonneville, qui parut au moment même où lui, Mirabeau, revoyait les épreuves de son exposé de *la situation actuelle des principales contrées de l'Allemagne*.

« Cet ouvrage, [4]) qui fait beaucoup d'honneur aux connaissances, à la sagacité et même au courage de M. de Bonneville, n'est pas,

---

[1]) II. 18.

[2]) Pseudonyme *Spartacus*.

[3]) T. V, livre VIII, chap. *Religion, Instruction, Législation, Gouvernement*, pp. 76 et suite.

[4]) Ibid. p. 77.

comme on pourra le croire en France, un système. C'est un rapprochement très complet des principaux faits qui ont conduit en Allemagne à l'importante découverte sur laquelle nous appelons l'attention de tous les bons esprits et des vrais amis de l'humanité.»

La tourmente qui passe sur l'Europe entière inquiète même les Anglais et nous trouvons un érudit professeur de l'Université d'Edimbourg, John Robison, qui, troublé par cette inquiétude générale, en étudie les causes et demeure également persuadé qu'elle est due aux menées secrètes des Illuminés d'Allemagne. Pour déjouer cette machination il publie son livre intitulé : *Proofs of a Conspiracy against all Religions and Governments of Europe, carried on in secret meetings of Free-Masons, Illuminati, and Reading Societies*. [1])
Nous estimons que l'immoralité et l'indécence dont Robison accuse ces adeptes qui, du reste, manquaient à tous les principes de la justice et de la bienséance, devaient forcément remplir d'horreur et d'émoi l'homme intègre qu'était Nicolas de Bonneville. Cette considération suffit à elle seule à rendre sa complicité invraisemblable.

La thèse de la conspiration maçonnique dans la Révolution Française a souvent été soutenue [2]) et l'on a abusé du titre de maçon, donné sans discernement à des individus qui n'avaient que des accointances avec cette société, où ils ne rentraient souvent qu'en qualité de visiteurs dans les séances publiques. Bien que tous les clubs fussent envahis par les initiés de la Franc-Maçonnerie, nous ne pouvons croire que ce petit cadre de conspirateurs ambitieux ait pu entraîner tout un peuple dans cette voie dangereuse et lui faire jouer un rôle inconscient dans ce vaste complot.

On a voulu voir en Mirabeau l'instigateur du complot, le metteur en scène de la secte. Cependant, malgré ses fautes énormes et ses mœurs déplorables, ce partisan d'une monarchie constitutionnelle était prévoyant et prudent : il cherchait à établir un équilibre social dans la séparation des pouvoirs. Le despotisme du pouvoir législatif lui déplaisait autant que la tyrannie du pouvoir personnel et unique. Nous constatons les mêmes tendances chez Bonneville qui demande un équilibre entre les forces sociales et une répartition des fonctions. Sa conscience s'alarme des excès de la Révolution et cherche à refouler la colère des exaltés et à poser des bornes à leurs actes de violence. Il voudrait peu à peu instruire le peuple dans les principes républicains et opérer avec moins de hâte irréfléchie.

---

[1]) Edimbourg, 1797 : 3e édition corrigée 1798.

[2]) Voir, par exemple, *Le Correspondant* et encore les dernières publications de Nesta H. Webster.

CHAPITRE III.

« HISTOIRE DE L'EUROPE MODERNE
depuis l'irruption des Peuples du Nord dans l'Empire Romain, jusqu'à la paix de 1783 »
Genève, 1789-1792. 3 vol. in 8°.

Le sujet; Bonneville s'intéresse à la philosophie de l'histoire et étudie les conséquences politiques et sociales des révolutions modernes.

Nicolas de Bonneville se trouvait à Londres lorsque William Russell publia la seconde édition de ses *lettres sur l'Europe Moderne* ; il fut chargé d'en donner une traduction française, entreprise qui lui fut d'autant plus agréable et utile qu'il méditait alors d'autres ouvrages politiques et historiques. Dans une lettre à Condorcet, écrite de Londres même, il promettait de terminer sa traduction de l'œuvre de Russell par un essai sur les préjugés des Européens. Cependant , il fut bientôt déçu, car une étude détaillée des *lettres* de Russell lui démontra que ce qu'il avait pris pour une œuvre de génie n'était en réalité qu'une savante compilation. « Ce qu'il y a de vraiment beau dans cet ouvrage n'appartient point au compilateur. C'est Hume, Robertson, Fergusson; c'est Montesquieu, c'est Voltaire, etc. etc. » L'écrivain anglais ne se contente pas, comme l'abeille, d'exprimer le suc des fleurs, il prend les fleurs toutes entières.

Cependant, les révolutions qui se préparaient en France tournaient les yeux vers l'histoire et une histoire universelle manquait à l'Europe. Le succès des *lettres* de William Russell, les engagements qu'il avait contractés, obligèrent Bonneville à reprendre son travail et il eut bon espoir de tirer, pour de grands desseins, un excellent parti du travail de William Russell.

Dans son *Histoire de l'Europe Moderne*, celui-ci avait tenté d'éviter et la méthode chronologique de Puffendorff et le style irrégulier mais enchanteur de Voltaire. Son immense érudition et ses connaissances politiques permirent à Puffendorff de donner l'histoire de l'origine et de la grandeur des différents empires et de terminer l'histoire de chaque siècle par un exposé de leurs constitutions et de leurs intérêts respectifs; mais le plan reste défectueux, gâté comme il l'est par des récapitulations de détails purement chronologiques. Il donne en entier et séparément l'histoire des différents empires, de sorte qu'il produit un ouvrage que rien ne relie. « Son histoire est un squelette où il manque, comme le dirait Lucien, la chair et les couleurs. Il y a de l'érudition et de l'exactitude dans ses récits ; mais en vérité, ni peinture des mœurs, ni caractères. »

Voltaire, au contraire, est plein de caprices et même de préjugés « *Il gauchit, il biaise, farde les faits, et sait les déguiser à tous les yeux qui ne sont point exercés.* » Voltaire n'a pas écrit d'après le plan de Puffendorff. Il a conduit à la fois et de front toutes les affaires des Nations, mais se perd dans les petits détails et ne se retrouve plus. En plus, il confond les dates et donne comme conséquence de tel événement ce qui, en réalité, en était le principe.

Bonneville trouve néanmoins chez Voltaire sa conception à lui de ce que devrait être l'histoire.

« Si les hommes étaient raisonnables, [1]) ils ne voudraient d'histoires que celles qui mettraient les droits des Peuples sous leurs yeux ; les lois suivant lesquelles chaque père de famille peut disposer de son bien ; les événements qui intéressent toute une Nation, les traités qui les lient aux Nations voisines, les progrès des arts utiles, les abus qui exposent continuellement le grand nombre à la tyrannie du petit ; mais cette manière d'écrire l'histoire est aussi difficile que dangereuse..... Le public aime mieux les fables, on lui en donne. »

Bonneville voudrait consacrer à Voltaire d'éternels hommages pour avoir combattu toute sa vie un fanatisme insensé qui s'imagine autoriser des crimes par un grand nombre de complices.

L'histoire de Russell reste pour Bonneville la plus utile et la plus estimée, car il a su éviter la sécheresse de Puffendorff et la légèreté de Voltaire. Les critiques anglais ont loué chez Russell la clarté de son style, sa précision, son élégance, la rapidité de sa narration. Il termine ses principales époques par des observations épisodiques où il s'efforce de développer les progrès des arts et de la civilisation. Guidé par les génies supérieurs de Hume, Robertson, Fergusson, Montesquieu, Voltaire, etc., « le compilateur anglais trie, dans la

---

1) Voir *Questions sur l'Encyclopédie* au mot *Histoire*.

main du temps, les noms et les faits de peu d'importance, qui par hasard y sont tombés ; il les jette dans l'oubli, il n'adore point les faux dieux. Alors, un style plein de chaleur anime ses récits : alors il y a de l'enthousiasme. » Le fait même que Russell avait emprunté des pages entières à d'autres auteurs, se rabattant sur des traductions pour les œuvres françaises, lui donne un style marqué d'étranges bigarrures. Bonneville avoue qu'il lui a souvent été impossible de les traduire sans emprunter à Voltaire et à Montesquieu des paragraphes entiers.

Nicolas de Bonneville s'était proposé de diviser son ouvrage en trois parties. Il devait consacrer la première partie à l'histoire de la naissance et des bouleversements des Empires de l'Europe Moderne. Elle devait contenir les faits historiques et tous les principes des amis de l'humanité attachés aux faits. Pour cela il travaillerait sur le texte de Russell, tout en y ajoutant le résultat de quelques recherches personnelles. En effet, dévoré d'un ardent amour de la vérité, il a fouillé dans l'abîme des siècles et certains chapitres sont le fruit de son travail personnel (tels les chapitres IX, XI, XVI, XXII, etc.). Il ne put jamais compléter son œuvre qui s'arrête à la naissance de la République Suisse en 1308.

Les deux autres parties projetées devaient traiter : 1° de l'histoire des sciences et des arts, et des progrès de la civilisation de l'Europe Moderne, 2° de l'histoire de l'esprit humain en Europe. Ce dernier volume devait comprendre six essais :

I. de l'esprit des religions européennes,
II. de la législation européenne,
III. du langage des Européens,
IV. du commerce des Européens,
V. de la naissance de l'encyclopédie,
VI. Récapitulation générale.

« La troisième partie sera particulièrement destinée à l'être sensible et généreux qui pense, qui réfléchit, qui plonge au fond de son cœur. »

Le but de l'histoire de Bonneville est d'apprendre à la jeunesse à jeter un grand coup d'œil sur l'univers. Il cherche à y retracer des époques intéressantes et à les présenter dans un seul tableau où l'on puisse, à loisir, se promener toujours sur un vaste théâtre ; à former des scènes qui s'enchaînent à un grand ensemble. Il voudrait se borner à l'histoire des révolutions mémorables et surtout en suivre les conséquences politiques ou civiles, qui ont produit des changements dans le gouvernement ou dans les mœurs d'un peuple ; il désirerait suivre ces influences jusque dans l'histoire contemporaine et montrer comment et combien ces fortes secousses influent encore aujourd'hui sur notre système civil et politique. Il rejette les petits faits et les détails insignifiants et espère fournir une histoire chaste et sévère. « Le romancier est un visionnaire et un flatteur qui vous séduit et vous égare avec ses Amours et ses Esprits qui n'ont pas de corps. » L'Historien doit rester fidèle aux faits et les attacher à leurs maximes.

Bonneville apporte toujours à son étude la plus sévère attention aux droits de la Nature et du pacte social. « Cette partie de mon travail, dit-il, est celle que j'offre à mes contemporains pour me juger. » Ce sont des droits antiques et sacrés qu'il trouve tout près de lui et dans son cœur. « Ce n'est pas la vérité qui manque aux hommes, ce sont les hommes qui manquent à la vérité. » « Est-il une lecture plus ravissante pour l'homme qui veut bien agir, et qui s'essaye à penser, que l'histoire de nos mœurs, de nos coutumes, de nos lois, de notre civilisation et de nos progrès dans les sciences ; puisqu'on s'intéresse si vivement, quand on a un cœur, à l'histoire de tous ces arts, que la foule des pédants appelle frivoles. »

A part les idées que nous avons déjà signalées, le livre de Bonneville semble être une violente attaque contre la tyrannie et le fanatisme, contre les rois et les papes, la monarchie et l'église. — Ce n'est pas tant la puissance temporelle des Papes qui lui est odieuse, c'est la tyrannie de leur puissance spirituelle ; c'est leur hypocrisie qui, sous le titre de l'humble et pauvre serviteur de Dieu, frustre l'orphelin du bien de ses ancêtres, pour envahir la monarchie universelle. « Par quelle incompréhensible gradation a-t-il pu arriver que ceux qui solennellement avaient fait vœu de renoncer au monde, versèrent des flots de sang, pour être seuls chargés du poids des couronnes de toute la terre ? Par quel miracle la houlette des pasteurs est-elle devenue dans leurs mains le sceptre des Rois ? »

Le clergé aspirait ouvertement au droit de disposer des couronnes et fondait ce droit sur la cérémonie du sacre. Les Evêques employaient des fictions, des sophismes, et l'impudence pour se rendre indépendants. Les rois seront toujours les vassaux du Pape « tant qu'ils n'auront aucune autorité *spirituelle* sur le clergé qui fait un corps et que leur souverain Pontife aura quelque influence sur le *temporel* des Princes. »

Ce qui précipita l'entière dissolution de l'Empire Romain fut son despotisme effroyable ainsi que la faiblesse où le jeta sa grandeur démesurée lorsqu'il étendit ses bras paralysés hors de l'Italie. Les barbares firent sans doute à Rome une grande plaie, mais ce fut le sang de la tyrannie qu'ils répandirent.

Les Arabes et les Espagnols, si éclairés et si tolérants, changent bientôt du tout au tout, et Bonneville dit avec la même amertume que Montesquieu : « C'est la félicité des tyrans que Dieu ait permis qu'il y ait dans le monde des Turcs et des Espagnols, les hommes du monde les plus propres à posséder inutilement un grand empire. » [1])

Si Bonneville admire Pépin, c'est qu'il tenta de soustraire le Peuple Français aux oppressions de deux corps despotiques. Ne pouvant lui rendre son ancien pouvoir législatif, que le despotisme des anciens maires avait aboli sous des prétextes spécieux, il commença la réforme du pouvoir arbitraire en convoquant tous les ans, au mois de mai, les évêques et les seigneurs, pour conférer avec eux sur les affaires de la Nation.

Ce qui intéresse Bonneville chez les Saxons, c'est qu'ils conservèrent leurs institutions civiles et militaires ; c'est qu'ils transplantèrent en Grande-Bretagne ces principes d'indépendance et de liberté qu'ils chérissaient avec un saint respect dans leur patrie. Il trouve également admirable le gouvernement originel des Anglo-Saxons, gouvernement apporté, selon lui, par les Druides. Un chef décide des affaires de peu d'importance ; une assemblée de Sages (Wittenagemot) parlemente sur les grands intérêts de la Nation, faisant la paix ou la guerre, créant ou déposant le chef ambitieux.

Pour Bonneville, l'œuvre de Charlemagne est d'avoir ouvert au Peuple Français la porte de ses assemblées d'où les grands l'avaient chassé malgré ses droits de fait et de raison. Le Peuple n'entrait, il est vrai, que dans les Assemblées du champ de mai, mais seules ces Assemblées faisaient les lois. Il permit aussi aux habitants des pays conquis de conserver leurs lois, n'y faisant que les changements que les besoins des temps rendaient indispensables. « Une fois les coutumes établies, les peuples les plus opprimés ne souffrent point impunément qu'on les détruise. » Charlemagne eut cependant tort de prescrire la dîme, charge incommode et servile.

L'auteur fait ressortir les désavantages d'un gouvernement féodal : le royaume devient un assemblage monstrueux de membres épars qui ne forme point un corps.

Le duc de Normandie substitue aux lois anglo-saxonnes, ci-dessus expliquées, une monarchie féodale — une aristocratie militaire. Le corps du peuple se trouve alors gouverné par un sceptre de fer, étant dépendant et vassal des seigneurs. La grande puissance et les

---

[1]) *Grandeur et Décadence*, chap. XXIII.

succès des Normands amenèrent encore des mœurs licencieuses, fruits amers de leur tyrannie. Mais la rigueur du gouvernement anglo-normand et l'esprit despotique et licencieux de la Noblesse devint, après une longue tyrannie, favorable à la liberté générale, car l'audace des grands vassaux de la couronne devait être réprimée. Les rois et les grands vassaux ménagèrent le peuple, car l'un et l'autre sentirent la nécessité de mettre dans leurs intérêts le grand nombre de la nation. Tour à tour ils courtisèrent le Peuple et dès lors celui-ci secoua les fers de la tyrannie et de l'oppression et marcha vers la liberté.

Loin d'être une explosion du fanatisme, loin d'être la revanche d'une civilisation sur une autre, Bonneville ne trouve dans l'histoire des Croisades que la main des Pontifes travaillant dans les ténèbres à consommer le projet d'une Monarchie Universelle. « La France, dans son premier transport d'enthousiasme, servit d'instrument à la fureur sanguinaire des Papes, en croyant servir l'humanité. » Il ne saurait en excuser les atrocités et les actes de brigandage. En réalité il n'y voit que des pèlerinages ridicules qui encouragent des troubles intérieurs pendant l'absence des rois en Palestine.

Bonneville s'attarde sur Alfred et fait remarquer que son génie ne se bornait pas à des talents politiques et militaires. « Ses institutions judiciaires et son zèle pour l'encouragement des arts et des sciences le fait regarder comme le père de la législation et de la littérature anglaise. » Alfred rédigea un code pour son pays et fit appliquer ces lois très rigoureusement, mais ce n'était que pour mieux conserver la liberté du pays.

Les violences et les bassesses du Prince Jean firent sentir la nécessité de se mettre à l'abri des caprices d'un despote. Les seigneurs anglais s'unirent pour demander à ce dernier qu'il leur rendît leurs privilèges usurpés par ses prédécesseurs et pour que leur cause n'eût point l'air d'une révolte, ils réclamèrent en même temps les droits du Clergé et ceux du Peuple. Voilà, selon Bonneville, l'origine de la Grande Charte d'Angleterre, fondement de tout gouvernement légitime. « Elle accorde à chaque individu la même justice et une protection égale pour la conservation de ses privilèges et de ses propriétés. Cette protection d'un peuple entier, également assurée à tous ses membres, est la condition première d'un premier pacte social formé parmi les hommes, et que tous les peuples de la terre auront toujours à réclamer comme un droit perpétuel et inaliénable que ni le temps, ni les concessions forcées, ni les statuts des tyrans, ni les plus antiques institutions ne pourront lui faire perdre. »

Plus tard, grâce à l'initiative de Leicester, le Tiers Etat aura une part dans l'administration de la Chose Publique. « Leicester assembla donc un nouveau Parlement (1266) où il fit entrer deux chevaliers de chaque côté et quelques députés des Bourgs. Ce fut lui qui introduisit le premier la Nation Anglaise dans le Parlement de l'Angleterre. » C'est à lui que revient l'honneur d'avoir établi des assemblées *nationales* ; c'est-à-dire représentatives de la Nation entière.

L'Angleterre doit aux Communes, au Tiers Etat, la sanction de cette fameuse charte tant de fois violée après de vains serments arrachés aux despotes à l'heure des dangers et oubliés dès qu'ils n'avaient plus de révolutions à craindre. Sans toutefois avoir encore la voix délibérative, il leur était d'abord permis d'exposer légalement leurs griefs et leurs espérances. Plus tard, les Représentants du Peuple voulurent honorer leurs emplois et essayèrent de l'audace. Tour à tour sollicités par des monarques ambitieux et des seigneurs indisciplinés, ils y virent un moyen facile et nouveau de se soustraire à la fois aux caprices des tyrans et à l'anarchie des grands seigneurs. « Toutes les fois qu'il se formera entre les grands d'un Etat une lutte, à peu près égale, de tyrannie, les droits du Peuple commenceront à devenir respectables, en ce que le parti qui voudra perdre ses rivaux sera toujours obligé pour réussir de mettre le peuple de son côté. » Que les seigneurs ou le monarque en sorte victorieux, le Peuple aura toujours réussi à briser une tyrannie quelconque.

L'histoire de l'Europe de Russell a de grands mérites. Malgré de nombreux défauts, l'auteur choisit avec goût et discernement les incidents d'importance dans un cadre trop vaste. Il paraît avoir étudié avec soin et succès la philosophie de l'histoire. Il semble unir la vivacité de Voltaire et la philosophie de Montesquieu, à la sagacité de Bolingbroke.

Nicolas de Bonneville suit le texte de Russell mais l'amplifie considérablement ; il multiplie les anecdotes et s'attarde, comme nous l'avons pu voir, sur des discussions et appréciations de différents principes de gouvernement et sur l'humanité en général. Son style est plus imagé, plus chaud, plus coulant que celui de William Russell.

CHAPITRE IV.

« DE L'ESPRIT DES RELIGIONS »

Paris, in 8°. 1791-92.

Œuvre d'interprétation et de construction. Bonneville cherche à résoudre le problème du bonheur social.

Nous avons déjà vu comment Bonneville avait projeté pour la dernière partie de son *Histoire de l'Europe Moderne* un chapitre sur *l'Esprit des Religions européennes.* Après avoir démontré avec enthousiasme les progrès qu'avait faits la civilisation et les heureuses conséquences politiques et sociales des révolutions modernes, il semble vouloir faire de *l'Esprit des Religions* une œuvre d'interprétation et de construction car, ainsi que nous le verrons, Bonneville fait de la société ou de la patrie une religion.

En désaccord [1]) avec l'Abbé Fauchet sur certains points de croyance, Bonneville se brouilla avec son collaborateur et ce dernier lui laissa toute la rédaction de la *Bouche de Fer,* organe démocratique qui devint un des plus avancés du parti des Cordeliers. C'est dans ces dispositions d'esprit que Bonneville commença le plus curieux de tous ses livres — *L'Esprit des Religions.*

« Mon sujet embrasse tous les siècles, tous les empires et tous les hommes. J'ai à révéler les mystères de la liberté, à résoudre le problème du bonheur social. » Mais le lecteur aurait bien tort de s'attendre à de beaux discours *bien peignés* car ce n'est point un livre qu'il désire faire. Il invite seulement le lecteur à un *repas frugal,* à *quelque brouet de la nature* et encore faudra-t-il qu'il le *digère* lui-même. Le livre sera divisé en trois parties. La première qui sera

---

1) Voir *Bouche de Fer,* avril-mai, 1791, pp. 181-189.

D'ailleurs les deux adversaires se réconcilièrent plus tard à l'occasion de l'élévation de Fauchet au siège épiscopal du Calvados.

mieux comprise après avoir lu la seconde, aura besoin d'une nouvelle étude, qui formera la troisième partie — les appendices.

Dans le numéro du 14 juillet 1791 de la *Bouche de Fer* nous trouvons l'annonce suivante : «Nous avons annoncé, pour les 12, 13 et 14 juillet 1791, la révélation des mystères simples et naturels des antiques initiations des premiers amis de la vérité, nous avons tenu parole en publiant l'*Esprit des Religions*, ouvrage d'une telle importance, qu'à peine il vient de paraître, et qu'on sent déjà qu'il doit changer la face de l'Univers. Il la changera.»

Dans la préface de la deuxième partie de l'*Esprit des Religions*, Bonneville nous donne un aperçu des auteurs qu'il admire ou qu'il respecte.

« Montesquieu, devenu plus grand sans doute et surpassant encore sa renommée, redira des paroles pleines de majesté ; .... Helvétius, ami de la vérité recueilli dans le silence et les ténèbres, minera les autels du fanatisme. Mably, par ses hautes prévoyances, affermira vos pas chancelants. Quelque Jean-Jacques, moins irascible, mais peut-être plus prompt et plus ferme, s'adressera violemment à des jeunes courages, déjà tant armés de mille traits.»

Il avoue aussi que plusieurs de ses chapitres ont paru ailleurs [1]) sous d'autres noms et d'autres formes. Comparez aussi *Le Vieux Tribun du Peuple* à l'introduction. [2]) « Un assez grand nombre des essais du *Tribun du Peuple*, année '89 ont été retranchés de cette édition pour les insérer ailleurs et entr'autres dans l'*Esprit des Religions*, dont on va réimprimer la 3e édition.»

Bonneville se lance presque immédiatement dans son sujet favori, *les systèmes de la liberté* et les problèmes sociaux. Voyez la *Bouche de Fer.* [3]) « Cet ouvrage important dans les circonstances (i. e. *De l'Esprit des Religions*) offre des recherches neuves, des principes démontrés et appuyés de faits, sur les bases inébranlables d'une bonne constitution : sur la forme d'un gouvernement, toujours susceptible de se perfectionner et sur les rapports intimes et nécessaires de la législation d'un peuple avec son culte : principes conservés dans les mystères des anciennes initiations et dont la révélation a été promise d'âge en âge, par les amis de la vérité, au premier peuple libre.» et encore à la dernière page du 4e volume, n^{o} du 17 juillet 1791 : « Voyez *l'Esprit des Religions*, par un ami de la vérité ; méditez cet ouvrage, sauvez la patrie et enracinez la liberté sur la terre ! »

---

1) II. 4.
2) *Le Vieux Tribun du Peuple*, 1789, 5e éd.
3) *Bouche de Fer*, 1791, 10 juillet.

Voilà pourquoi nous trouvons tout de suite un traité sur le partage des biens. [1]) Tirant ses faits de Tacite, il admire le système des Francs, qui prescrivent un partage annuel des terres, excellent système à cette époque, car 1° chacun finirait par trop affectionner son champ ; 2° les grands étendraient leurs domaines ; 3° cette fréquente distribution des terres proportionnées aux besoins de chaque famille entretenait l'esprit d'égalité — mot d'ordre de Bonneville.

L'auteur est du reste fort content [2]) des décrets de l'Assemblée Nationale sur les successions et sur les communaux, mais elle n'est pas allée assez loin. « Le seul moyen possible d'arriver à la grande communion sociale est de diviser les héritages territoriaux en parts égales et déterminées par les enfants du défunt et d'appeler au partage du reste tous les autres parents. » Bonneville reviendra constamment sur cette question. Comparez [3]) *Le Vieux Tribun du Peuple* 1796 — « Vous ne parviendrez jamais à rien qui puisse atteindre au peuple, soulager sa misère, [4]) augmenter son industrie et son commerce si vous ne prenez les successions *colossales* pour la base de tous les impôts. Depuis 1789 je n'ai cessé d'offrir cette idée aux méditations de nos écrivains en finances ; on commence enfin à m'entendre. » C'est du reste encouragé par ce livre de Bonneville, qu'Auger [5]) présenta sa pétition pour « *obtenir sur les héritages une loi nouvelle et juste qu'il sentait nécessaire pour affermir la révolution,* » pétition qui fut renvoyée le 21 octobre par l'Assemblée Nationale à son comité de législation.

Quelle était la pétition d'Auger ? [6]) « Les enfants d'un même père, mâles et femelles, partageront également la moitié des biens fonds et tous les biens mobiliers ; l'autre moitié des biens fonds sera répartie à portions égales entre tous les collatéraux, » ex-

---

[1]) I. 52.

[2]) I. 59.

[3]) II. pp. 511-512.

[4]) Cf. *Chronique du Mois*, févr. 1792, p. 121. «Athanase Auger, auteur de cette pétition importante qui changera la face du monde assure que l'auteur de *l'Esprit des Religions* a découvert le principe d'un perfectionnement social, naturel, *successif*, presque insensible et qu'il a donné dans son ouvrage la solution d'un problème qui n'avait pas même été imaginé. »

[5]) App. 283. Comparer le mouvement démocratique actuel en Angleterre, lequel tend à contraindre les nobles et tous ceux qui possèdent la terre à s'en dessaisir au profit des cultivateurs et des industriels. — Land Taxes ; Small Holdings Bill ; Land Purchase in Ireland ; Nationalisation of Mines (1914).

[6]) App. 286. Voir Appendice «A» XIV pour note de Bonneville sur A. Auger.

ception faite à des possessions modiques. L'idée n'est évidemment pas nouvelle et Bonneville nous cite à l'appui les Druides, Moïse partageant la terre conquise et prescrivant une répartition tous les 50 ans, les Gracques qui voulaient « régler qu'à l'avenir on ne pourrait posséder qu'un certain nombre d'arpents », loi anéantie, ajoute Bonneville, par la cupidité de ceux qui possédaient. L'auteur ne manque pas de nous faire remarquer que l'idée ne vient pas entièrement de lui et nous cite Rousseau et Montesquieu à l'appui. [1]) « Ce fut le partage égal des terres qui rendit Rome capable de sortir d'abord de son abaissement : cela se sentit bien quand elle fut corrompue. »

La terre appartient donc à tous, au peuple et il faut abolir les privilèges — surtout les privilèges héréditaires. [2]) « Tant qu'il existera des privilèges exclusifs et héréditaires, qui accordent à un seul ce qui appartient à tous, les formes de la tyrannie pourront changer avec les occurrences, mais la tyrannie existera toujours. »

Voilà ce qui nous mène à ses idées de gouvernement. Nous le trouvons encore ici disciple de Jean-Jacques qui a dit : « Quand une société ou la majorité veut une chose, elle est juste : la minorité est toujours coupable, eût-elle raison moralement. » C'est le dogme de la souveraineté populaire que Bonneville a traduit ainsi : [3]) « Ce que voudra l'universalité sera toujours bon, sera tout-puissant pour éprouver des résistances, demandons que l'esprit universel régisse le monde », et encore [4]): «La voix du peuple est la voix de Dieu : c'est donc elle seule qui doit partir du centre pour régir les états, et les rendre heureux, justes et florissants » [5])

Remarquons une fois pour toutes la façon curieuse dont il mélange la politique et la religion : en somme Bonneville fait, comme nous le verrons d'ailleurs, *une religion de la politique*. [6]) « Ce que l'on entend par la *religion*, quoiqu'en soit le culte, nous autres, nous l'appelons, *système social*, car le meilleur système n'est qu'un système, et un système dans une cause importante mène à l'intolérance ! »

---

[1]) I. 77. Montesquieu, *G. & D. des Romains*. Chap. 3.

[2]) II. 11.

[3]) I. 76.

[4]) I. 80.

[5]) Le gouvernement des Hébreux sous Moïse et les juges était théocratique. Quand ils ont voulu un roi ils ont excité la colère de Dieu, voir I Samuel VII, 7 suite.

[6]) *Bouche de Fer*, avril-mai, 1791, p. 303.

Pour lui [1]) « une assemblée fédérative est littéralement et clairement la traduction dans nos langues modernes, de ce que les anciens sages entendaient par église, religion, et république, » idée du reste qu'il emprunte directement à Helvétius dont Bonneville nous recommande le chapitre « *Confédération* (*religion*) *universelle* ». [2]) Bonneville voudrait des Assemblées délibérantes à la place de l'Eglise. Dans ces assemblées il ferait placer un soleil — car la lumière luit également pour tous les hommes — et sur l'autel le pain fraternel qu'on mangerait ensemble les jours de fêtes et qu'on offrirait à celui qui a faim. Voilà la volonté d'un Dieu juste et bon — de la lumière, du pain, et un gîte, que « tous les fils de la terre soient heureux et qu'ils jouissent de tous les plaisirs compatibles avec le bien public ». Une religion universelle sera alors fondée pour le bonheur des peuples. Mais pour lui le meilleur des systèmes religieux ou fédératifs — ce qui revient pour Bonneville à la même chose — est connu sous le nom de Franc-Maçonnerie car il est le plus général. [3])

« La religion chez les Francs [4]) n'était autre chose que l'art et la science de maintenir les hommes en société, et de les y rendre heureux : c'est la véritable définition que les philosophes nous donnent aujourd'hui du mot gouvernement. Ce fut par l'abus de ces usages et par le conflit de nos mangeurs d'hommes que s'établirent, dans un même état, deux ou plusieurs sortes de religions ou gouvernements : ce qui les pervertit tous également en rompant l'unité social. » Bonneville nous fait souvent l'éloge des Druides, car leur propagande est aussi sociale que religieuse et les Druides exerçaient aussi les fonctions de justice civile. Dans le *Vieux Tribun du Peuple* [5]) Bonneville demandera : « Qu'est-ce que la religion? Cette question, bien approfondie, dira-t-il, éteindrait les plus sanglantes querelles, elle mènerait nécessairement à la solution d'un grand problème social. Séparer la religion du gouvernement, c'est détacher la tête et la racine de l'arbre de la liberté politique et civile..... C'est vouloir gouverner un corps dont tous les membres sont épars; c'est un instrument brisé, dont toutes les cordes arrachées, peuvent offrir séparément quelques sons vagues, mais plus d'ensemble, plus d'harmonie, plus d'âme. Religion, harmonie, justice, vérité, fraternité, lien social, toujours le même, antérieur et postérieur à toutes les crises de la na-

[1]) I. 82.
[2]) *Tribun du Peuple*, 1789, pp. 66-67.
[3]) I. 91.
[4]) *Bouche de Fer*, janvier-mars, 1791, p. 294.
[5]) 1797, vol. II, p. 236.

ture et du corps politique, principe initial, élémentaire et indestructible, tous ces mots, qui sont des choses, sont synonymes et sans tout cela point de gouvernement, point de volonté générale, point de liberté stable et de bonheur à espérer ici-bas. La religion, qui est la sanction du gouvernement, n'est donc réellement que la théorie, Vision, évidence ou découverte des lois de la nature, mises en pratique. De là, nécessité d'un culte de la loi ; de là, nécessité d'avoir toujours des gardiens de la loi. »

Pour Bonneville, le cœur de l'homme est naturellement bon et droit. Un pacte social devient un contrat sacré : chacun se sent dans le tout dont il fait partie et [1]) « l'homme le plus dépravé tout à coup régénéré par de sages lois et bon de toute la bonté de toute sa nature, ne fait pas un vœu qui ne l'unisse à ses semblables ». « Pour le perfectionnement [2]) insensible, inévitable et universel de l'espèce humaine comptez sur le cœur de l'homme, toujours échauffé d'une flamme sacrée qui le porte sans cesse à s'élever à la majesté de sa destinée ». Pour un gouvernement parfait de l'état il faudrait donc comme dans le corps humain que chaque individu [3]) circule *sans privilège* par tout le corps et qu'il arrive à son tour, comme le sang, lorsqu'il est élaboré, au Rendez-vous des esprits les plus purs, avec les grandes pensées et les excellentes vues ». Voilà comment devrait se former la volonté qui dirige tout et « cette volonté sera toujours bonne, quand elle sera la volonté du grand Tout ». Chaque citoyen devrait se dire avec courage qu'il possède : « *Heart to conceive, understanding to direct, the hand to execute* ». [4]) Le peuple a en plus le droit de s'armer pour faire exécuter sa volonté. [5]) « On s'assemble, voilà une volonté ; on s'unit, voilà un peuple ; on s'arme pour faire exécuter une volonté générale, voilà un peuple libre, souverain de droit et de fait, voilà un centre national, une véritable constitution. » Pour cela il faut de la tolérance. [6]) Il faut que *tous les partis* se réunissent pour former un grand ensemble et gouverner le *tout par le tout.* Voilà ce qui mettra

---

[1]) II. 2.
Cf. Edgar Quinet : « La révolution française a voulu achever l'homme d'un seul coup, en un moment. C'est là sa gloire ; ce sera notre honte d'être retombés de si haut. »

[2]) II. 14.

[3]) App. 113.

[4]) *Junius*, cité II. 86.

[5]) Pass. Ex. II. 139 et *Bouche de Fer*, 1790, vol. I.

[6]) Quel contraste entre ces idées généreuses et la Terreur ! Les institutions démocratiques dégénèrent souvent en tyrannie.

fin à la tyrannie et à ces despotes qui [1]) «devorent depuis tous les siècles *l'héritage inaliénable* de l'homme infortuné». Bonneville a en vue un objet universel : il désire une association universelle, une grande fraternité, qui mettrait fin à jamais à la guerre, « ce fléau des mauvais gouvernements». «On pourra former le tribunal suprême de toutes les nations, [2]) qui jugera la cause des rois !» Notre auteur voudrait instituer des fêtes annuelles et populaires pendant lesquelles on soumettrait à l'approbation ou au refus [3]) du peuple des projets de loi. Le gouvernement deviendrait ainsi *perfectible* et tendrait nécessairement «chaque année au plus grand bien de la majorité, qui amènerait insensiblement le bien commun de la totalité». C'est un peu le *referendum* ou plébiscite, principe adopté en Suisse et dont nous avons certains partisans en Angleterre.

Bonneville fait, comme Helvétius du reste, une distinction entre gouvernement ou régime et constitution. [4]) Il peut y avoir des gouvernements divers mais il n'y a qu'une constitution unique. [5])

« Voilà la loi de la nature et *tout l'esprit* de la religion des anciens sages.» « Je ne puis que te communiquer cette sensation, aperçue dans un clair obscur.» C'est la nature qui fait la loi constitutionnelle et qui veut *constitutionnellement* que l'homme, toujours libre, choisisse un régime qui lui soit propre. Mais ne confondez pas cette constitution universelle avec les actes constitutionnels, qui forment le gouvernement, le régime. Les gouvernements doivent varier selon les

---

[1]) II. 154.

[2]) II. 159. Cf. le Tribunal actuel de la Haye avec entente entre les grandes puissances.

[3]) Cf. *Bouche de Fer*, 23 juin, 1791. «Depuis près de trois ans nous nous occupons de propager ces grandes vérités constitutionnelles, et nous croyons le problème social résolu par la ratification inaliénable et annuelle de tous les nouveaux décrets qui alors deviennent des lois.»

[4]) Pass. Ex. App. 97 et 100 ; *Bouche de Fer*, 1790, Vol. I., p. 107.

[5]) Cf. *Chronique du Mois*, mars 1793. « Toutes nos erreurs viennent de confondre, avec la loi éternelle, les lata de police, de régime national, ou de lois constitionnelles, conformes à la loi immuable.»

Le Vieux Tribun du Peuple, 1796, p. 182. «Mais n'allez pas vous égarer par un système absurde et contradictoire : le gouvernement n'est pas la constitution. Le gouvernement de l'état, comme le régime ou la conduite du corps humain, est plus ou moins parfait, quand chaque individu ou esprit particulier du grand Tout, circule sans privilège par tout le corps et qu'il arrive à son tour comme le sang, lorsqu'il est élaboré au Rendez-vous des esprits les plus purs avec les grandes pensées et les excellentes vues, c'est là que se forme la volonté qui dirige le corps, qui lui prépare ses jouissances : Cette volonté sera toujours bonne quand elle sera la volonté du grand Tout.»

climats, l'éducation, les mœurs, les abus établis, l'idolâtrie, etc.... Encore, il y a des lois, même parmi les meilleures, qui ne conviennent pas à des peuples vieillis par des injustices et des cruautés. On ne peut pas tout faire à la fois pour guérir une grande plaie. « Il faut *préparer* [1]) seulement la gloire de l'espèce humaine et substituer à des principes de perfectionnement. »

Bonneville aurait voulu voir Louis XVI rester au pouvoir en demandant l'avis du peuple sur les questions importantes du jour. [2]) Il aurait voulu le voir régner *à des conditions douces et faciles* mais, dépité de le voir si faible et tellement à la merci de mauvais conseillers, il le veut punir. Il finit par croire comme Carlyle : « *Alas, it was not in the poor phlegmatic man* ! » Ce n'est pas qu'il veuille le gouvernement d'un seul : au contraire, mais les temps ne sont peut-être pas encore mûrs. « *Nous ne sommes peut-être pas encore dignes de nous démonarchiser.* » Ce qu'il voudrait surtout, comme nous l'avons déjà fait remarquer, *c'est réunir le gouvernement spirituel et temporel.* [3]) « Que chaque nation souveraine unisse..... le pontificat à la royauté. Tout sera dans l'ordre. L'unité politique, sans laquelle il n'y aura jamais d'état bien constitué, sera remplie. » Malgré ses protestations de tolérance, il semble, comme son ami D'Alembert, affolé de haine contre la religion des prêtres. [4]) [App. 182. « Je vous dirai à tous combien la tolérance a de charme et quel baume consolateur elle répand sur les blessures d'un cœur malade ! » (p. 230.) « Je reviens à la tolérance car point de force sans union, et point d'union sans tolérance, sans indulgence, et secours réciproques. »] « Si le clergé [5]) dans son égoïsme invétéré, mettait quelque obstacle à des lois impartiales qui seules peuvent consolider une bonne constitution, demandez avec fermeté de quel droit ils osent entrer, comme prêtres, dans les assemblées de nos états, eux dont le royaume, de leur propre aveu, *n'est pas de ce monde* ? » Du reste pour Bonneville l'église est le fruit de la politique infernale de quelques pontifs pour « détacher pour toujours un grand nombre de citoyens des lois, et des droits de la vie civile ». « Les règles contre nature de ces moines et prêtres célibataires les rendent hypocrites ; ils n'ont rien à faire,

---

[1]) App. 292.

[2]) Mirabeau et d'autres voulaient une monarchie libérale à l'anglaise.

[3]) II. 2.

[4]) Voir Appendice « A » II.

Cf. Voltaire : « Ecrasons l'infâme », formule finale de ses lettres aux encyclopédistes, notamment à D'Alembert.

[5]) II. 108.

n'ayant ni femmes ni enfants et comme le prêtre est toujours oisif, il est toujours à craindre.»[1]) Il ne peut avoir qu'un intérêt personnel[2]) «ce qui l'exclut nécessairement de voter pour les lois légales qui feront son malheur passager comme privilégié et immunitaire pour assurer à jamais une constitution humaine.» «Comment[3]) se recueillir quand la patrie est *en danger*, quand il y a encore des prêtres sur la terre?» Ils se sont toujours montrés les plus intransigeants et ont lacéré presque «*tous les bons écrits qui honorent aujourd'hui la France*». «O corrupteurs,[4]) s'écrie-t-il, rendez à la parole sa divinité ; car il n'y a pas deux paroles au monde !» Il trouve qu'il faut faire une forte distinction entre la divinité et les prêtres car, ce sont deux choses différentes. Bonneville déteste les querelles théologiques qu'il trouve si ennuyeuses dans tous les ouvrages de religion. «Ces discussions de mauvaise foi[5]) ont été estimées par moi pour ce que j'ai pensé qu'elles valaient.» En un mot il voudrait forcer la terre à se «*déroiser et à se déprêtrailler*».[6])

Mais ses idées sociales mises à part, a-t-il à vrai dire une religion? Oui ! l'objet de son culte c'est la Nature mise en pratique, une espèce de panthéisme avec un retour fréquent à un Dieu tout puissant, à un être créateur. «Tout est dans tout,[7]) et le grand tout ne peut être composé que d'unités. Il n'y a donc pour moi qu'une cité, qu'un seul peuple, qu'une langue, une même loi sociale, un même esprit public, et un même Dieu en trois personnes : moi, toi et lui.» Ce qu'il voit partout c'est Dieu ; et il voit partout la vérité où il trouve Dieu. Pour lui il y a de *l'esprit* dans tout, même dans les plantes. «Le grand tout[8]) composé de toutes parties *spirituelles* peut-il manquer d'avoir un esprit ? Alors je sens que nous sommes des esprits plus ou moins *purs*, ou d'un feu plus céleste, qui tient le plus de celui *d'en haut*. Je ne sais ce que tu ES, ô esprit du grand tout ; mais je sens que tu es un *esprit créateur*.» Là-dessus Bonneville nous donne une classification mettant tout en bas de l'échelle l'Athée,[9]) «puisque le germe d'une éternité de bonheur, qui doit agrandir son

[1]) II. 87.
[2]) II. 109.
[3]) App. 99.
[4]) App. 19.
[5]) App. 232.
[6]) II. 29.
[7]) I. 1.
[8]) I. 22.
[9]) I. 24.

existence, purifier sa pensée et le faire homme, ne s'est point encore développé chez lui. » Car Bonneville est persuadé de l'existence d'une autre vie et même de l'éternité. [1]) « Ici rien ne vient de rien et rien ne se perd. Voilà l'éternité. Où ira-t-on ? Je n'en sais rien. Mais on *sera* quelque part. Le moi n'est pas dans mon corps. »

De ton antique existence
N'as-tu pas un souvenir ?
Mon cœur chérit l'espérance
D'un éternel avenir.
Mourir ? Dormir ?
La mort n'est point ce qu'on pense
On s'en va pour revenir. [2])

«Je conçois que l'esprit [3]) qui m'organise est encore plus pur que le plus pur rayon du soleil » Parlant de l'effet qu'à produit sur lui la lecture du livre de Job et les assertions de ce prophète sur la résurrection, il doute que l'auteur de telles pensées se soit perdu dans la poussière du tombeau. (Cf. Job, XIX. 25. « Mais je sais que mon vengeur est vivant, et qu'il se lèvera le dernier sur la terre. Quand ma peau sera détruite, il se lèvera ; quand je n'aurai plus de chair, je verrai Dieu. »)

« Ma raison, [4]) qui prend la nature pour texte et mon cœur pour commentaire ne peut pas croire que l'effet soit plus noble que la cause. » Mais alors que fait Bonneville de la religion chrétienne ? Il semble croire à une tradition allégorique. [5]) Il commence par nous parler dans son premier livre du style historique de l'ancien monde, style qui n'était ni prose ni poésie, mais un style figuré, palpable, visuel, tendant graduellement vers la fable. On s'est plu à appeler ce langage *poésie orientale*, à tort selon Bonneville, car en lisant [6]) « *les récits d'Ossian*, [7]) c'est la même chose, c'est aussi une poésie occidentale, ce n'est ni prose ni poésie, c'est l'enfance du langage

---

[1]) I. 60.

[2]) Cf. *Chronique du Mois*, 1792. « Puisque la nature se représente toute entière dans le plus petit atome de ses esprits, indivisibles et immortels, peux-tu craindre que ton âme, ou esprit, émanation céleste, pourrisse dans les tombeaux ? »

[3]) I. 61.

[4]) II. 80.

[5]) Voir Appendice « A » XV.

[6]) I. 35 et suite.

[7]) Cf. *Chronique du Mois*, 1792. « Décomposez, jusque dans leurs racines ces mots élémentaires qui sont les signes reçus des idées primitives, comparez entre elles universellement et avec constance les langues anciennes en images, toutes pour les yeux et nos langages modernes, qui ne sont qu'harmonie et parole. »

« Vous pourrez nous faire insensiblement retrouver dans l'antre de Protée, ou dans la grotte des Néréides, ou dans l'étable du fils de Marie, ces belles découvertes qui sont aujourd'hui perdues pour vous et pour nous. »

et les premiers pas de l'espèce humaine vers le bonheur social». Nous trouvons de même dans le livre de la Genèse un style figuré. Tout s'anime sous les regards d'un être sensible et le langage des premiers hommes se ressent de cette sensibilité. Pourquoi croire que le serpent a *parlé*, que l'âne de Balaam a *parlé*? Est-ce que le *jour* et la *nuit* ne parlent pas éloquemment dans Pindare et dans Virgile? Il ne veut pas croire à la fiction poétique de la création du monde. L'Eternel n'a jamais dit au soleil *éclaire*. « L'Esprit créateur [1]) ou le feu céleste, *couvant* les eaux, a fait naître la lumière : ainsi la foudre s'allume au sein des nuages. » [2])

Moïse même a dû prendre ou copier cette histoire d'après d'anciens ouvrages. Bonneville compare en plus l'histoire religieuse des peuples du nord et du midi, des Scandinaves et des Egyptiens, et trouve une grande similitude [3]) dans leurs croyances, dans leurs traditions et fables. Très souvent il trouve le symbole de la croix — par exemple chez les Druides [4]) — « symbole de l'ordre et de l'éternité de la toute puissante nature, qui travaille à la règle et au compas. » La croix est essentiellement composée d'une équerre et d'un compas. Il faut donc conserver ces mystères de religion comme les débris de l'ancien monde [5]),

---

[1]) I. 4.

[2]) Cf. Milton :

« And chiefly thou, O Spirit, that dost prefer
Before all temples the upright heart and pure
Instruct me, for thou know'st : thou from the first
Wast present and with wighty wings outspread
Dove-like sat'st brooding on the vast abyss,
And mad'st it pregnant. »

Traduction de Chateaubriand :

« Et toi, O Esprit, qui préfères à tous les temples un cœur droit et pur, instruis-moi, car tu sais : Toi, au premier instant tu étais présent : avec tes puissantes ailes éployées comme une colombe tu *couvas* le vaste abîme et tu le rendis fécond. »

[3]) *Chronique du Mois*, août 1792. « Souvent je rencontrai, dans une autre langue, le sens précis d'un mot ou d'une allégorie inintelligible pour moi dans plusieurs idiomes ».

« Je trouvais dans les ténèbres de tous les cultes de l'ancien monde dans les annales symboliques consacrées par les fanatiques et les tyrans, tout ce qui était nécessaire à une main prudente pour préparer la naissance de la lumière, accomplir les prophéties des sages et consommer ainsi, en présence de tout le monde, et à l'insu du fanatisme et des tyrans la mine de la tyrannie ! »

[4]) II. 61.

[5]) II. 190.

« regardez-les pour vous apprendre à vous recueillir et à retrouver dans ce langage qui parle aux yeux quelques-unes de ces précieuses découvertes que le temps a repris sans doute à des ingrats ». *Le monde* entier est le temple de Dieu [1]), «celui qui s'occupe du bonheur de ses enfants est son envoyé, son ministre». « Amour, amitié, fraternité, égalité, voilà toutes ses lois écrites partout dans la nature. » « La religion[2]) chez les Francs n'était autre chose que l'art de la science de maintenir les hommes en société et de les y rendre heureux ; c'est la véritable définition que les philosophes y donnent aujourd'hui du mot *gouvernement.*» Nous retrouvons du reste dans un numéro du *Mercure de France* ce que nous pourrions appeler la profession de foi de Bonneville. [3]) « *Le monde*, explique-t-il, est un grand animal qui veut et se meut au moyen d'une âme universelle, qui le remplit dans toutes ses parties ; cette âme est Dieu, la nature, tout ce que vous voudrez. Tous les êtres isolés, dont les corps font une partie de ce grand Tout, sont aussi également remplis d'une portion de cette âme universelle. Notre âme est donc une émanation de la grande âme ; celle des animaux qui n'ont point la *parole* étant moins considérable, est aussi moins parfaite, car plus la portion est grande et plus grande est l'intelligence. Cette portion diminue par une chaîne non interrompue, depuis les anges ou esprits aériens, dont l'émanation est la plus volumineuse, jusqu'au polype qui passe pour être l'intermédiaire entre l'animal et la plante, et depuis le polype jusqu'au caillou, qui végète encore, tout insensible qu'il paraît. »

« Plus les âmes se rapprochent, s'unissent, se confondent, plus la portion d'intelligence s'augmente ; cela est clair. Voilà pourquoi il serait avantageux que tous les hommes qui, comme vous le voyez bien, sont frères, puisqu'ils ne sont que des fractions du grand Tout, communiquassent entre eux, d'un bout de l'univers à l'autre et augmentassent leur puissance en resserrant les liens de la fraternité. Quand un homme nuit à un autre, c'est comme si votre main arrachait votre œil, et comme si votre dent mordait votre bras : le grand animal en est de même offensé dans son ensemble..... Vous ne comprenez

---

[1]) II. 219. Cf. Musset, *L'Espoir en Dieu* :
Dès que l'homme lève la tête
Il croit t'entrevoir dans les cieux :
La création, sa conquête
N'est qu'un vaste *temple* à ses yeux.

[2]) App. 300.

[3]) *Mercure de France*, 25 déc. 1790, pp. 144-154.

pas encore comment des êtres isolés, qui n'ont aucun rapport *sensible* l'un à l'autre, peuvent être parties intégrantes d'un seul être qui est l'univers, qui est la nature, qui est Dieu ?

« Plus les âmes, portions de l'âme universelle, se réuniront en grand nombre, plus elles renfermeront de cette puissance immense et créatrice.

« Il faut que vous sachiez que Jésus était un initié, qui, comme Moïse, Brahma, et d'autres est venu apporter la vraie doctrine, laquelle n'est point du tout la religion chrétienne. Cette religion a été défigurée, parce que son fondateur n'a point été compris des nations : il n'en a pas moins apporté cette bonne nouvelle, qui est la doctrine que je vous ai expliquée. C'est ainsi que l'Evangile est la vraie religion

Mais cette suite de dogmes que vous avez recueillie dans les quatre Histoires que vous avez de même nommées Evangile et dont vous avez composé la religion chrétienne n'a que faire avec le système sublime que je vous ai développé. Eh ! comment serait-il question de cette Religion, de ce culte, ou de tout autre, devant un Système de métaphysique et de morale aussi pur et aussi sublime ? C'est celui-là seul qui est la vérité..... C'est un système de déisme ou de matérialisme, si vous voulez ; mais enfin c'est la doctrine de toutes les initiations anciennes et modernes enveloppée d'un voile mystique plus ou moins épais. » Voilà ce qu'écrivait déjà Bonneville à la fin de l'année 1790.

Notre auteur consacre une trentaine de pages des appendices à quelques détails biographiques qui nous expliquent son attitude en juin et juillet 1789. [1]) Il nous parle de l'établissement de la garde bourgeoise, de l'expédition des convois de blé, etc. pour l'approvisionnement de Paris, et puis des élections. Ceci est suivi d'une [2]) « véritable histoire de ce *bas* monde depuis la création jusqu'au terrible déluge des veto de Louis. » Dans cette histoire du *peuple*, de la *noblesse* et du *clergé* il dit à tout le monde son fait. Ce n'est en réalité qu'une vaste allégorie racontant les aventures des trois frères Fort par le bras (le Peuple), Paladin (la Noblesse) et l'Enchanteur (le Clergé).

Bonneville voudrait l'instruction pour tous. [3]) On n'a eu la fantaisie de laisser le peuple ignorant que dans les pays où l'on craint

[1]) Cf. aussi *Aux Véritables Amis de la Liberté.*

[2]) App. 236.

[3]) II. 82.

la liberté. « Aujourd'hui [1]) l'éducation chez les Français, grâce à l'auteur d'Emile, s'est beaucoup perfectionnée. » « L'ignorance est commode pour les gens en place; ils dupent et oppriment avec moins de peine. » (Cité de Mably, *Des Droits et des devoirs d'un citoyen).*

« Comment peut-on vouloir qu'un être sensible soit victime de l'ignorance, [2]) victime de mille préjugés qui le dégradent ? C'est empêcher qu'il ne devienne jamais bon, et par conséquent jamais heureux : c'est le vouloir brute comme nos bêtes de somme auxquelles on l'assimile. » Comme Helvétius, il croyait à la toute-puissance de l'éducation et n'était pas loin d'estimer comme son maître que tous les esprits sont à peu près égaux et que les différences intellectuelles résultent de l'inégalité de culture. L'homme est perfectible [3]). Il doit y avoir un art de perfectionner le physique et le moral dans l'homme. Du reste le cœur de l'homme est naturellement bon, et avec de la bienfaisance on arrive à tout.

« Sans tout approuver dans l'*Esprit des Religions*, dit un contemporain, nous nous faisons un plaisir de reconnaître qu'il est remarquable par beaucoup de *grands aperçus* et surtout par cette *charité universelle* qui voudrait réunir tous les hommes et faire du genre humain entier, une société de frères. » [4])

L'Esprit des Religions est un ouvrage original, écrit dans un style simple et naïf qui rappelle l'écriture sainte, souvent inspiré et déclamatoire. Bonneville reconnaît lui-même que [5]) « c'est le style sauvage d'Ossian et des anciens bardes ; c'est quelquefois beau comme Homère et la Nature, mais il faut des *Hommes* pour l'entendre ».

---

[1]) II. 24.
[2]) II. 190.
[3]) App. 67.
[4]) II. 288.
[5]) II. 209.

CHAPITRE V.

BONNEVILLE JOURNALISTE ET FONDATEUR DU CERCLE SOCIAL.

Le Tribun du Peuple (1789) ; Le Cercle Social (1790) ; La Bouche de Fer (1790-91) ; La Chronique du Mois (1791-93) ; Le Bulletin des Amis de la Vérité (1793) ; Le Vieux Tribun du Peuple (1796-97).

S. Lacroix dans son intéressant ouvrage sur les *Actes de la Commune* [1]) trouve regrettable qu'il n'y ait aucune monographie « consacrée à l'histoire interne du très intéressant groupement, qui, formé d'abord sous le nom de *Cercle Social* [2]) tenta ensuite de se développer en une *Confédération Universelle des Amis de la Vérité.* » Or, il semble que cette lacune pourrait être comblée en partie par une étude détaillée de l'organe de ce cercle, *La Bouche de Fer,* dont la rédaction est généralement attribuée à l'Abbé Fauchet et à Nicolas de Bonneville collectivement. Cependant il ressort clairement d'une lecture attentive de cette publication que c'est ce dernier qui y a contribué la majeure partie. Déduction faite des discours que l'Abbé Fauchet et d'autres orateurs avaient prononcés au Cirque National, où se réunissaient ces Amis de la Vérité, il ne reste guère que des articles de la plume de Bonneville sous diverses signatures et noms de plume, tels que *N. B., Le Tribun du Peuple, Le Petit Neveu de Jean Racine* [3]), etc.... D'ailleurs il est dit dans plusieurs passages [4]) que Fauchet n'a aucune part à la rédaction des feuilles de la *Bouche de Fer,* et qu'il serait injuste de lui attribuer des idées qui ne seraient pas les siennes. « *Quant au principal rédacteur* [5]) de cette feuille,

---

[1]) T. VII, p. 561.

[2]) Il n'existe pas de liste des membres de ce club.

[3]) Voir *Bouche de Fer,* 1790, t. II. Note p. X de la préface.

[4]) Ex. *Bouche de Fer,* 1791, janv.-mars, p. 544.

[5]) ibid. p. 21.

il se gardera bien de sacrifier à son amour propre personnel, le temps précieux qu'il doit à sa patrie. Il observera seulement que pour cette première motion de la Garde Bourgeoise, faite le 19 juin, dans l'Assemblée des Electeurs et que M. Laharpe appelle un discours plein de raison, de courage et d'éloquence, il a été traité comme aujourd'hui le fait M. Laharpe, d'insensé et de visionnaire.» Or, nous savons déjà que c'est bien Bonneville qui a proposé et fait passer la motion de la Garde Bourgeoise. [1])

Voici les paroles mêmes de l'Abbé Fauchet ! [2]) « Je ne suis responsable que de ce que j'écris (il veut dire par là de ce qui est signé de son nom) encore ne le suis-je pas même des fautes d'impression et des contresens multipliés sans cesse dans mes discours. J'ai déjà dit, et je le répète, je n'en ai aucunement l'inspection et jusqu'à présent je n'ai pas pu avoir le crédit de corriger l'épreuve de mes propres ouvrages.» Il se défend en plus [3]) d'avoir jamais eu l'idée d'intéresser tous les Francs Frères à rallier les hommes aux principes de liberté, d'égalité et d'union. Il ajoute que cette idée appartient à un électeur de 1789, auteur de la motion de la Garde Bourgeoise. D'autre part les éditeurs nous disent dans la préface de la tragédie de Bonneville *L'Année* 1789, que celui-ci [4]) « a eu une très grande part à l'ouvrage publié avant la prise de la Bastille sous le nom de *Tribun du Peuple* et lequel a été attribué à Mirabeau, à Condorcet et à d'autres grands écrivains.» « Prêtez l'oreille à la voix du Tribun du Peuple. Non, ce n'est pas Mirabeau qui vous a appelés aux armes, qui vous a nourris, qui vous a confédérés. Ingrats ! J'ai la fierté de croire que vous reconnaîtrez votre appui, votre frère et l'indomptable ami de la vérité.» Signé : *Le Tribun du Peuple.* Et encore *Aux Véritables Amis de la Liberté* à la page 4 « *Le Tribun du Peuple*, ouvrage proscrit, que Mirabeau, cependant, faisait vendre, chez lui à Versailles et dont j'étais l'auteur, engagea les électeurs patriotes à se réunir. . . »

Notons aussi que Bonneville fait imprimer dans son *Esprit des Religions* des passages entiers pris dans ces publications comme provenant de sa plume à lui. [5]) Le lecteur est du reste déjà prévenu dans l'introduction du *Vieux Tribun du Peuple* 1789 (5e édition)

---

[1]) Voir chapitre I.

[2]) *Bouche de fer*, 1791, janv.-mars, p. 58.

[3]) *Bouche de Fer*, janv.-mars, 1791, p. 50.

[4]) Voir Fiches *Bouche de Fer*, avril-mai, 1791, pp. 26-7-8 et 63-75 et 268.

[5]) Exemples de quelques passages réimprimés dans *l'Esprit des Religions*

qu'un « assez grand nombre des essais ont été retranchés de cette édition, pour les insérer ailleurs et entre autres dans l'*Esprit des Religions*, dont on va réimprimer une 3e édition. » Il invoque en plus Montesquieu, Voltaire et Rousseau (auteurs préférés de Bonneville) et leur demande de lui « enseigner l'art d'emmieller le breuvage salutaire. »

On remarquera d'ailleurs que Bonneville aime assez le mystère et se plaît à écrire sous un pseudonyme tout en laissant deviner son identité.

Partout où nous avons puisé dans ce travail, nous avons cru remarquer des phrases et des passages entiers empruntés à d'autres œuvres de Bonneville, avec de fréquents renvois aux *Jésuites chassés de la Maçonnerie*, à l'*Histoire de l'Europe Moderne*, ou à l'*Esprit des Religions* ou bien des passages qui portaient infailliblement son empreinte ou qui se trouvaient franchement signés de lui. Si toutefois nous nous sommes parfois trompés et que nous ayons attribué à Bonneville les articles d'un collaborateur, nous aimons à offrir cette considération au lecteur : que Bonneville se trouvait être le rédacteur en chef et ce qui s'imprimait dans le journal avait reçu son visa. Quand il n'est pas de l'avis de l'écrivain il le dit au bas de la page. Nous pourrions ajouter qu'il se sentait parfois blessé du peu d'attention que certains auditeurs lui prêtaient ou plutôt du ridicule dont quelques-uns le couvraient. « Quand il (c'est-à-dire Bonneville) a proposé la réunion des Electeurs au Musée, [1]) dans le Tribun du Peuple, on lui a ri au nez ; quand il a fait à la première assemblée de ces Electeurs, la motion pour la garde bourgeoise [2]) qu'on trouve aujourd'hui si sage et si belle, on l'a accusé d'impertinence ; quand

Lettre VIII du *Tribun du Peuple* 1789.

Allégorie du Géant Fort par le Bras. *Tribun du Peuple* 1789.

Le plus beau de vos cantiques. *Le Vieux Tribun du Peuple* 1790.

Discours sur les « Mystères de la Liberté » *Bouche de Fer*, février 1791.

Extrait d'une lettre adressée à Condorcet. *Bouche de Fer*, oct.-déc. 1790.

Traduction de la scène Brutus-Cassius. *Bouche de Fer*, avril-mai 1791, pp. 240-6.

1) *Bouche de Fer*, janv.-mars, 1791, p. 421,.

2) Cf. *Bouche de fer*, avril-mai, 1791, p. 212 : « Pour toute réponse à ceux qui trouvent trop audacieux cette motion que nous poursuivrons jusqu'à ce qu'enfin on nous entende, nous citerons un passage du *Tribun du Peuple*, qui sert d'introduction à la *Bouche de Fer*. Il nous est agréable de penser que ce qu'on trouve audacieux aujourd'hui, ne l'était pas moins avant la chute de la Bastille : alors nos principes étaient les mêmes : c'est aujourd'hui seulement que nos expressions sont plus modérées. »

il a été chargé des convois de la capitale, les uns ont ri de l'épée qui lui avait été donnée à Rouen, d'autres ont voulu le faire périr sur l'échafaud, pour avoir armé des citoyens qui escortassent nos convois. Quand il a proposé au nom du Cercle Social, une Confédération Universelle, on l'a calomnié de plus belle ; quand il a voulu lire un des plus beaux ouvrages qui ait encore été prononcé à notre tribune, on l'a pris pour un enthousiaste ! »

Dans toutes ses publications il prend pour juge et comme critérium l'opinion publique, la voix du *Peuple* — Peuple par une majuscule. [1]) « *le Peuple ne peut mourir jamais : ne perdez point courage, le Peuple c'est l'Eternel, c'est le Maître, c'est le Tout Puissant.* »

[2]) L'opinion publique est l'espèce de loi
Dont tout individu peut être le ministre.
Si quelque homme égaré par un conseil sinistre
Vous disait à grands cris : Peuples, écoutez-moi
Ce ne serait au plus qu'un léger météore
Un éclair qui s'échappe et qu'un instant dévore
Mais si d'un peuple entier, par un instinct heureux
Il marque les décrets ou présage les vœux,
D'un suprême conseil c'est la force magique,
Et sa bouche de fer sauve la république.
On n'est rien sans les vœux que le peuple a portés :
On est tout si du peuple, on peint les volontés.

Plus loin, à partir de la page 4, il nous décrit quelques membres du Cercle Social et nous le soupçonnons fort de s'être décrit lui-même sous différentes formes et figures. « *Le Poète* » pourrait bien être Bonneville, cet homme, « qui n'a jamais à la bouche que des vers de Pindare, de Sophocle et d'Homère. Il aime Racine, mais il trouve dans son Shakespeare et dans son Ossian plus de verve patriotique, un plus grand enthousiasme et plus de profondeur dans l'étude de la nature. Nous le croyons un peu timbré (*sic*). Il nous met à chaque instant sous les yeux ce mot de la Genèse où le Tout-Puissant (qu'il appelle un grand poète, le sublime Créateur) se propose de faire l'homme à son image. » Et encore peut-être cet autre membre dont la passion favorite est « d'attacher une histoire de l'esprit et du cœur humain à l'histoire des Révolutions des Empires. Il prétend, comme Mably (encore un auteur que Bonneville aime à citer) que tous nos historiens soumis à des censeurs *à la royale* font pitié. C'est de tous

[1]) *Le Vieux Tribun* et *Sa Bouche de Fer*, page 184.
[2]) *Le Vieux Tribun du Peuple*, 1790.

les hommes le moins propre à ces intrigues [1]) nécessaires au succès mercantile d'un bon ouvrage.» C'est bien là l'esprit de Bonneville, qui ne cesse de s'écrier : «Que le bien s'opère par moi ou par un autre, peu importe, pourvu qu'il se fasse.»

Le Cercle Social voudrait faire installer une Bouche de Fer à la porte de la *Maison Commune* sous la protection d'un Garde National : dans chaque département il y aurait un Tribunal National de douze citoyens élus, qui surveilleraient et formeraient la Censure de la *Bouche de Fer* du département. « Cette institution [2]) doit perfectionner notre Gouvernement national, notre code municipal, notre commerce, et dans chaque département ferait fleurir les arts et les bonnes lettres, qui sont la force d'un Empire en éclairant tous les citoyens.» Une partie de l'ouvrage est destinée au développement et à la discussion d'un pacte fédératif [3]) et « ressemblera [4]) pour la forme et s'il est possible pour l'intérêt, *aux Essais de Montaigne, de Bacon, de Mably, au développement du Contrat Social de Jean-Jacques* et encore *aux feuilles périodiques des Spectateurs Anglais et Allemand*» : une autre forme, une espèce de moniteur universel avec un compte-rendu assez détaillé et assez exact des séances de l'Assemblée Nationale avec certaines observations, motions, dénonciations d'abus, — résultat des lettres trouvées dans *les Bouches de Fer*. On avait accusé cette publication d'être incendiaire, non sans un certain fond de vérité. La réfutation du redacteur est presque un aveu. [5]) En cela on n'a pas tout à fait tort, car nous sommes bien sûrs que jamais on n'a parlé *avec plus de chaleur* de la fraternité (religion) universelle, du besoin de s'aimer avec franchise, de respecter les lois, et de repousser avec intrépidité les tyrans qui menacent nos frontières.» « Tous les peuples seront un jour libres et confédérés par nos soins : voilà la récompense la plus douce de nos cœurs.»

Le Cercle Social se composait d'utopistes qui rêvaient d'utiliser toute organisation établie pour arriver à la régénération sociale du monde entier. Bonneville et Claude Fauchet en étaient les fondateurs et s'attribuèrent respectivement les fonctions de secrétaire et de procureur général. Ce n'était pas un club : il ne devait y avoir

[1]) Cf. « He is represented as a man not much calculated for the sordid struggle of a money-making world ». W. Irving, *Adventures of Capt. Bonneville*, Intro. Notice p. 7. Ouvrage cité.

[2]) *Le Vieux Tribun du Peuple*, 1790, p. 21.

[3]) Voir *Cercle Social*, vol. I, p. 1.

[4]) Voir *Bouche de Fer*, 1er oct. 1790, p. 16.

[5]) *Cercle Social*, vol. II, p. 2.

ni maîtres, ni disciples. Tout citoyen sans exception pouvait monter à la tribune. L'on y était admis sans initiation. « Ainsi nous invitons aujourd'hui tous les clubs, [1]) toutes les loges, toutes les sociétés nationales et étrangères à s'unir à nous pour délibérer et pour réduire tous les systèmes politiques à leur juste valeur par la force des principes connus à chacun d'eux... Nous déclarons reconnaître pour membres de la Confédération Universelle, les Electeurs de 1789 dans tout l'Empire, les Amis de la Liberté de la Presse, tous les Francs-Maçons de l'Univers, quel que soit leur système particulier, les Amis de la Constitution, Gardes Nationales, et tous ceux qui ont été élus par le Peuple à quelque charge publique. » Bonneville désire la fédération de toutes les sociétés, qu'il considère comme sœurs [2]) mais il fera preuve d'une certaine animosité contre les Jacobins, dont il n'aime pas le caractère dominateur et intolérant. Leur esprit d'ostracisme lui déplaît, d'autant plus que c'est tout à fait contre les principes des Amis de la Vérité, dont il est un des chefs. « Mais il est affreux, [3]) exécrable, infernal et jésuitique d'oser dire, comme les meneurs des Jacobins, hors de notre église il n'y a point de salut ! »

« Des liaisons exclusives au sein du peuple libre ! et l'on usurpe encore le titre d'Amis des bonnes lois. Meneurs des Jacobins, on ne doit voir en vous que d'abominables tyrans, ou plutôt de ces hommes dépravés, pour qui la liberté n'est qu'un mot vide de sens, et à qui tout est bon, pourvu que ce soit eux ou leurs amis qui tiennent le sceptre. »

Avec cela, les Jacobins, qui appréhendaient une révolution sociale et suivaient une politique de prudence les accusaient de réclamer la loi agraire, accusation injuste pour la *Bouche de Fer*, quoique Bonneville en ait presque démontré la nécessité dans son *Esprit des Religions.* Les choses en vinrent à ce point que Laclos proposa à la séance des Jacobins du 19 novembre 1790 d'envoyer une adresse à toutes sociétés affiliées pour les mettre en garde contre le Cercle Social et les avertir de ne pas confondre avec la Société des Amis de la Constitution. Le lendemain, le comité du Cercle Social usa de représailles et refusa aux Jacobins l'entrée gratuite à leurs réunions. [4])

---

[1]) *Cercle Social*, vol. I, p. 15.

[2]) Cf. *Bouche de Fer*, avril-mai, 1791, p. 27. « Toutes les Sociétés sont sœurs. Point de société dominatrice. »

[3]) *Bouche de Fer*, janv.-mars, 1791, p. 215.

[4]) Voir appendice « A » III, IV, V.

Parfois Bonneville semble prêcher la haine des riches et la guerre des classes sociales, mais c'est quand l'opulence et l'oisiveté des classes aisées nuisent au bonheur du peuple travailleur. « Pauvre peuple, [1]) ces palais dorés où vos ennemis se perdent de mollesse, vous les avez bâtis ; vous leur préparez à jeun ces repas somptueux qui les enivrent de luxure. Ces chevaux, sous lesquels ils vous écrasent en courant à leurs rendez-vous stériles, c'est vous qui les avez domptés. Que vous a-t-on laissé ? »

Bonneville combat surtout l'extrême richesse, l'extrême misère et avant tout l'oisiveté, source de tant de maux.

Les deux grands ennemis de la nation sont l'aristocratie et le clergé — les ministres du roi et de Dieu. « Craignez le haut clergé, [2]) c'est-à-dire, la seule partie du clergé qui soit noble, qui soit riche, qui soit oisive et la haute noblesse, la seule partie de la noblesse qui obtient par ses bassesses dans les cours les récompenses qui sont dues aux longs et pénibles travaux de la petite noblesse. *Voilà les ennemis de la nation.* »

Nous trouvons la même irritation contre les prêtres que nous avons déjà signalée dans l'*Esprit des Religions*, contre ces prêtres célibataires qui entretiennent le peuple dans une croyance aveugle. [3]) Toutefois il ne faut pas dire, comme Jean-Jacques, que « la religion chrétienne est si mauvaise que c'est perdre son temps de s'amuser à le démontrer. » Ce serait là avoir dit la vérité plutôt pour l'honneur de l'avoir dite que par un désir sincère de la faire aimer. Bonneville voudrait remonter aux plus simples idées religieuses, épurées de tout alliage.

Comme nous avons pu le voir dans notre étude sur l'*Esprit des Religions*, Bonneville prend la voix du peuple comme base de tout bon gouvernement. Il rappelle la brochure de Sieyès de janvier 1789. « Qu'est-ce que le Tiers Etat ? Qu'a-t-il été jusqu'à présent dans

---

[1]) *Le Tribun du Peuple* 1789, p. 8.

[2]) *Le Tribun du Peuple*, 1789, p. 7.

Cf. Voltaire cité dans la *Bouche de Fer*, avril-mai, 1791.

« Les prêtres ne sont point ce qu'un vain peuple pense;
Notre crédulité fait toute leur science. »

[3]) Cf. *Chronique du Mois.*

Satan prit dans son trône un roi cruel, un traître,
Qu'il trempa dans le fiel pour en former un prêtre,
Un faiseur de serments !

« Ainsi donc le clergé corrompant les mœurs a partout ouvert la porte aux plus énormes abus. »

l'ordre politique ? Rien. Que demande-t-il à y devenir ? Quelque chose. »

A l'aristocratie héréditaire, [1]) il faudrait substituer une aristocratie élective et ces représentants ou sénateurs ne seraient que les déclarateurs et les dépositaires des lois. Bonneville voudrait établir un équilibre entre les forces sociales et une juste répartition des pouvoirs. [2]) « Le pouvoir exécutif au Roi, le pouvoir administratif aux Assemblées provinciales, le pouvoir législatif aux Assemblées nationales, le pouvoir censorial à tous les individus. » Il est évidemment de première nécessité d'obéir aux lois mais il nous est loisible à tous de les censurer. Il y a là presque une contradiction, surtout quand l'auteur y trouve une preuve qu'on aime la loi qui « pour être constitutionnelle doit être impartiale et le résultat de la volonté de tous. » Bonneville entend par là la volonté de la majorité. [3]) « Un peuple aurait cessé d'être libre ou ne le serait pas encore, si un seul de ses membres était privé de son droit de censure, qui forme l'opinion publique, pondératrice de tous les différents pouvoirs. Ce serait là vraiment renoncer à sa qualité d'homme, aux droits de l'humanité et même à ses devoirs. »

Et encore [4]) «Dites aux peuples de la terre que le seul pouvoir qui lui appartient est le pouvoir de la Censure ; que sous aucun prétexte ils ne doivent s'en dessaisir mais qu'ils doivent se borner à l'exercice de ce pouvoir, qui n'a jamais été réellement entre les mains du peuple Roi, toujours trompé et souvent plus malheureux que tous les rois de la terre auxquels il commandait. La nation doit indiquer et proposer des lois, nommer des représentants pour rédiger ces lois, les discuter entr'eux, et ensuite avoir un Roi qui pose le cloud (sic) sacré : qui peut et doit en appeler au Peuple quand ses représentants oublient les bornes de la loi *constitutionnelle*, que le peuple sanctionnerait au moins pour vingt ans. »

---

[1]) Cf. Brissot à Bonneville. *Chronique du Mois*, oct. 1792. « D'ailleurs il faut convenir qu'à Rome on avait créé une source éternelle de vice et de corruption dans ce sénat héréditaire : car la perfection de la société, comme le gouvernement, est en raison de l'élection et de l'amovibilité des places. Il y a nécessairement des vices partout où il y a des places indépendantes du peuple et perpétuelles ; aussi les vices dans les républiques anciennes tenaient principalement aux formes monarchiques ou aristocratiques qu'on y avait conservées. »

[2]) *Bouche de Fer* 1790, I, p. 232.

[3]) *Le Vieux Tribun du Peuple*, 1790, p. 25.

[4]) *Bouche de Fer*, 1790, p. 231.

Bonneville revient souvent dans le dernier volume du *Vieux Tribun du Peuple* sur l'idée de cette nouvelle magistrature (*censure nationale*), car il croit y avoir vu le premier principe d'organisation civile de toutes les républiques qu'il connaît ; il y voit la force contre l'ambition, les caprices et les fureurs autant du peuple que du sénat. Il croit à la bonne influence de la Censure car elle « opère comme la nature : ses blessures ne sont plus incurables ». Les crimes sont du ressort de la justice vengeresse, mais la Censure les prévient en n'atteignant que les fautes. « Elle punit comme un père qui ôte à son fils un poignard dont il peut être blessé. »

« On aura trouvé la solution de ce nouveau problème social quand vous aurez organisé dans toutes ses parties un véritable *censurat*, paternel, civique, patriarchal ! »

Du reste cette idée avait souvent été discutée avant Bonneville et il avoue lui-même l'avoir vue chez Montesquieu, Mably et Rousseau. [1])

Il faut donc former des lois impartiales [2]) sans s'occuper des privilèges antérieurs; il faut concourir au triomphe de la raison et purger peu à peu la terre de ses erreurs. « Ce jour viendra, [3]) dit Bonneville, et la terre épurée ne produira plus de prêtres qui se diront les créateurs d'un Dieu, ni de grands visirs, ni de rois absolus. » C'est la nature qui nous enseigne ces principes de liberté et le moyen le plus sûr d'y parvenir est de pénétrer tous les cœurs de ce principe constitutionnel [4]) « que si la patrie est faite pour s'identifier au grand tout, ce tout doit protéger de sa force entière et de sa puissance irrésistible la plus faible de ses parties. »

Les ministres même seraient élus au scrutin et seraient responsables individuellement. Il irait même jusqu'à demander que le pouvoir judiciaire fut entre les mains des amis de la liberté! Il voudrait voir abolir la différence faite entre les citoyens actifs et passifs et demanderait que tous les citoyens qui ont servi la patrie pendant les 12, 13 et 14 juillet et dans tous les jours de terreur ou de danger fussent déclarés citoyens *actifs*. [5]) « Est-ce trop vous demander pour ce pauvre peuple qui a fait une révolution admirable ? » Bonneville

---

[1]) Montesquieu, *Esprit des Lois*, livre 5.
Mably, *Droits et Devoirs de Citoyens*, Lettre 7.
Rousseau, *Contrat Social*, livre 4.

[2]) *Tribun du Peuple*, 1789, p. 35.

[3]) *Le Vieux Tribun du Peuple*, 1790. p. 14.

[4]) Ibid. p. 138.

[5]) *Tribun du Peuple*, 1789, p. 13.

attaque avec vigueur le système censitaire et réclame la suppression du marc d'argent.

Bonneville insère dans sa *Bouche de Fer* de l'année 1790 une lettre de Condorcet où celui-ci raisonne d'une façon suivie et juste. Il y expose quelques réclamations et exprime des doutes sur la justice d'un des décrets de l'Assemblée Nationale. « Vous avez fait dépendre de l'imposition directe, écrit-il, le titre de citoyen actif et par là vous avez lié les lois de finance aux lois constitutionnelles. Un changement dans les premières pourraient altérer la Constitution, ce bienfait précieux que nous tenons de votre sagesse. » « Vous ne souffrirez point qu'une conversion de quelques contributions directes en impôts indirectes, puisse changer une constitution libre en aristocratie. »

En outre Bonneville trouve mauvais et regrettable l'irrévocabilité d'articles formant un système lié, car il se pourrait bien que des articles adoptés l'un après l'autre produisissent de véritables contradictions entre eux.

Mais en 1790 Bonneville estime que la première constitution est faite, [1]) constitution due aux délibérations de l'Assemblée Nationale. Il entend par là l'acceptation que le roi fit le 5 octobre 1789 des articles de constitution et de la Déclaration des droits de l'homme. Auparavant un seul homme faisait la loi et elle était nécessairement aussi incertaine et capricieuse que l'intérêt personnel qui se préfère à tout. Maintenant la France possède une Constitution impartiale et stable. La Constitution ne peut plus varier que la nature ; mais il ne faut pas confondre constitution et gouvernement. [2]) « Le gouvernement existe le même tant que la nation ne l'a pas changé : c'est alors un gouvernement constitutionnel, mais ce n'est pas une constitution. S'assembler, s'unir, s'armer, rester armé, voilà une constitution ; mais s'assembler n'est pas concilier tous les intérêts, n'est pas vaincre tous les obstacles, n'est pas connaître tous les avantages des saisons et des lieux, ce n'est pas remédier à tous les abus nés et à naître ; s'assembler n'est pas régir ; régir est un art et par cela même toujours susceptible de se perfectionner ; de là la nécessité d'un gouvernement national. »

---

[1]) Voir *Cercle Social*, vol. 1.

[2]) Cf. *Esprit des Religions* et le chap. portant ce titre.
Voir *Cercle Social*, I, p. 5 et 6.

Il faut instruire et relever le peuple qui n'a été jusqu'ici que mal éclairé. [1]) Bonneville croit que le peuple veut toujours le bien : parfois peut-être il ne le voit pas de lui-même. Il croit l'espèce humaine indéfiniment perfectible, et qu'en se perfectionnant ainsi elle fera des progrès inestimables vers la paix, la liberté et l'égalité : vers le bonheur et la vertu. [2])

Bonneville espère beaucoup de la république des lettres et préconise la liberté entière de la Presse et même des écrits anonymes.

« Les Brigands ne sont pas les seuls qui se masquent : [3]) quelquefois les plus nobles chevaliers sont entrés déguisés dans la lice pour cacher la main secourable. Ils voulaient qu'à leurs coups seulement on reconnut le héros. Othon de Wittelsbach, exilé de la cour de Philippe y revient masqué pour combattre dans un tournois, où la main de sa bien-aimée devait couronner le vainqueur. »

« Un bon citoyen, [4]) qui veut absolument qu'on ne donne à ses conseils, à ses éloges, ou à ses plaintes que l'autorité de la raison, peut se cacher par un motif louable. »

« C'est à la *république des lettres* [5]) à former à la fois un foyer de lumière et un corps de résistance. » C'est d'elle que « nous attendons du patriotisme et de la vérité, » si par hasard l'erreur ou la trahison se glissait dans l'Assemblée Nationale. Cette liberté de la Presse pourrait donner lieu à certains abus, mais le gain contrebalancerait le mal. Si les « Papiers-Nouvelles » sont des armes pour les mauvais citoyens, ils forment un bouclier pour les gens de bien ; pour le peuple c'est un flambeau d'éternelle lumière car le peuple veut toujours le bien mais ne le voit pas toujours de lui-même.

« République des Lettres, [6]) nous sortons des tombeaux ! et l'on peut encore assassiner ; l'on peut encore étouffer la voix de l'homme libre, lui ravir sa propriété, la propriété sacrée du génie, qu'il a créée lui-même, qui n'ôte rien à personne, qu'il a tirée de son cœur, comme du néant, pour le bonheur du monde ; mais certes, non jamais, *l'imprimerie du Cercle Social*, ce premier monument de la liberté de la pa-

---

1) Cf. *Histoire de l'Europe Moderne*. « Des peuples entiers ne pensent point encore et ils en concluent qu'ils sont incapables de penser : ils calomnient le genre humain. »

Cf. aussi *Esprit des Religions*, 2e partie.

2) Cf. *Esprit des Religions*, 2e partie et constater qu'en cela il est de l'avis de Condorcet, voir *Le Vieux Tribun du Peuple*, 1790, p. 198.

3) *Tribun du Peuple*, 1789, p. 23.

4) *Tribun du Peuple*, 1789, p. 24.

5) Ibid., p. 114.

6) *Le Vieux Tribun du Peuple et sa Bouche de Fer*, II, p. 107.

role, ni maîtres, ni disciples, ne sera, entre vos mains, un instrument de servitude, d'infamie ou d'agiotage mercantile. »

Le Cercle Social s'occupe également de l'éducation des enfants [1]) et du rôle de la femme dans la société. Il a un comité spécial d'instruction et d'éducation pour discuter ces questions importantes au bonheur du peuple. Bonneville voudrait abolir les asiles pour les enfants et les remplacer par des secours donnés directement aux parents. « Quoi, [2]) ces énormes sommes dont s'enrichissent le plus souvent les administrateurs sans pitié, ou dont l'application en commun, dans des asiles contagieux est presque toujours sûre de produire le crime qu'on voulait éviter aux parents, ces énormes sommes, ne vaudrait-il pas mieux les distribuer à chaque mère infortunée, dont les douleurs de l'enfantement se prolongent par la pensée cruelle de ne pouvoir soutenir l'existence du nouvel enfant auquel elle ne peut sourire ? Ainsi les époux s'encourageraient dans la pénible tâche d'élever . . . . des Citoyens à la Patrie : ainsi serait conservé ce pieux sentiment de paternité, qui, une fois profané, ne peut plus laisser rien de sacré aux yeux des hommes. »

Des femmes avaient déjà été admises aux séances de la Confédération des Amis de la Vérité, mais ce n'est qu'en décembre 1790 qu'une Hollandaise distinguée, *Mme Palm, née Etta d'Aelders*, demanda la parole, et fit lire son discours par un des secrétaires du Cercle Social, qui en vota l'impression. [3])

C'est une courageuse revendication de l'égalité des sexes au point de vue civil. « La justice doit être la première vertu des hommes libres et la justice demande que les lois soient communes à tous les êtres, comme l'air et le soleil : et cependant partout les lois sont en faveur des hommes, aux dépens des femmes, parce que partout ce pouvoir est entre vos mains. » [4])

Dans un autre discours, Mme Palm proposait la formation d'un tribunal international pour juger les différends des rois eux-mêmes. A ce propos l'abbé Charrier s'écrie : [5]) « Qui n'admirerait ce rappro-

---

[1]) *Bouche de Fer*, oct.-déc. 1790, p. 320.

« Le Comité d'instruction et d'éducation s'assemblera lundi prochain à 5 heures et demie très précises à la salle du directoire. Les membres de la fédération universelle qui désireront s'y réunir voudront bien se faire inscrire d'ici à cette première séance. »

[2]) *Le Vieux Tribun du Peuple*, 1790, p. 153.

[3]) *Bouche de fer*, 3 janv. 1791.

[4]) Voir Appendice « A » VIII et IX.

[5]) *Claude Fauchet*, p. 180.

chement ? L'idée première d'un tribunal de la paix revient à une Hollandaise et c'est dans la capitale de la Hollande qu'un peu plus d'un siècle après, se tint le premier congrès de la paix. »

Grâce à la propagande de Mme Palm, nous voyons bientôt se former un Cercle patriotique des *Amis de la Vérité*[1]) pour porter des secours et une douce consolation à ces mères infortunées. Leur rôle est noble et bienfaisant : elles s'approchent du lit de douleur et sauvent deux êtres à la fois. Ces dames s'occupent aussi des soins à donner aux nouveaux-nés, et veillent sur les enfants de leur sexe, « que le désœuvrement entraîne si souvent dans le chemin du vice. » Il y a des ateliers où ces fillettes peuvent s'occuper d'un travail selon leurs forces. Cela leur fait contracter l'habitude de l'occupation et leur prépare « des ressources contre la misère et la honte ». Le produit des souscriptions est employé à acheter des toiles et des laines pour les femmes vraiment pauvres, malades ou en couche et des layettes et toutes les choses de première nécessité pour les enfants.

Ayant dégagé les idées directrices de Bonneville jusqu'en 1790, nous estimons utile de fixer la marche générale qu'a prise, jusqu'à présent, l'*Organe du Cercle Social.* Dans son premier trimestre, la *Bouche de Fer* demeure un chapitre de philosophie morale, destiné à préparer un programme de révolution sociale. Au second trimestre, Bonneville a déjà réalisé son rêve d'association mondiale, en ce sens que le *Cercle Social* est en correspondance suivie avec l'Angleterre, l'Ecosse, l'Irlande, l'Allemagne, la Pologne, la Prusse, etc. A partir du troisième trimestre, la feuille des *Amis de la Vérité* semble prendre une forme moins spéculative et le caractère pratique de ses théories sociales devient plus marqué.

Ajouté à la *Bouche de Fer* se trouve maintenant une partie politique avec un tableau analytique des principes constitutionnels décrétés par l'Assemblée nationale, car la *Bouche de Fer* « ne saurait faire un plus digne emploi de sa force et de sa bienfaisance, qu'en publiant les lois constitutionnelles, décrétées par les représentants d'une nation franche et libre. C'est alors que son organe sera vraiment celui du Peuple et pour ainsi dire la voix de Dieu même, dont le nom est la vérité. Vox populi, vox Dei : Deus autem est veritas. »

La crise du mois de juin 1791 fut pour Bonneville l'occasion de manifester ses opinions républicaines. D'abord partisan d'une monarchie constitutionnelle, qu'il est prêt à accepter comme système tran-

---

[1]) *Bouche de Fer*, 1790, p. 2-4.

sitoire, Bonneville devient ardent républicain devant la perfidie du Roi.

Comme dans l'*Esprit des Religions*, Bonneville montre en 1789 un grand amour et un grand respect pour Louis XVI. Il lui trouve une nature bonne et douce, mais reconnaît qu'il est la victime volontaire de mauvais conseillers et de sa femme. Il le prie constamment de renvoyer ses ministres et d'écouter la voix du peuple. « Roi des Français. [1]) Le champ de la fédération d'un peuple libre est ouvert. L'autel de la patrie est préparé : l'heure du 14 juillet avance. »

Bonneville estime que les rois ne sont que les hommes de confiance des peuples. Si, dans leur ingratitude, ils outragent les gouvernés par leurs injustices, ceux-ci ont le droit de les punir. [2])

« Déjà le peuple éclairé par les amis de la chose publique, ne veut plus se payer de promesses perfides. » Ce qui engage le peuple « à se tourner directement vers le premier citoyen de l'empire, c'est la persuasion intime que le grand personnage auquel il s'adresse, a trop d'élévation dans l'âme pour ne pas lui ordonner de parler le vrai langage des hommes francs et libres et qu'il a assez d'intelligence pour l'écouter avec attention et recueillement. » Le premier grand malheur de la vie du Roi a été, selon l'auteur, de n'entendre le langage de la vérité que dans les plaintes et les cris de tout un peuple désespéré. « Les êtres les plus vils t'avaient circonscrit, entouré, assiégé, osaient régner en ton nom, à ta place : ils avaient tellement fermé tes yeux et ton oreille, que tu ne voyais pas les millions d'hommes que le désespoir avait armés, que toi seul, dans tout l'Empire, tu n'as pas entendu la chute de la Bastille, qui a ébranlé l'Univers entier et fait chanceler tous les trônes de la terre. »

Il rappelle le mot de Bailly, le 17 juillet 1789. « Bailly a dit vrai.[3]) Le peuple français a conquis son roi, il a conquis la liberté pour toi et pour lui, il ne l'a conquise tout entière que pour t'en confier la garde tout entière. » Si le peuple a déclaré son roi inviolable c'est qu'il le croit d'un excellent naturel et rempli de vertus privées. Le peuple n'a jamais attribué les vices de son gouvernement qu'à un odieux ministère.

« O Louis XVI ! [4]) Si tu es fidèle à ta promesse, l'Empire est sauvé et tu auras une belle place parmi les bienfaiteurs du genre humain ; si tu violais encore tes serments, la liberté ne périrait pas ; mais la

---

[1]) Cf. *Le Vieux Tribun du Peuple*, 1790, p. 167-183.

[2]) Voir *Tribun du Peuple*, 1789, p. 16.

[3]) Ibid., p. 170.

[4]) Ibid., 177.

tête du serpent, tant de fois réchauffée dans notre sein, serait enfin écrasée. *Suis-je leur empereur seulement pour leur plaire* ? Oui ! »

Il ne désire pas juger les nouveaux ministres de la couronne, mais il trouve que tout gouvernement a besoin de confiance, et Louis et ses ministres n'ont la confiance ni du peuple, ni des gens éclairés qui, grâce à leurs douleurs, à ses duretés, ont cru, au lieu d'un cœur, ne voir dans son sein qu'une pierre.

Bonneville croit enfin avoir fait son devoir envers Louis XVI et s'apprête à en remplir d'autres envers la Nation. « Il ne faut ni d'Orléans [1]) qui vous fait craindre la guerre civile, ni Louis XVI qui vous trahit : puisqu'il ne veut pas absolument mériter la confiance, et se rendre aux conseils des vrais amis de la liberté qui ont voulu sa gloire et son bonheur. »

> Des volontés du Peuple, un roi n'est que l'organe,
> Créateur de mes lois, leur gloire et leur soutien :
> Je suis roi comme lui, quand je suis citoyen.

« Perfide, [2]) ta conduite aussi noire qu'elle est atroce va recevoir sa juste récompense, le mépris souverain de ton siècle et de la postérité. Tu as voulu imiter le roi Jean qui appela les Brabançons et les bulles du Pape, pour l'aider à violer la foi promise, et à anéantir la grande Chartre de l'Angleterre qu'il avait, disait-il, signée malgré lui. »
« Non, tu n'as point voulu le bonheur du peuple français, c'est toi seul, qui as entravé les glorieux desseins de ses représentants, véritable serpent réchauffé dans son sein ! »

« Nous n'aurons jamais que d'infructueuses révolutions, si nous conservons l'ombre d'un roi, qui, l'éternel ennemi de l'égalité et de la liberté qu'il ne connaît pas, rappellera les distinctions, les privilèges, la soif de dominer, et cachant ses vengeances sous les voiles du prêtre hypocrite, ramènera les ténèbres et les forfaits du clergé romain. »

« Milton était loin de croire à l'inviolabilité des rois [3]) et [4]) ou autres fonctionnaires publics : il affirme, dans sa préface du peuple

---

[1]) Ibid., p. 183.

[2]) Cf. *Bouche de Fer*, 24 juin 1791.

[3]) *Bouche de Fer*, 22 juillet 1791.

[4]) Cf. Paroles familières à Diderot : « Quand le dernier roi sera pendu avec les boyaux du dernier prêtre (célibataire) le genre humain pourra espérer d'être heureux. »

Cf. « Je ne hais pas les rois, parce qu'ils sont rois, mais parce qu'ils oublient trop souvent qu'ils sont hommes. » — « I do not hate Kings because they are Kings, but because they often forget that they are men. » Bernevelt's Speech to the Prince of Orange.

anglais, contre la royauté *impeccable*, que jamais aucune nation ne fut assez insensée pour s'imposer à elle-même la plus absurde, la plus inique, et la plus cruelle de toutes les lois ! On ne pourrait la lire, s'écrie ce grand homme, que dans le code des tigres, rédigé par des bêtes féroces, et voici ses raisons [(chap. 2, p. 5) théorie de la royauté d'après les principes de Milton par Mirabeau]:

« S'il est permis à un roi de faire tout ce qui lui plaît, il n'en est aucun qui mérite le nom de tyran, il n'a qu'usé de ses droits. Il peut impunément (lui inviolable) *violer* toutes les lois divines et humaines, jamais il ne sera coupable, il n'est point d'abomination à laquelle il ne puisse se livrer. »

Bonneville réclame la déchéance de Louis XVI, l'abolition de la royauté qui serait remplacée par un gouvernement national.

Il demande à tous les patriotes de se « serrer autour de l'Assemblée Nationale », car il estime qu'on ne doit pas désespérer de la chose publique tant qu'il y aura encore à l'Assemblée nationale des Pétion, des Robespierre, des Buzot et des Grégoire.

Il insère dans la *Bouche de Fer* du 26 juin 1791 un [1]) « Décret qu'il faut obtenir sur l'heure ou mourir esclaves ».

« Les élus de la nation libre, réunis pour asseoir sur une bonne constitution, préparée par un grand nombre de commotions universelles, le gouvernement le plus susceptible de se perfectionner, avec les lumières et l'éducation générales de tous les peuples de la terre, nos frères et nos amis

DECLARENT :

1° Que le seul gouvernement légitime est républicain, c'est-à-dire national.

2° Que jamais un corps, quel qu'il soit, toujours froid, oppresseur et indifférent, ne peut mettre sa volonté particulière à la place de la volonté universelle.

3° Qu'ils ne peuvent être chargés, dans les affaires d'une grande importance, que d'un pouvoir *initiatif* pour préparer des lois de gouvernement, demandées par des circonstances imprévues.

4° Que seulement dans des affaires de peu d'importance, et pour faire exécuter des lois qui sont faites, ils ont le pouvoir réel

---

Cf. *Letters of Junius* : « Lay aside the wretched formality of a King, and speak to your subjects with the spirit of a man and in the language of a gentleman. Tell them you have been fatally deceived. »

« There is no treaty with perjur'd kings. »

[1]) Réinséré dans la *Chronique du Mois*, nov. 1792.

et représentatif de la volonté souveraine, déjà manifestée ou présumée.

5° Que les plus sages décrets ne sont et ne peuvent être, en vérité, que des lois *provisoires.*

6° Que la ratification annuelle et universelle fait la loi, seule souveraine.

7° Que la constitution ne consiste que dans un seul principe, qui perfectionnera tous les gouvernements, celui de recueillir annuellement toutes les volontés partielles.

8° Qu'ils avouent avec loyauté, qu'une déclaration des droits de l'homme et du citoyen, chose déjà faite, même par les décemvirs et les tyrans, n'est point une constitution.

9° Qu'ils n'ont pu s'occuper encore que d'une forme variable du gouvernement, la meilleure possible pour les circonstances. Qu'ils vont maintenant l'affermir par *l'application* du principe fondamental et unique d'une véritable constitution.

[1] 10° Que la nation seule peut la faire et qu'elle sera faite, si les 12, 13 et 14 juillet prochains tous les citoyens se bornent à un rendez-vous, le plus fraternel que nos mœurs, si vicieuses encore, peuvent le permettre.

Si l'on promet, en face du ciel et la main tour à tour sur son cœur et sur ses armes, de ne reconnaître jamais pour LOI de l'Etat que le vœu bien recueilli de la totalité absolue des habitants de tout l'Empire.

11° Qu'ils déclarent enfin qu'ils ne terminent pas leur Assemblée législative, sans avoir organisé pour 1792, les *assemblées souveraines* de la nation. »

Lafayette n'échappe pas à la censure de la *Bouche de Fer* qui le traite de « *temporisateur* », incapable de prendre un parti décisif. Bonneville ne lui pardonne pas son attitude à l'Assemblée le 28 juin. Il lui reproche d'avoir cherché la faveur du Roi plutôt que celle du peuple et d'avoir ainsi manqué d'audace républicaine. « Moitié républicain, moitié monarchique . . ce ne sera qu'un être *double,* et nul dans l'un et l'autre parti, il sera doublement nul. »

[1] Cf. *Chronique du Mois,* 1793, avril, p. 66 :—

1° Organisez les assemblées élémentaires annuelles universelles — Que le souverain soit.

2° Organisez les écoles primaires ou assemblées de tous les jours, pour l'instruction publique — Que le souverain vive.

3° Organisez les assemblées des votes — Que le souverain connaisse, sente sa force, qu'il ait une volonté.

Nous avons vu combien Bonneville se méfiait des Jacobins. Cependant il pardonne aux *Amis de la Constitution* leur politique de prudence et le mauvais accueil qu'ils avaient fait le 22 juin aux affiches républicaines des Cordeliers, lorsqu'il voit les Jacobins se mettre à la tête de la défense nationale. Il trouve chez eux de vraies qualités malgré l'ambition et les défauts de leurs meneurs. [1]) « Nous avons bien reconnu des ambitieux dans quelques meneurs et nous les avons démasqués, mais la masse est bonne et animée du plus pur patriotisme : la société n'a pas composé en corps les liaisons dangereuses et les diatribes contre les gens de couleur ! [2]) « Nous voyons avec plaisir que l'aveugle déférence aux meneurs que nous reprochions à cette société s'efface, l'esprit de liberté y naît et ce n'est plus pour admirer un intriguant qu'on s'y rassemble, c'est vraiment pour s'instruire. On a réparé l'insulte faite aux Cordeliers qui vinrent lire leur arrêté en faveur de la république en applaudissant les discours sur le même objet. Jacobins, rompez vos fers : soyez des amis de la liberté et non ceux d'une constitution encore imparfaite, et renoncez à cet esprit d'isolation que vos *meneurs* vous avaient inspiré pour dominer plus librement. Fraternisez avec les autres sociétés de Paris, et nous vous tendrons une main amie. »

La première séance du *Cercle Social* ou confédération générale des *Amis de la Vérité* avait eu lieu au Cirque du Palais Royal, le 13 octobre 1790. L'abbé Fauchet, accueilli par des salves d'applaudissement, avait prononcé devant une assemblée nombreuse, le discours d'inauguration. Parmi les auditeurs l'on remarquait Brissot, Condorcet, Camille Desmoulins, Thomas Paine, l'abbé Sieyès et Madame Roland. Bonneville invita le Prussien Clootz [3]) à faire partie du Directoire du *Cercle Social*, mais celui-ci se récusa, prétextant qu'il trouvait dans cette association un ton mystique et une impartialité suspecte. Cinq mois plus tard, il exprime encore son aversion pour cette « loge ». [4])

Pendant près d'un an, ces *Amis de la Vérité* prêchèrent la démocratie et le socialisme, réclamant l'abolition des classes privilégiées, l'établissement de la liberté de la Presse, l'institution du suffrage universel, la création du gouvernement direct avec *referendum*, et la fondation d'un communisme basé sur l'amour. L'idée de convoquer à ces conférences des représentants de tous les partis et de toutes les nations semble découler naturellement de la philosophie de Bonneville.

[1]) *Bouche de Fer*, 31 juin 1791.
[2]) *Bouche de Fer*, 7 juillet 1791.
[3]) Voir Appendice « A » X.
[4]) Voir *Journal des Amis de la Constitution*, n° 17 (22 mars 1791).

Sans en être pénétré, il semble toutefois percevoir ce principe, que toute créature révèle une parcelle de la sagesse divine et que, par la réunion de toutes ces lumières, l'Esprit Créateur pourra se manifester à nous. Sa religion, autant qu'on peut en juger à travers la complexité de ses écrits, est une sorte de panthéisme.

Le *Cercle Social* marchait politiquement avec les Cordeliers dont il publiait les pétitions dans la *Bouche de Fer*. Du reste, Bonneville ne se lassait pas d'offrir ce Club comme modèle de patriotisme et d'énergie. Ces républicains, nullement satisfaits de la suspension provisoire du Roi (26 juin), ne cessaient de s'agiter, tandis que les Jacobins s'en tenaient toujours à l'idée du « remplacement de Louis XVI par tous les moyens constitutionnels ». Bonneville et d'autres se rendirent alors au Champ de Mars, bien décidés à déposer une nouvelle pétition sur l'autel de la patrie et à demander « *le jugement d'un roi coupable* » et « *l'organisation d'un nouveau pouvoir exécutif* ». [1]) Ils entendaient par cela la République. La municipalité, craignant un soulèvement du peuple, proclama la loi martiale. Ceci ne fit qu'irriter la foule qui refusa d'obéir aux sommations réglementaires. Le massacre des signataires de la pétition s'ensuivit. Cette *fusillade du Champ de Mars* (17 juillet) inspira de la terreur aux patriotes et condamna le parti républicain au silence pour un temps. Ce fut nécessairement la fin de *l'Assemblée Fédérative des Amis de la Vérité* où la doctrine républicaine avait été si hautement professée. Le dernier acte de cette société fut de déclarer Louis XVI irrévocablement déchu à moins de vœux contraires des Communes des 83 départements.

A partir de la fin du mois de juillet 1791 on n'entend plus parler du *Cercle Social*, de sa tribune ou de son journal.

Sur une plaquette qui se trouve à la Bibliothèque Nationale sous la cote Lc[2]317 se trouve le manifeste [2]) des fondateurs du *Cercle Social* et de la *Confédération des Amis de la Vérité*.

Les Amis de la Vérité avaient choisi comme local une des plus grandes salles de Paris, celle du Cirque du Palais Royal, alors devenu le Cirque National. Cette salle avait une largeur de plus de vingt mètres et une longueur de près de cent-dix mètres : ce qui représentait une

[1]) Cf. *Bulletin des Amis de la Vérité*, nº I. « Lors de la pétition ensanglantée ; quand vous parliez de remplacer un roi parjure, suivant le mode constitutionnel, c'est-à-dire en donnant à d'Orléans la régence, est-ce vous qui avez crié au Champ de Mars, *point de roi, point de roi, ni l'un ni l'autre*. C'est la Bouche de Fer qui ce jour-là vous a enrayé et qui a dévoilé vos intrigues. »

[2]) Voir Appendice « A » XI.

surface de plus de 2.200 m. c. Partant de la galerie de bois, devenue Galerie d'Orléans, le Cirque occupait la moitié de la longueur totale des jardins. L'extérieur, d'aspect assez agréable, était revêtu d'un treillage avec sur le faîte, des jets d'eau et des bosquets d'orangers. Il avait été destiné par le duc d'Orléans à des exercices d'équitation et d'escrime. Mais il démentait son origine, ne servant qu'à des concerts et à des bals.

Le choix de ce local excita l'ironie et la moquerie des contemporains, et plusieurs des journaux révolutionnaires s'en servirent comme arme contre la « Société universelle ».

« La vérité [1]) vient d'établir son trône au Cirque du Palais Royal. Cette galerie a plusieurs usages. Les mardi, jeudi et dimanche on y chante des ariettes : les mercredi et samedi les nymphes circonvoisines des entresols y dansent et les lundi et vendredi on y dit la vérité. »

« Depuis quelques semaines [2]) ce Cercle de la Vérité a encore changé de forme. Le jour que l'on n'y prêche pas le partage ou la communauté des propriétés : 1° on y mange ; 2° on y boit ; 3° on y danse ; 4° on y joue ; chacun paye son écot, excepté les demoiselles du Palais Royal. »

Le journal de Bonneville, pas plus que son Cercle, n'échappa à la critique contemporaine et son ennemi le plus acharné était peut-être Laharpe. Les esprits hostiles s'avisèrent un jour de faire paraître et de répandre une annonce burlesque où le public était prévenu que « le sublime abbé Fauchet, orateur perpétuel et procureur général syndic de la société, entonnera son nouveau et merveilleux discours sur l'universalité de la nature, où il se propose d'être encore plus obscur et plus inintelligible qu'il ne l'a été dans le dernier, ce qui sera bien difficile . . . Le dernier article à l'ordre du jour sera l'examen de cette question. Qu'est-ce qu'une pétaudière ? On pense qu'il sera décidé sans discussion et à l'unanimité que c'est le Cercle Social. On prévient le public que M. le procureur général ayant besoin pour faciliter l'intelligence de ses discours, d'un bon commentateur, il offre cette place à un illuminé comme lui à qui il donnera la table et un logement convenable, à côté du sien, aux Petites Maisons. »

C'est surtout dans son journal le *Mercure de France* que Laharpe persifle cruellement ces deux amis. [3]) Les moqueries de Laharpe ne passent pas inaperçues, et un mois plus tard [4]) Bonneville y répond

---

[1]) *Révolution de Paris*, oct.-nov., 1790, n° 69, p. 175.

[2]) *Le Journal des Amis de la Constitution*, n° 12 du 15 févr. 1791.

[3]) Ex. *Mercure de France*, 18 nov. 1790, pp. 90-122, voir App. « A » XII.

[4]) Voir *Mercure de France*, 25 décembre 1790, pp. 144-154.

en affirmant de nouveau que la nécessité des mystères et des symboles s'est fait sentir à travers les âges. Cette forme voilée de la vérité n'a été perçue que par les plus intelligents, propres à devenir les chefs et les organisateurs de la société humaine et est restée cachée aux profanes qui n'auraient pas su en profiter.

Dans la *Bouche de Fer* [1]) nous trouvons une réponse de Claude Fauchet aux objections de Laharpe, insérée dans le numéro XV du 18 décembre 1790 du *Mercure de France*, réponse qui a été lue à l'Assemblée Fédérative des Amis de la Vérité.

« M. Laharpe, bon citoyen, littérateur délicat, poète pur, observateur léger, s'est égayé sur notre journal et notre Confédération. Nous pourrions avec la même innocence, faire des railleries sur son *Mercure* et sur l'Association de ses Amis. Mais, quoiqu'il nous y provoque, nous ne voulons pas employer les armes de la dérision contre un patriote si estimable, et un homme de lettres si distingué. Quelques observations où il a cru mettre de la philosophie, nous semblent seules exiger une réponse.

« L'idée d'intéresser tous les francs-frères répandus dans les diverses parties du monde, à rallier les hommes aux principes de liberté, d'égalité, d'union est l'une des plus belles et des plus heureuses qui pût entrer dans l'esprit humain, Elle n'est pas de moi ; je bénis ceux qui l'ont eue ; et si j'avais été assez favorisé de la nature pour avoir créé une pensée si vaste et si féconde, les moqueurs ne m'empêcheraient pas d'y attacher la plus grande gloire, [2]) parce que j'en vois éclore la plus grande utilité. » [3])

Malgré ces railleries, quelque peu justifiées, il faut reconnaître que les orateurs du Cirque du Palais Royal eurent une grande influence sur le petit peuple patriote et égalitaire de Paris et qu'ils surent consolider le parti démocratique d'où devait naître la république.

D'une lettre de Claude Fauchet [4]) à la *Société des Amis de la Constitution*, réunis aux Jacobins à Paris nous tirons sa profession de foi à lui :

---

[1]) *Bouche de Fer*, janv.-mars, 1791, p. 49.

[2]) « Cette idée appartient à un électeur de 1789, auteur de la motion pour la garde bourgeoise. »

[3]) Laharpe les attaque encore dans sa Correspondance Littéraire, voir Appendice « A » XIII.

[4]) Bibliothèque Nationale, Lb [40] 595, 3 p. in 8°.

« La liberté sans laquelle on n'est pas homme.

L'égalité des droits sans laquelle on n'est pas citoyen.

La souveraineté du peuple sans laquelle il n'existe ni liberté, ni égalité.

La représentation et la division des pouvoirs, législatif, exécutif, administratif et judiciaire, qui, non représentés, réduiraient la législation même et le gouvernement à l'impossible et qui non divisés, faciliteraient le retour du despotisme :

Le rassemblement périodique du souverain, son droit suprême de sanctionner définitivement les lois ou d'en exiger la réformation par ses représentants, droit sans l'exercice duquel la souveraineté serait aliénée et anéantie.

Enfin pour omettre les principes intermédiaires et s'arrêter à celui qui renferme toute bonne institution de l'ordre social, l'assurance des moyens, de la suffisante vie à tous les individus de la société, l'aisance proportionnelle au travail et de l'industrie, de la grande abondance aux travaux largement productifs et à l'industrie supérieure. »

En novembre 1791 nous retrouvons Bonneville comme un des fondateurs de la *Chronique du Mois* à laquelle il collabore avec 13 autres rédacteurs patriotes. Bonneville entreprend de faire l'analyse des travaux de la Législative et de mener des discussions « *sur les matières mises à l'ordre du jour* » ; Condorcet se charge de la législation et de l'instruction publique ; Auger s'engage à faire des recherches sur les anciennes institutions ; Brissot y exprime ses idées sur les droits des hommes ; John Oswald unit ses efforts à ceux de Paine pour détruire les préjugés populaires et amener un rapprochement entre l'Angleterre et la France. Clavière se rend responsable de tout ce qui concerne les finances et combat les plans économiques de Necker.

Bonneville, toujours hanté par sa prédilection pour la variété, cherche à entretenir l'intérêt général en faisant entrer dans cette publication plusieurs articles simultanés. Il s'est alloué la tâche la plus lourde et décompose d'une façon méthodique les débats de la nouvelle Assemblée. C'est un *nouveau code* qu'il offre à ses lecteurs en les y préparant par un coup d'œil général jeté sur la Constitution de 1791.

Dès le quatrième numéro, Bonneville traite de l'émigration, question que Condorcet étudiera à fond plus tard. [1]) Notre auteur déclare le Roi coupable de s'être chargé d'une multitude de crimes : « trahison, lèse-majesté envers le peuple, outrages envers ses parents, désertion et fuite de service ». En septembre de cette même année, il réclamera l'abolition de la royauté toute entière et priera la nation souveraine de se garder de toute dictature.

---

1) Juin 1792, pp. 52-66.

La *Chronique du Mois* épouse les intérêts des hommes de couleur et réprouve avec sévérité les tergiversations de l'Assemblée. « Ou la déclaration des droits de l'homme est une chimère, [1]) comme on serait tenté de le croire, à la manière dont en parlent *même les législateurs*, ou la nation française a déclaré avoir aboli la *traite des noirs* en proclamant sa grande charte ; et sa volonté fut un ordre direct au pouvoir exécutif de détruire la *Traite des noirs*. Pourquoi ne l'a-t-on pas fait ? »

Les numéros de mai et de juin (1792) contiennent des considérations de Bonneville sur le mariage, théories qui se trouveront mises au point dans son *Nouveau Code Coniugal.*

Bonneville travaille toujours à perfectionner l'éducation civique, à organiser la sanction nationale, à établir un mode électif qui unirait tous les départements au lieu de les isoler, et à fonder un pacte fédératif entre toutes les nations.

Bientôt la *Chronique du Mois*, redoublant d'énergie et d'acuité soutient Brissot contre Robespierre ; Bonneville amplifie ses tableaux analytiques et s'avise de commenter les séances du Corps législatif dans le sens du parti girondin. Il se montre le champion de Brissot, Condorcet et Roland contre Robespierre et Danton qu'il traite de *désorganisateurs*. [2])

Bonneville se réjouit du grand travail accompli le 10 août ; mais il se sent abattu et découragé devant la violence de la Commune insurrectionnelle : il se demande si les commissaires du 1er septembre sont encore ceux du 10 août et il blâme la Commune d'avoir voulu faire sonner le tocsin. « La majesté du peuple offensée, l'assemblée nationale avilie par des menaces de sonner le tocsin, c'est trop d'outrages ! »

La Commune se dresse contre l'Assemblée législative et le peuple réclame une justice sommaire. Les tribunaux de sang sont organisés.

Bonneville avait marqué et prévu le lendemain fatal [3]) de cette heure de liberté, moment où l'on serait enchaîné les uns par les autres si les forces de la raison universelle ne plaçaient de toutes parts des guides, des flambeaux et des bannières pour s'opposer aux débordements incalculables de toutes les passions d'un grand peuple irrité, qui s'est armé de ses fers. Un censurat national, *institution préservatrice*, aurait prévenu ces malheurs et empêché la tyrannie de l'accusateur infâme » [4]) qui s'était créé une autorité dictatoriale.

---

[1]) Juin 1792, p. 12, n. 2.

[2]) *Supplément de la Chronique du Mois*, oct. 1792.

[3]) *Le Vieux Tribun du Peuple et sa Bouche de Fer*, II, p. 27.

[4]) Fouquier Tinville.

Effrayé de voir l'Assemblée céder à la Commune, écœuré des massacres organisés, Bonneville pousse un cri de désespoir contre les *hommes de proie* qui ont déshérité la justice. Il se décide à déposer sa plume et termine ses résumés des débats de l'Assemblée avec le compte rendu de la séance du 2 septembre. [1]) « Mon silence, le silence d'un ami de la vérité, fera son opprobre, et dira à tous les bons citoyens alarmés : Jetez un crêpe sur la face de la justice, et annoncez son deuil au monde. » Le tableau historique et analytique des travaux de la première législature est repris par un autre rédacteur qui ne donne cependant qu'un précis des débats sans aucune polémique.

Cependant, Bonneville ne peut se résoudre au silence et reprenant « *l'épée flamboyante* », il fait insérer dans le numéro de décembre des stances où il flétrit énergiquement les meneurs de septembre. Ces vers seront suivis d'autres poèmes et hymnes qu'il insérera encore dans son recueil de 1793.

La *Chronique du Mois* ne cessera de paraître qu'au mois de juillet de cette même année (1793).

Il est à noter que le numéro de novembre 1792 contient un genre de prospectus du *Bulletin des Amis de la Vérité* qui devait paraître quotidiennement à partir de la première séance de la Convention nationale. Ce n'est qu'au premier janvier de l'année suivante que ce projet est mis à exécution.

Cette nouvelle feuille rend compte des travaux de la Convention ; elle met ses lecteurs au courant de la diplomatie étrangère et cherche à les instruire de la disposition des esprits chez tous les peuples ; elle discute des principes à l'ordre du jour ; elle travaille à l'établissement d'un nouvel ordre social ; elle devient l'organe des opinions des Girondins et réimprime les articles de la *Sentinelle* où Louvet expose les doctrines de Roland.

Pour la rédaction du *Bulletin*, Bonneville s'adjoint quelques-uns de ses anciens collaborateurs : Mercier, Condorcet, Gensonné, Thomas Paine et Guy Kersaint.

Bonneville s'occupe toujours des « *éternels principes* » et des « *droits naturels, civils et politiques de l'homme* ». Les hommes doivent être égaux en droits devant la loi sociale et doivent jouir sans privilège mais avec plénitude des propriétés diverses que la nature leur a données. « Les hommes épars sur la terre ne sont que des *unités* agrégatives, [2])

---

1) 10e numéro de septembre.

2) N° 8.

ils ont leur saison et leurs fruits ; mais la nation libre est tout, et c'est l'image du Créateur. »

Quant au régime, il faudrait trouver « un gouvernement *conditionnel* et de circonstances, susceptible de perfectionnement » où l'énergie publique serait réunie à la sécurité personnelle.

Il met ses lecteurs en garde contre le cruel plaisir qu'éprouvent les hommes à « se créer des mannequins pour idoles et pour maîtres » car on risque de sombrer dans un océan d'intrigues.

Il aspire à la justice et à l'union. « *Plus de montagne, ni de plaine, ni de rocher,* mais une Convention *une* et indivisible, comme la République, et *ça-ira* . . . jusqu'au renversement de toutes les dictatures. » [1])

Ce sont des raisons financières qui contraignent Bonneville à cesser la publication de cet organe de propagande.

---

[1]) N° 121.

CHAPITRE VI.

RÉSUMÉ

Revue des idées sociales, politiques et religieuses de Nicolas de Bonneville.

Dans la seconde partie de cette étude nous verrons Bonneville novateur dans la littérature ; il était aussi un précurseur de la Révolution. Dans son *Esprit des Religions* et dans ses diverses publications périodiques, nous trouvons à l'état embryonnaire la plupart des idées sociales, politiques et religieuses, qui ont été soulevées depuis.

Il était disciple d'Helvétius, Mably et Jean-Jacques Rousseau, mais un disciple indépendant qui demanderait à ses maîtres de tirer de leurs principes des conséquences radicales. Les lumières de ces auteurs, celles aussi de Montesquieu et de Voltaire « ont traversé toute la Révolution Française, comme des projections de phares, et c'est à leurs lumières intermittentes qu'on a combattu dans les ténèbres ». [1]) Or, Bonneville était un des plus enragés de ces combattants et s'appuyait sur les publications de ses auteurs préférés pour soutenir ses revendications. [2])

Bonneville jugeait l'homme naturellement sociable et, loin de vouloir, comme Rousseau, renverser et violer la société, il estimait que l'état civil était la conséquence des principes de la nature.

Comme son maître, Bonneville était patriote républicain, voulant faire de la République, du *Common Wealth*, [3]) un véritable culte. Il nous fait l'éloge des Druides, car leur propagande est aussi sociale

[1]) Faguet, *La Politique comparée de Montesquieu, Rousseau et Voltaire.*

[2]) La bibliothèque personnelle de Bonneville contenait la Bible et les œuvres de : Amyot (Plutarque), Bacon, La Bruyère, Corneille, La Fontaine, Helvétius, Homère, Mably, Malherbe, Molière, Montesquieu, Ossian, Pascal, Pindare, Racine, La Rochefoucauld, Rousseau, Shakespeare, Sophocle, Virgile, Voltaire.

[3]) Voir Appendice « A » XVII.

que religieuse, et les Druides exerçaient en plus les fonctions de la justice civile.

Fervent lecteur du *Contrat Social*, Bonneville en avait accepté le dogme de l'absolutisme, de la souveraineté du Peuple. Dans toutes ses publications il prend pour juge et comme critérium l'opinion publique, la voix du Peuple. « Ce que voudra l'universalité, écrit-il (et par là il veut dire la majorité), sera toujours bon. » Il désirait la ratification annuelle des lois par le Peuple même. Du reste, cette ratification annuelle n'est rien autre que le véritable *Referendum*, que Bonneville préconisait avec tant de chaleur, et dont nous reparlerons plus tard. Cette souveraineté de la majorité n'est pas de la tyrannie, car, obéissant à des lois ainsi faites, on n'obéit qu'à soi-même. Bonneville demande la liberté entière de la Presse, car par elle on entend la voix de tous. Il voudrait créer une censure nationale, car elle empêcherait la tyrannie de naître. Pour lui, un censurat national aurait prévenu les malheurs du « lendemain fatal de cette heure de liberté ».

Bonneville répète le sophisme de Rousseau : puisque dans une République le souverain n'est formé que des individus qui le composent, le gouvernement ne peut avoir d'intérêt contraire au leur. D'autre part, il faut empêcher qu'une association particulière ne devienne assez grande et assez puissante pour nuire à la société générale. Dans ce cas, chaque citoyen n'opine pas d'après lui, mais d'après la volonté de cette association ; l'avis qu'il émet est d'un intérêt particulier. Aussi Bonneville souhaite-t-il la fédération de toutes les sociétés, qu'il considère comme sœurs, et entretient une certaine animosité contre les Jacobins, dont il n'aime pas l'esprit dominateur. « Des liaisons exclusives au sein du peuple libre ! et l'on usurpe encore le titre d'amis de bonnes lois. » Cependant il change graduellement de ton envers cette société et reconnaît chez ses membres de vraies qualités ; ce qui ne l'empêche pas de les accuser encore d'avoir « des meneurs ambitieux et pleins de défauts ». Il leur demande de se rappeler que l'égalité est une sainte loi de la nature.

Le peuple est souverain absolu et tout ce qui s'organise comme Etat dans l'Etat contre le Peuple doit périr. Aussi a-t-il voué une haine implacable à la noblesse et au clergé. A l'aristocratie héréditaire il voudrait substituer une aristocratie élective, et ces représentants ne seraient que les déclarateurs et dépositaires des lois. Les deux grands ennemis de la Nation sont l'aristocratie et le clergé, les ministres du roi et de Dieu. Le prêtre, étant célibataire, ne peut avoir qu'un intérêt personnel dans l'Etat ; il appartient à une classe privilégiée et immunitaire et devrait par conséquent perdre le droit de voter pour des lois qui ont comme but le bonheur universel.

Contrairement à Jean-Jacques, qui n'a que des railleries pour la théorie de la séparation des pouvoirs, Bonneville ne trouve pas le peuple encore suffisamment instruit pour se « *démonarchiser* ». Il donnerait encore le pouvoir exécutif au roi, réservant aux assemblées provinciales le pouvoir administratif, et aux assemblées nationales le pouvoir législatif. Tous les individus auraient le pouvoir censorial et le peuple serait convoqué tous les ans pour approuver les lois. Il faut formuler des lois impartiales sans s'occuper des privilèges antérieurs. Bonneville exprime à mainte reprise son désir de voir instituer le système du « *referendum* » ou droit des citoyens de prononcer directement sur des questions d'intérêt général. Il voudrait graduellement supprimer toute inégalité, autant politique que sociale, et se pose en précurseur du mouvement socialiste. Comme son maître, il fait son procès à la société et à la propriété. Cependant que Rousseau n'offre, et encore avec quelle indécision, que l'esquisse d'un moyen de remédier aux conséquences de l'inégalité parmi les hommes, Bonneville cherche un principe de perfectionnement social qui serait « naturel, *successif*, et presque insensible. » Pour soulager la misère du peuple[1]) et augmenter son bien-être et son commerce, il préconise le partage des successions colossales. Exception faite à des possessions modiques, les héritages territoriaux seraient divisés en parts égales et déterminés entre les enfants du défunt ; les autres parents éloignés seraient appelés au partage du reste.

Nous avons déjà vu les efforts de Bonneville pour obtenir la fédération de toutes les sociétés patriotiques : il travaillait aussi à la création d'une République Fédérative. Selon lui, une pareille république serait capable de résister à une force extérieure tout en maintenant sa grandeur, sans que le gouvernement intérieur se corrompe ; mais il va encore plus loin et vise éventuellement à une grande confédération universelle. En attendant cet âge d'or, il désire créer une association universelle qui mettrait à jamais fin à la guerre, avec un tribunal suprême de toutes les nations qui jugerait les différends des rois.

Pour Bonneville, il n'y a qu'une seule constitution rationnelle et possible, mais il ne faut pas confondre Constitution avec Gouvernement : le gouvernement formé par les actes constitutionnels peut

[1]) La patrie doit assurer aux pauvres valides les jouissances de la vie par le travail, aux invalides la possibilité de vivre, ainsi que les soins nécessaires à leur état. (de Bonneville.)

varier selon les climats, les mœurs, les abus établis, etc. . . Par des principes de perfectionnement il espère arriver à la constitution idéale.

Comme nous l'avons déjà signalé, Bonneville imite son maître dans ses attaques contre l'église et en particulier contre le catholicisme et les prêtres célibataires. A l'instar de Jean-Jacques, il nous fait le plan d'une religion toute civile et laïque. La religion catholique donne aux hommes des maîtres et des pontifes encore plus puissants que les rois. Elle prêche l'intolérance, tandis que Bonneville préconise la tolérance, car « *point de force sans union et point d'union sans tolérance, sans indulgence et sans réciproques* ». Le christianisme est antisocial et limite le pouvoir de l'Etat. Adoptant les idées de Hobbes et de Rousseau, Bonneville cherche à unir le gouvernement spirituel et temporel « à réunir les deux têtes de l'aigle, pour tout ramener naturellement et religieusement à l'unité politique, sans laquelle aucun gouvernement ne sera bien constitué ». Il ferait de la patrie même l'adoration des citoyens.

« Une religion [1]) qui ferait de la patrie et des lois l'objet de l'adoration de tous les citoyens, serait aux yeux du sage, une religion excellente. Le suprême pontife y serait le roi, le régisseur suprême. Mourir pour son pays, serait aller à la gloire éternelle. Celui qui aurait violé les lois de son pays serait un impie; et le premier magistrat de la nation, pontife et roi, aurait le droit de le dévouer à l'exécration publique et à la damnation éternelle au nom de la société qu'il aurait offensée et au nom du Dieu suprême qui nous a tous également soumis à des lois impartiales. »

Au fond, la véritable religion de Bonneville est une espèce de panthéisme avec un retour fréquent à un Dieu tout-puissant, à un Etre Créateur : Tout dans ce monde serait une manifestation plus ou moins pure de cet Esprit Créateur. « *Le monde entier est le Temple de Dieu* ». Il croit à une autre vie au delà de la tombe et n'est pas loin de suggérer aussi la transmigration des âmes ; il croit avant tout à une Divinité puissante et bienfaisante qui écrit partout dans la nature, amour, amitié, fraternité.

[1]) Cf. Rousseau : « Il est bon en ce qu'il réunit le culte divin et l'amour des lois et que, faisant de la patrie l'objet de l'adoration des citoyens, il leur apprend que servir l'Etat, c'est en servir le Dieu tutélaire. C'est une espèce de théocratie, dans laquelle on ne doit point avoir d'autre pontife que le prince, ni d'autres prêtres que les magistrats. Alors mourir pour son pays c'est aller au martyre ; violer les lois, c'est être impie et soumettre un coupable à l'exécration publique, c'est le dévouer au courroux des dieux. Sacer esto. »

Bonneville est convaincu de la toute-puissance de l'éducation et demande l'instruction gratuite pour tous ; il ne comprend pas qu'on puisse vouloir qu'un être sensible soit victime de l'ignorance et des préjugés qui le dégradent. Pour lui, les esprits naissent égaux et tout homme est *perfectible* ; les inégalités qui existent ne sont dues qu'à la différence de culture. Le cœur de l'homme est naturellement bon et avec de la bienfaisance et de l'instruction on arrivera à tout.

Bonneville considère le mariage comme un lien et un devoir social qui unit le citoyen à la patrie et la patrie au citoyen. Il demanderait des peines négatives pour les célibataires qui perdraient certains droits de citoyen. « Le mariage est la dette de l'homme intègre (integer, totus) envers la nature, c'est la dette d'un citoyen envers sa patrie, c'est une dette envers soi-même, car on se doit du bonheur ». [1])

Les écrits politiques et sociaux de Bonneville, comme, du reste ceux de Montaigne, de Rousseau et de bien d'autres encore, manquent de cohésion et de logique. Il jette ses pensées sans suite sur des feuilles volantes qu'il arrange ensuite tant bien que mal. Il invite le lecteur à un *repas frugal*, à *quelque brouet de la nature* et encore faudra-t-il que celui-ci le *digère* lui-même. Il existe, cependant, dans ce mélange des idées saines et vraiment utiles : mais il n'est pas facile de les démêler, d'autant plus que le style de Bonneville est aussi bigarré que ses écrits sont étranges. Sa manière est tantôt simple et naïve comme celle de l'écriture sainte, tantôt rude et sauvage comme le chant des anciens bardes. Il a l'emphase d'un prophète, l'accent d'un oracle. Rempli d'ardeur et de passion, son esprit s'exalte jusqu'à l'extravagance, et lui fait violer, surtout dans ses poésies, les règles du bon goût et parfois même du bon sens. Néanmoins, la verve, l'originalité, la bizarrerie même de ses compositions lyriques font leur principal mérite. Dans sa prose, Bonneville allie parfois la phrase mâle et sonore de Rousseau à la netteté et à la brièveté magistrale de Montesquieu, mais il a aussi un penchant pour *l'éloquence verbiageuse* des révolutionnaires. Il abuse de l'allégorie et des images exotiques, et l'on trouve déjà chez lui toutes les particularités qu'on remarquera plus tard dans les œuvres des romantiques. [2])

[1]) Cf. aussi *Chronique du Mois*, avril 1792.

[2]) Voir aussi le chapitre IX.

CHAPITRE VII.

NICOLAS DE BONNEVILLE ET LE THÉATRE ALLEMAND.

1. Sa place dans la littérature. — 2. *Le Nouveau Théâtre Allemand ; dissertation.* — 3. Traductions, Confrontations de textes, Imitations. — 4. *Le Nouveau Théâtre Allemand* en Angleterre et en Ecosse.

I.

Pour bien comprendre la place qu'occupe Bonneville dans la littérature française, il faut tenir compte du milieu — l'époque de la Révolution où il a vécu — et de la personnalité de l'homme, dont le lecteur a trouvé l'analyse dans les chapitres précédents. Nous ferons remarquer que, dans ces questions si subtiles d'influences directes ou réciproques, il convient d'apporter une attention soutenue et des scrupules toujours en éveil ; car il se trouve bien souvent que c'est l'époque surtout qui est propice à un certain développement, et que, tout prêt à se laisser diriger dans ce sens, l'écrivain trouve dans un milieu exotique des aliments propres à satisfaire son goût naissant.

Nous voyons déjà poindre en France, avec La Chaussée et Diderot, une tendance à « épier en soi et autour de soi les manifestations sentimentales », à étudier l'humanité, la nature, les rapports sociaux, à donner des tableaux de mœurs où éclatent les solides vertus et la douce sensibilité contemporaines.[1]) L'histoire de l'influence allemande dans le romantisme français nous révèle déjà une action double. L'Allemagne rend assez tardivement quelque chose à la France après lui avoir beaucoup pris. L'école de Gottsched est fondée sur une imitation du Théâtre Français ; Lessing a eu comme maîtres Voltaire et Diderot ; on est allé jusqu'à dire que ce dernier est « le véritable

---

[1]) Voir Lanson, *Histoire de la Littérature Française,* Ve partie, livre II, chap. III et aussi livre IV, chap. VII.

créateur du Théâtre Allemand », puisque Lessing lui emprunte ses théories et les sujets de ses drames : c'est Voltaire qui révèle Shakespeare à Lessing, Voltaire qui le traite plus tard de génie barbare et qui trouve qu'une traduction littérale de Shakespeare rend plutôt un mauvais service à ce « poète divin, homme de tous les temps », comme l'appelle Bonneville ; Wieland porte l'empreinte des idées et de l'esprit français : mais c'est ce « sérieux et sensible protestant » Jean-Jacques Rousseau [1]), père du romantisme, qui a peut-être laissé l'impression la plus profonde sur la pensée et sur l'esprit allemands. « Du *Discours sur l'Inégalité*, du *Contrat Social*, sont sortis *Les Brigands* (1780) et *Intrigue et Amour* de Schiller. Il favorise l'expansion de la littérature sentimentale, du lyrisme romanesque ou pittoresque. »

Vers la fin du XVIIIe siècle les Allemands pénètrent en France et l'on adapte ou traduit leurs drames. Le goût Louis XVI et la sensibilité allemande sont en parfaite harmonie et les Français trouvent dans la littérature allemande [2]) des aliments propres à satisfaire leurs aspirations nouvelles. Quand, au commencement du XIXe siècle, le romantisme attaque vigoureusement la forteresse du classicisme français, ses défenseurs se trouvent en quelque sorte affaiblis. C'est alors que ce mouvement commence à se dessiner d'une manière plus précise. Bien que son style soit encore classique, Mme de Staël, qui résume en elle tout le XVIIIe siècle, écrit son *Allemagne* [3]), où elle note soigneusement les tendances de l'époque. Elle reconnaît franchement l'existence de ce *romantisme* que l'on devinait mais que l'on cherchait presque à nier avant elle. Mme de Staël ne révèle rien de nouveau ; elle rappelle d'une façon toute personnelle, mais non pas inattendue, des choses déjà perçues mais oubliées pendant les troubles de la Révolution et de l'Empire. Pour elle [4]) « la littérature romantique est la seule qui soit susceptible d'être perfectionnée, parce qu'ayant ses racines dans notre propre sol, elle est la seule qui puisse croître et se vivifier de nouveau ». Elle combat les unités, recommande les sujets historiques, et approuve en quelque sorte le mélange du lyrisme et du drame. Dans son livre elle se rapporte souvent aux traductions

---

1) Pour Bonneville, disciple de Rousseau, voir aussi première partie de cette étude.

2) Voir ouvrages cités dans la bibliographie sous le nom des auteurs : F. Baldensperger, Ch. Joret, L. Reynaud, R. Rosières, Virgile Rossel, Joseph Texte.

3) *De l'Allemagne*, 1810.

4) *Chapitre XI.*

et aux imitations françaises et elle est redevable au recueil de Friedel et Bonneville de sa connaissance de certaines pièces. Cette collection se trouvait sûrement dans sa bibliothèque.

Sainte-Beuve écrivait en 1839 [1]) : « Savez-vous qu'on était fort en train de connaître l'Allemagne en France avant '89. Bonneville et d'autres vous en traduisaient le théâtre . . . . sans l'interruption de '89 on allait graduellement tout embrasser de l'Allemagne, depuis Hrosvitha [2]) jusqu'à Goethe ». L'influence allemande, de tendance romantique, c'est-à-dire en tant qu'elle émancipait la France de la tradition classique, s'exerça surtout au théâtre et d'une façon toute spéciale dans sa période de croissance antérieure à 1830.

Pour comprendre la naissance de ce mouvement, il faut remonter à 1750 ; il ne parvient à sa maturité que près d'un siècle plus tard. L'intérêt qu'on porte en France à cette littérature, se fait déjà sentir vers le milieu du XVIIIe siècle. Dans le *Mercure de France* de 1750, [3]) Grimm cherche à satisfaire la curiosité publique sur le caractère de la littérature allemande, mais il ne fait que citer quelques noms et quelques œuvres, car il ne trouve guère de grands génies à célébrer, ni d'auteurs dignes de figurer à côté de Boileau, Corneille, Racine et Voltaire. Mais « depuis trente ans l'Allemagne est devenue une volière de petits oiseaux qui n'attendent que la saison pour chanter ». Il croit cependant avoir établi *l'existence d'une littérature allemande* et espère qu'elle ne tardera pas à être bientôt à la mode en France. Il partagera alors les lauriers « avec le peuple de traducteurs, qui n'attend que le signal de la mode pour traduire tous nos mauvais ouvrages ».

On commençait à être las de la *sécheresse française*; plus tard Charles Nodier et son école se tourneront vers « cette merveilleuse Allemagne la dernière patrie des poésies et des croyances de l'occident, le berceau futur d'une forte société à venir, s'il en reste une société à faire en Europe » (1803).

Cette révolution dans le théâtre s'est faite presque simultanément avec la révolution politique qui remuait l'Europe. [4]) « Avant '89

---

[1]) *Portraits littéraires*, éd. 1846, t. II, p. 365.

[2]) Voir *Hrosvitha* de M. Magnin.

[3]) *Mercure de France*, oct. 1750, févr. 1751, sept., déc. 1752, févr., mars, avril 1753. Voir aussi une autre série d'articles probablement de Grimm : *Lettres d'un Prussien à M. l'Abbé Raynal sur la littérature allemande*
Cf. L. Reynaud.

[4]) Sainte-Beuve, *Portraits littéraires*, vol. I, pp. 454-5.

il y avait en France un très réel commencement de romantisme, une veine assez grossissante dont on est tout surpris à l'examiner de près : les drames de Diderot, de Mercier, les traductions et les préfaces de Letourneur, celles de Bonneville. »

Bonneville fut ainsi un des premiers à *crier famine* et à *se poser en mendiant glorieux*: c'est à lui que revient presque le droit de l'invention. Il fut un des premiers à mettre la tragédie romantique des Allemands à la mode, chose qui précède immédiatement le mélodrame.

Comme le dit Nodier [1]) : « S'il s'était trouvé un homme de génie qui eût le courage de braver l'opposition de la critique, d'ambitionner la première palme dans une nouvelle carrière, d'évoquer cette muse mâle et terrible de Schiller *et* de Goethe, dont Mme de Staël révèle si éloquemment les mystères, savez-vous où serait votre second théâtre français ? Il serait peut-être au boulevard. Le mot peut sembler hardi, mais l'idée est vraie. »

---

[1]) *Journal des Débats*, 8 nov. 1818.

II.

Nouveau Théâtre Allemand de Friedel et Bonneville, 12 vol. in 8°, 1782-85. Un volume paraissant tous les trois mois.

Bonneville était encore tout jeune quand il se mit à collaborer à l'œuvre de Friedel. Son nom n'est associé à celui de Friedel sur le frontispice qu'à partir du septième volume, mais il y avait déjà travaillé depuis le deuxième. Dans son *Choix de Petits Romans imités de l'allemand* [1]) Bonneville fait l'analyse de ce recueil de théâtre et nous dit lui-même : « A l'exception des quatre derniers actes de *Clavigo*, que j'ai traduits, je n'ai aucune part à ces deux premiers volumes ; j'ai traduit toutes les autres pièces *sur le texte allemand* et toujours aidé d'un mot à mot, parola per parola, par le Prof. Friedel. » Et encore dans la *Chronique du Mois* de février 1792 nous trouvons une notice pour le *Nouveau Théâtre Allemand, ou Choix des pièces dramatiques qui ont eu le plus de succès sur les Théâtres de l'Allemagne*, 12 vol. in 8°. P. S. « Cet ouvrage a été entrepris par Friedel ; les dix derniers volumes sont traduits par N. Bonneville. La collection de cet ouvrage est extrêmement rare. »

Nous verrons plus loin, dans notre étude de ce recueil de Bonneville en tant que traduction, que cette manière de collaborer se fait distinctement sentir. Tandis que les premiers volumes contiennent des tournures germaniques et des emplois de temps peu justifiés, les suivants sont peut-être trop libres et s'écartent souvent du texte pour ne pas effaroucher les lecteurs français ; les derniers volumes sont plus soigneusement travaillés et contiennent en notes marginales des explications et des traductions littérales.

Cependant dès 1772 avaient paru deux volumes du Théâtre Allemand de Juncker et Liebaut, publication qui était passée presque inaperçue, quand en 1785 ils publièrent une seconde édition en y ajoutant deux tomes. En tête, un avertissement rappelle que les auteurs sont les initiateurs et premiers traducteurs. « C'est apparemment le succès de notre recueil qui a fait naître chez d'autres l'idée de traduire aussi des pièces allemandes, même de celles dont nous avions donné la traduction. Ces nouveaux traducteurs avaient sans doute leurs raisons pour garder un profond silence sur l'existence de notre théâtre

1) pp. 58 et suite.

et de la dissertation historique et critique dont il est précédé. » Dans la notice en tête du douzième volume, Friedel et Bonneville reconnaissent l'existence de ce recueil ainsi que des traductions de la *Mort d'Adam*, des *Six Plats*, et du *Bon Fils.* [1])

Dans leur *Dissertation sur l'origine, les progrès et l'Etat actuel de la poésie théâtrale en Allemagne,* Juncker et Liebaut divisaient l'histoire de la littérature allemande en trois périodes. La première époque commence aux temps anciens avec les bardes, suivis des Minnesänger, qu'ils comparent aux Troubadours, et après avoir parlé des Jeux de Carnaval, finit par Hans Sachs, sur lequel ils s'étendent un peu. La seconde période est celle d'Opitz (1625), père de la poésie allemande, et peut-être de la poésie dramatique en particulier. Elle s'étend jusqu'en 1730 où Gottsched entreprend de réformer le Théâtre Allemand. Dans la troisième période l'Allemagne s'efforce de sortir de sa barbarie et, travaillant sur la littérature de ses voisins, se crée une littérature nationale.

Dans leurs traductions, Friedel et Bonneville prétendent rester fidèles aux textes allemands pour que les Français connaissent ce que ce théâtre a de bon et de mauvais. Leur première intention avait été cependant d'ajuster les pièces allemandes au goût français plutôt que de les traduire fidèlement.

En tête de l'œuvre de Friedel et Bonneville paraît une *Histoire abrégée du Théâtre Allemand.* Les auteurs nous donnent une idée générale de sa marche et des difficultés qu'ils ont dû combattre ; ils nous signalent le manque de centralisation en Allemagne et le grand nombre de dialectes, ce qui nuit à la création d'une littérature homogène. [2]) Dans les commencements, les savants allemands écrivaient en latin et leur langue maternelle n'était guère cultivée. La grande masse de la nation préfère les spectacles forains et grossiers. Les premières pièces allemandes furent *Les jeux de Carnaval,* ce qui correspondrait aux pièces [3]) des Troubadours en France : il y avait évi-

---

[1]) Voir aussi *Choix de Petits Romans imités de l'allemand,* pp. 62-3, où Bonneville reconnaît encore ces traductions antérieures.

« En comparant ces traductions dans les morceaux sublimes et pour la vérité du dialogue, on pourra juger si nous avons cherché à profiter des traductions faites avant les nôtres. » *Nouveau Théâtre Allemand,* vol. XII, notice p. 3.

[2]) Cf. Mme de Staël, *De l'Allemagne,* p. 119 et suite.

[3]) Liebaut relève cette erreur dans son *Avertissement.* « Quant à la nature des « Jeux de Carnaval » qui nous ont paru avoir du rapport aux Mystères. Ces littérateurs assurent qu'ils répondent aux pièces des Troubadours, qui, selon nous, cultivaient tout un autre genre et avaient pour contemporains en Allemagne les Minnesänger. »

demment déguisement — voir Hans Rosenbluth (1430) qui fit des satires sur tous les Etats, le Pape, les Evêques. Le XVIe siècle donne Hans Sachs, mais chez lui il y a un plan et une conduite d'une absurdité révoltante ; cependant les caractères sont décidés et bien soutenus : c'est lui qui, le premier, distingue nettement la comédie de la tragédie. Le XVIe siècle produit des traductions de l'espagnol, du flamand, de l'italien. Exemple : une traduction du *Cid* en 1630.

En 1669, les étudiants de Leipzig jouent la tragédie de *Polyeucte* et c'est cette représentation qui inspire à Veltheim l'idée d'une troupe régulière. On doit à ce directeur les premières traductions de Molière, qu'il fit faire pour son théâtre. 1708 voit l'introduction de l'Arlequin des Italiens. En 1728 Gottsched, « homme de beaucoup d'érudition mais sans génie, vain et pédant, ouvre la route à l'amélioration de la langue ». L'année 1739 donne un vrai génie de poésie tragique en la personne de Jean-Elie Schlegel. Ici viennent se placer quelques anecdotes sur les grands interprètes du théâtre. C'est ainsi que les auteurs nous parlent surtout de Mme Neubert, excellente actrice, qui mourut néanmoins dans la misère dans un petit village des environs de Dresde; ils font ressortir les qualités de simplicité, de douceur et de bonté de l'aimable Gellert, malgré son génie plutôt inférieur. Ensuite ils reprennent l'historique du théâtre avec Lessing, la gloire du théâtre allemand. En 1752, c'est l'éclosion de l'opéra comique avec Koch à la tête. Cette année voit aussi *Miss Sara Sampson* de Lessing, une des meilleures pièces du théâtre allemand. Pendant les quatre ou cinq années tourmentées qui suivent, le théâtre ne trouve d'asile que dans la ville de Hambourg. Les commerçants de cette ville se réunissent et établissent un théâtre ; ils appellent Lessing à leur aide pour faire une école dramatique, mais celui-ci se contente de faire la critique théâtrale. Lessing désire mettre fin à cette mode d'imiter les étrangers et donne plutôt les anciens comme modèles. Un mot de critique sur Weisse dont Friedel et Bonneville admirent le génie. Selon ces auteurs, Weisse donne des situations fortes, des scènes bien conduites, des caractères dessinés avec précision, des portraits justes de mœurs allemandes. Il possède en plus une connaissance parfaite du monde et du théâtre. Les suivants sont parmi ceux qui ont travaillé pour le théâtre — Brandes, Gotter, Goethe, Lessing, Reichard, Weisse, Wieland, et aussi Bertuch, Boch, Engel, Gebler, Leisewitz et Wezel.

Quant à cette littérature allemande sur laquelle la France n'avait encore que des idées vagues et peut-être désavantageuses, les auteurs du *Nouveau Théâtre Allemand* trouvaient leur rôle d'autant plus précieux et nécessaire que ce n'est que d'après le théâtre d'une nation que l'on peut parfaitement juger de son ton, de ses mœurs et de son caractère. Selon eux, le théâtre allemand tient le milieu entre celui des Français et des Anglais ; il tient au premier par l'observation des unités ; il se rapproche de l'autre par la touche mâle et hardie avec laquelle les caractères sont dessinés et par l'expression énergique des passions. Il y a des actions fortes, des tableaux terribles, avec des détails plus circonstanciés. L'intérêt devient plus vif s'il y a plus d'action et le rôle des confidents se trouve, sinon supprimé, du moins réduit au minimum.

Friedel et Bonneville semblent emprunter quelques-unes de ces idées à Christian-Felix Weisse, un de leurs auteurs préférés. Celui-ci, dans la préface de sa *Contribution au Théâtre Allemand* [1]), fait remarquer que l'on commençait à opposer l'Angleterre à la France. Weisse conseille de ne s'en tenir exclusivement ni à l'un ni à l'autre, mais de prendre une voie intermédiaire en apprenant des Français l'art de la composition et des Anglais les grands effets tragiques. Friedel et Bonneville considèrent que l'Allemand veut faire connaître à fond les héros dont les malheurs et les vertus intéressent, le mobile de ses grandes actions, la cause de ses malheurs, la conduite de ses sentiments. Pour cet effet il demande à lire dans son cœur, il suit de l'œil la marche de ses passions et ne dédaigne point de s'attacher aux moindres traits s'ils peuvent l'éclaircir.

Comparez Mme de Staël qui considère le drame comme « une espèce de contrebande de l'art », qui n'aurait qu'un avantage, celui de peindre les situations de notre propre vie, les mœurs du temps où nous vivons. Elle trouve que cette imitation trop servile ou trop proche du vrai, nuit plutôt à l'art. « Le drame est à la tragédie, ce que les figures de cire sont aux statues : il y a trop de vérité, et pas assez d'art.

A part la curiosité naissante pour le théâtre allemand, Friedel et Bonneville avaient un motif tout spécial pour s'occuper de la publication de leur recueil. Au mois de juin de 1781 l'abbé Maydieu avait

---

[1]) *Beitrag zum Deutschen Theater*, 1759-68.

Cf. ce que dit Klinger dans une préface qui date de 1785 : « On a beaucoup blâmé les productions sauvages qui ont envahi la littérature et surtout le théâtre. Mais il est certain que nous avons dû passer, nous autres Allemands, par des caricatures, avant de pouvoir dire : Ceci, et non autre chose, est conforme à notre manière. Rien ne mûrit sans fermentation. Les règles étroites et les tirades glacées du théâtre français sont insuffisantes pour notre nature plus forte et plus rude. D'un autre côté nous n'avons pas l'humeur assez capricieuse pour nous accommoder des bonds fantastiques du génie anglais. Si nous nous sommes tant démenés jusqu'ici c'est uniquement pour savoir quelle est au juste la forme qui nous convient. »

publié une traduction française de l'*Edouard Montrose* afin de démontrer à ses compatriotes l'infériorité de l'art allemand, ou plutôt de prouver combien peu de progrès les Allemands avaient fait dans l'art dramatique. Friedel prit aussitôt les armes et répondit à cette attaque dans le *Journal de Paris*, lundi 27 août 1781. Il fit ressortir dans cette lettre combien il était injuste de juger de toute une nation d'après une pièce reconnue mauvaise et presque entièrement oubliée. Il avoue que le théâtre allemand a été longtemps reconnu comme une des branches les plus faibles de leur littérature, mais il affirme que ses compatriotes ont fait d'énormes progrès et n'ont plus lieu d'avoir honte de leur théâtre.

Malgré la nouveauté des idées exprimées dans la *Dissertation* elle donna lieu de la part de la critique, à des réflexions sensées, ce qui ne laisse pas de nous étonner un peu, vu que les échanges intellectuels entre la France et l'Allemagne s'étaient bornés jusqu'alors à de très vagues aperçus.

Le *Journal de Paris*, dans un article du 16 avril 1782, trouve que le *Nouveau Théâtre Allemand* rendait un vrai service, tant à la littérature française qu'à la littérature allemande. C'était là un effort propre à donner à l'esprit de nouvelles forces et à l'élever au-dessus des préjugés nationaux. Le *Mercure de France* du 4 mai 1782 pense « qu'on ne pouvait choisir une époque plus favorable, et qu'une pareille entreprise mérite d'être encouragée. Voici sans doute le plus beau moment qu'aient eu les Muses-Germaniques. Une telle importation ne peut qu'être utile à la littérature française. . . . .
. . . . .. Il faut nous méfier de nous-mêmes en jugeant un ouvrage étranger, ne pas prendre la voix du préjugé pour celle de la raison et l'impression de l'habitude pour les inspirations de goût. »

Avec quelques réserves, l'*Année Littéraire* est également encourageante pour la tentative de Friedel, ainsi que le *Journal Encyclopédique* (août 1782). Ils semblent trouver que dans ce cas l'hospitalité fait la fortune de celui qui la reçoit, mais ils constatent en même temps une infériorité marquée chez leurs voisins. « Sans chercher à déprimer le talent des muses allemandes, nous ne croyons pas que l'art dramatique soit assez perfectionné chez cette nation pour qu'elle puisse nous offrir des modèles de goût ; mais on ne peut se dissimuler que plusieurs de ses auteurs se sont réellement distingués dans plus d'un genre ; qu'on trouve dans leurs ouvrages l'observation quelquefois minutieuse, mais presque toujours vraie de la nature et qu'en un mot on peut les lire, non seulement avec plaisir, mais avec fruit.»

Relevons en passant le mot *nature* dans cette dernière phrase ; la *nature* embrasse évidemment le monde intérieur et extérieur. L'auteur doit connaître la société dans laquelle il vit ; il doit connaître le passé et le présent de l'humanité et surtout le jeu des passions et des intérêts. Voyez comment Werther parle de la nature : « Elle seule forme un grand artiste. Il y a beaucoup à dire en faveur des règles, à peu près ce qu'on dit à la louange de la société civile. Un homme qui se forme d'après les règles ne produira jamais rien d'absurde ni de mauvais, de même que celui qui s'est modelé sur les lois et les bienséances ne sera jamais un voisin insupportable ni un insigne scélérat. Mais, en revanche, toute règle étouffera, quoi qu'on en dise, le vrai sentiment de la nature et son expression fidèle. »

L'*Année Littéraire* [1]) cherche à trouver ce que cette Allemagne, qui avait été si longtemps regardée en Europe comme étrangère à l'élégance et à la grâce, apportait à la France. L'Europe avait longtemps associé à son nom de grosses compilations, des commentaires minutieux. Chez eux, dit le critique, la poésie pastorale — où la France avec son *esprit* avait échoué — avait reparu avec tous les charmes et toute la naïveté antiques. Du reste leurs mœurs les tiennent plus près que les Français de la nature et de cette même simplicité antique. C'est une suite de leur caractère sérieux et de leur vie simple et retirée, dispersés comme ils le sont dans de petites villes où règnent encore les coutumes et l'innocence : ils ne sont pas dépravés par le luxe et la frivolité. Les Allemands observent et méditent, et leur âme saine se pénètre de leurs pensées et les tourne en sentiments. Lorsqu'ils parlent de l'amour, de la vertu, de l'humanité, de la bienfaisance, nous sentons l'épanchement d'un cœur vraiment ému sans aucune nuance d'affectation. Ils sont continuellement portés par cette recherche de l'humanité pure vers les monuments vrais ou supposés des littératures primitives; la Bible, Homère, Ossian. Nous constatons ce désir de remonter à ce qui est primitif. « Auf die Urpoesie zurückzugehen und aus dem unmittelbaren Zusammenhang mit der Natur eine neue menschliche Gesellschaft zu schaffen. » [2])

Quant au théâtre, l'*Année littéraire* le compare aux tragédies grecques : s'il pense à l'époque du bas hellénisme, il a peut-être raison. Le critique trouve dans le théâtre allemand, beaucoup de *spectacle*, du mouvement, une intrigue d'un grand pathétique, avec de la chaleur dans les sentiments, des caractères peut-être peu nobles, mais au moins

---

[1]) *Année Littéraire* 1782, I, lettre XII.

[2]) Biese, *Deutsche Literaturgeschichte*, München 1910-11.

naturels et vrais; sur la scène, des hommes avec toute leur complexité de caractère, et non pas des vertus ou des vices personnifiés;[1]) des tableaux souvent naïfs, mais les plus familiers de la simple nature, et encore un mélange du tragique et du comique. Poussés par leur esprit philosophique, les Allemands insèrent fréquemment dans leurs tragédies de longs plaidoyers qui font languir le dialogue.[2]) Trop souvent déclamatoires, ils laissent échapper à leurs personnages, même au moment de la plus grande passion, des réflexions naïves qui nuisent à l'effet. L'intérêt est refroidi par des détails trop minutieux. Le drame allemand manquerait donc de perspective.

Voilà ce que semblait être le théâtre allemand pour les Français du temps de Bonneville : un grand naturel et une simplicité naïve dans le dialogue, une vérité frappante des personnages avec toute la complexité de leur *moi*, du spectacle, du mouvement, du pathétique, de la *sensibilité* ; avec cela, un manque de pompe, de dignité, et souvent de délicatesse. C'était surtout de l'émotion et du sentiment que l'on demandait et que l'Allemagne fournissait abondamment.

Mais tous ces critiques de 1782 à 1790 ne jugeaient du théâtre allemand que d'après les traductions françaises. Ils le voyaient à travers un verre déformant et, à cause de leur ignorance complète de la langue allemande, il leur était absolument impossible de faire la part du traducteur, surtout quand ils se mêlaient de discuter le style « *trop ampoulé* », « *trop fleuri*», « *trop riche* », etc.

---

[1]) Cf. Baldensperger, *Goethe en France:* « Nous préférons, semble-t-il, les héros qui, munis dès l'origine d'un caractère et d'une psychologie donnés, agissent conformément à ces tendances, alors que les Allemands trouvent plaisir à voir évoluer devant eux un personnage en quête de sa vraie individualité et qui se met en route, à travers la vie, à la recherche de son moi définitif et de sa vocation véritable. » Chap. *France et Allemagne.*

[2]) Travers auquel n'échappe pas Victor Hugo, ce grand champion de l'école romantique !

III.

Les premiers volumes du *Nouveau Théâtre Allemand* parurent à partir de janvier 1782 et l'innovation semble avoir excité la curiosité de tout le monde littéraire de Paris et de la Province. A côté des critiques plutôt encourageantes citées plus haut, il y en eut aussi de peu favorables. Grimm écrivait dans sa *Correspondance Littéraire* : [1]) « Il n'a paru encore que deux volumes de ce Nouveau Théâtre et ces deux volumes n'ont pas fait une grande fortune. Les pièces que M. Friedel nous a fait connaître jusqu'ici offrent sans doute, même à travers *les défauts d'une traduction peu soignée*, des beautés de détails, des scènes originales, des traits de nature, et de sensibilité ; mais on trouve qu'elles réunissent trop souvent l'exagération et l'insipidité de nos drames modernes avec les irrégularités monstrueuses de la scène anglaise. On a essayé de donner *Le Page* sur le *Théâtre des Grands Danseurs du Roi* ; quoique la pièce n'ait pas obtenu un succès bien merveilleux, les comédiens français ont jugé que l'ouvrage n'était pas du ressort de la Foire et en conséquence ils ont obtenu l'ordre d'en faire arrêter les représentations ; la pièce n'a été jouée que deux fois. »

Le Page fut un des premiers essais de Friedel dans cette direction. La pièce avait paru au mois de septembre 1781 en même temps qu'une autre traduction d'un auteur anonyme J. H. E. (Paris). L'intérêt de la comédie semble avoir été également conservé dans les deux versions. Le dialogue de Friedel est cependant plus naturel et plus facile et les expressions et tournures de phrases sont moins triviales. [2]) Friedel semble avoir voulu ajuster la pièce au goût français ; l'auteur anonyme a conservé tout ce que la pièce contient d'insupportable pour des lecteurs peu accoutumés à ce nouveau genre.

Les collaborateurs du *Nouveau Théâtre Allemand* prétendent être restés « scrupuleusement fidèles » aux textes originaux, « autant qu'on pouvait l'être dans une langue du nord, dont la discordante harmonie annonce les orages des grandes passions. »

La première pièce que nous trouvons dans ce recueil c'est l'*Emilia Galotti* de Lessing. Friedel avait vu dans cette tragédie une certaine vérité, une force de caractère soutenues jusque dans les moindres situations, une marche rapide et animée de l'intérêt : il regrette de n'avoir pas pu faire passer dans la traduction « cette brièveté, cette énergie particulière à la langue allemande, qui est une des grandes

---

[1]) Grimm, *Correspondance Littéraire*, sept. 1782, A. B., p. 190.

[2]) Pour une critique de ces deux traductions voir *Journal de Paris*, 1er sept. 1781.

beautés de cette pièce ». En effet, il est trop porté à expliquer la situation, à amplifier plutôt qu'à donner une traduction fidèle et à laisser parler ses personnages. Ce qui fait que tous les personnages semblent parler à peu près le même langage. Cette pièce, dont le dialogue est précisément subtile et le style presque froid par raison de sa précision, devient quelconque dans le langage fleuri de l'époque. Le parler de Marinelli, ce courtisan souple et dénué de scrupules, ne diffère pas beaucoup dans la version française de celui de Gonzaga, ce Prince spirituel et frivole, esclave de ses caprices. Le traducteur semble avoir été plus heureux dans les passages de jalousie et de délire de la Comtesse Orsina, de cette maîtresse délaissée, brûlée de jalousie et de désir de vengeance.

Friedel a le malheur d'employer trop souvent le passé défini où le passé composé serait de rigueur. On pourrait signaler en passant certaines fautes qui se répètent et qu'on aurait peine à attribuer à l'imprimeur. Exemple : la deuxième personne du singulier de l'impératif des verbes en « er » qu'il termine par une « s » ; « énigme » qui paraît au masculin [1]) (IV. 2) : « Vous désirez *de* voir votre fille » (V. 5).

A force d'accumuler les attributs ou d'employer les mêmes adjectifs trop souvent, il fait perdre à la phrase sa vigueur mâle et hardie.

L'Année Littéraire [2]) ne voit dans cette tragédie qu'un « Prince amoureux d'une petite fille dont il veut faire sa maîtresse, un bas courtisan, qui se charge de faire réussir cette intrigue », et le critique trouve que ce ne sont pas des personnages dignes du théâtre de Melpomène. « L'amour illégitime est banni de la scène à moins que cet amour ne soit une passion violente ; or, l'amour du Prince est bien faible puisqu'il ne l'emporte pas sur la politique. » La tragédie admet la peinture des grands crimes mais rejette absolument le tableau du vice et de la débauche. Du reste, l'Allemagne semble toujours avoir le même tort : celui d'avoir comme système de « mettre en contraste la nature vulgaire avec la nature héroïque ».

Pour la publication de sa seconde pièce, Friedel eut des difficultés avec la censure [3]) et il se vit obligé de remplacer par des anagrammes les noms des personnages ; Beaumarchais devient Ronac ; Guilbert,

---

[1]) Nota: Enigme — masc. au XVIe siècle (neutre en grec), encore masc. dans Massillon, féminin depuis.

[2]) 1782, I., lettre XII.

[3]) Voir Lintilhac, *Beaumarchais et ses Œuvres*, Paris, 1887, p. 371. Lettres de Blin de St. More du 1er, du 24 et du 26 oct. 1781.

Ilberto. Cela n'empêche pas Friedel et Bonneville [1]) d'expliquer dans leur préface que le sujet de la tragédie est tiré des *Mémoires de Caron de Beaumarchais* et qu'à l'exception du caractère de Carlos, « le Lovelace des Espagnols », l'auteur allemand a fidèlement suivi les mémoires, jusqu'au dénouement de l'intrigue qui est entièrement de son invention. Ce qu'ils admirent dans la pièce c'est le détail pittoresque, l'accent dramatique, la passion généreuse et sympathique qui anime tout le récit. Leur version a cependant un grave défaut : elle manque d'homogénéité. Le premier acte est traduit par Friedel, l'entrevue au second acte entre Beaumarchais et Clavigo est textuellement copiée des *Mémoires* ; le reste a été travaillé par Bonneville sur un mot à mot de Friedel. Dans cette dernière partie il y a des tournures assez réussies et bien dans l'esprit de la pièce, mais elles ont une tendance à expliquer le texte plutôt qu'à en donner une traduction. [2]) D'un autre côté les traducteurs essayent d'épargner les sentiments de leurs lecteurs français en omettant entièrement certains passages où abondent des expressions trop fortes ; [2]) néanmoins ils s'attardent à plaisir sur les accès de rage de Ronac et prolongent les tirades de ce grand phraseur.

Louis Morel [3]) trouve que c'est précisément Friedel qu'il faut rendre « responsable de ces images de mauvais goût où la note est forcée en vue de l'effet ». La pièce de Goethe est déjà suffisamment déclamative avec son absurde étalage de personnalité. On voit poindre un précurseur du romantisme avec son « hypertrophie du moi » et toutes les faiblesses de l'école.

Bientôt après, Marsollier de Vivetières [4]) faisait jouer à Lyon [5]), au bénéfice des pauvres nourrices, une adaptation romantique [6]) de la pièce de Goethe. Il en avait fait une comédie en trois actes, qui fut donnée avec assez de succès sur ce théâtre de Province. Il avait conservé les circonstances essentielles du fait historique et offrait comme

---

[1]) Il est impossible de savoir si l'on doit attribuer ces préfaces à Friedel et à Bonneville collectivement ou à l'un d'eux seulement.

[2]) Voir Appendice « B » I.

Pour une critique contemporaine voir le *Journal Encyclopédique*, août 1782.

[3]) Louis Morel, *Clavigo en France*, Paris 1904.

[4]) Marsollier de Vivetières (Benoit-Joseph) né à Paris 1750. Issu d'une famille de magistrats ; son goût pour le théâtre se déclare de bonne heure ; il avait l'art d'allier des situations touchantes à des scènes comiques. 1786 *Mina ou la Folle par Amour* ; 1789 *Les deux petits Savoyards* ; 1772 *Richard et Sara*, *Le Trompeur Trompé*.

[5]) Voir *Journal de Lyon*, 2 et 6 mars 1785.

[6]) *Œuvres Choisies de Marsollier* (par la Comtesse d'Hautpoul), Paris 1825, vol. III.

dénouement la punition de Javolci, dénouement conforme aux principaux caractères. L'exposition est habile et prise aux maîtres du XVIIIe siècle. Beaumarchais ne paraît pas tout d'abord mais sa présence semble remplir toute la scène et l'on est déjà familiarisé avec ce personnage avant même de l'avoir vu. La pièce finit à la grande satisfaction de tout le monde. « Clavigo conservera sa place ; les calomniateurs seront punis ; point de grâce pour le vice et la méchanceté ; mais indulgence et pardon pour l'erreur, quand elle est accompagnée d'un sincère repentir. » Remarquons en passant la libéralité avec laquelle Marsollier sème les mots *sensible* et *sensibilité* par toute la comédie.

Cubières-Palmézeaux, ami de Bonneville, que celui-ci rencontrait dans certains salons de Paris, donna également (en 1806) un *Clavigo ou Jeunesse de Beaumarchais*, drame en trois actes et en prose. Dans sa préface il signale la traduction de Friedel et Bonneville et se plaint amèrement de l'effronterie d'un anonyme, auteur d'un *Beaumarchais en Espagne,* pièce qui ne serait qu'un vil plagiat de la tragédie de Goethe, peut-être connue par la version du *Nouveau Théâtre Allemand.* (Palmézeaux fait allusion au *Beaumarchais en Espagne,* drame inédit de René Périn. Pour un compte-rendu de cette pièce voir *Courriers des spectacles,* 8 germinal an XIII).

Selon Palmézeaux, ce René Périn n'aurait fait du drame lugubre de Goethe qu'un drame encore plus lugubre. Il semble *avoir voulu nous accabler de souffrances* à l'exemple de l'auteur de Werther.

Cubières-Palmézeaux prétend avoir beaucoup connu Beaumarchais et fait son éloge comme homme. C'était un bon père, un bon époux, un excellent ami et un citoyen sans reproche. Dans son *Clavigo,* Palmézeaux espère avoir peint Beaumarchais tel qu'il devait être. Le drame de Goethe ne lui a guère servi ; il a préféré suivre les *Mémoires* de son ami. Il trouve la pièce de Goethe lourde, pesante, diffuse, lugubre et invraisemblable, et préfère suivre les fragments de Beaumarchais qui sont au contraire étincelants d'esprit, de vivacité, et d'excellentes plaisanteries. C'est précisément cette gaieté aimable, cette malice spirituelle, cette franche générosité, qu'il cherche à faire passer dans sa pièce.

La scène entre Beaumarchais et Clavigo, quoique tirée des *Mémoires,* contient certaines différences. Beaumarchais persifle Clavigo et se montre même taquin. Il y a un personnage de l'invention de Palmézeaux, c'est Sidonio, le traître, qui forme contre les Français une trame secrète et qui cherche à succéder à Clavigo dans les bonnes grâces de Maria. Clavigo est faible de caractère mais honnête et *sen-*

sible ; il est mal conseillé. Le drame finit par un double duel. Ilberto tue le traître Sidonio. Beaumarchais blesse légèrement Clavigo et lui pardonne l'offense à sa sœur. L'ordre d'exil contre Beaumarchais est révoqué et l'on se hâte de préparer la noce.

En mars 1831, Léon Halévy donna à la Porte Saint-Martin une utilisation romantique du drame de Goethe, à savoir *Beaumarchais à Madrid*, drame en trois actes et en cinq parties. [1]) Dans les premiers actes il suit de très près l'original allemand, mais à partir du troisième acte, il s'écarte du texte et le reste serait entièrement de sa plume. Au troisième acte Carlos donne un narcotique à Clavigo pour l'empêcher d'aller au rendez-vous que Beaumarchais lui a donné. Carlos est presque tué devant les yeux des spectateurs, car les combattants se trouvent dans un pavillon au fond et donnant sur le jardin qui occupe la scène. L'acte suivant nous montre une chambre à coucher ; au fond est une alcôve entièrement fermée par des rideaux. « Un témoin, s'écrie Beaumarchais, tu veux un témoin. Eh bien, le voilà ! (Il ouvre les rideaux du lit, Marie apparaît couchée, vêtue de blanc, les mains jointes, une couronne de fleurs blanches dans les cheveux) ». A cette vue, Clavigo tourne son épée contre lui-même. Nous sommes déjà en plein romantisme. [2])

Au deuxième volume [3]) du *Nouveau Théâtre Allemand* le français devient déjà moins lourd, plus dégagé, plus naturel. La version offre tous les avantages d'une traduction fidèle sans avoir les désavantages des tournures germaniques. Du reste, Friedel a trouvé chez Leisewitz une âme sœur et des tendances analogues. Il y a chez l'auteur allemand quelque chose de Shakespeare, et l'on y voit un écrivain prêt à lâcher l'ancienne école pour la nouvelle et qui respire librement ce souffle de *sensibilité* ; on sent aussi chez lui ce « *Rousseausche Stimmung* ». Dans sa traduction il retient toute la vigueur et toute la force de ce précurseur des *Räuber* et le cri de Jules de Tarente ne nous étonne nullement : [4]) « Le monde est ma patrie, tous les hommes ne sont qu'un peuple, uni par un langage universel ; les soupirs et les larmes ! J'entendrai même le Hottentot malheureux et je ne serai pas sourd, je l'espère, quand je serai loin de Tarente. »

Il y a évidemment encore des périphrases, des passages où le sens

---

[1]) Cf. *Débats*, 26 mars 1831.
Revue Encyclopédique, mars 1831, p. 759.

[2]) Narcotique, mort sur la scène, cadavre, etc.

[3]) Pour une critique contemporaine voir *Journal de Paris*, 17 sept. 1782.

[4]) *Jules de Tarente*, II. 5.

est traduit plutôt que les mots, où les pensées importantes sont doublement rendues pour attirer l'attention du lecteur sur une idée nouvelle ; mais à tout prendre la version est bonne et en harmonie avec le texte primitif.

Le Comte d'Olsbach, ou la probité récompensée [1]) de J.-C. Brandes est traduit avec tout autant de soin. Dans le second acte le traducteur s'est permis cependant une version plus libre et moins serrée.

Le mot *sensibilité* [2]) revient dans tout ce volume d'une façon tout à fait exagérée et presque énervante. Il semble représenter à lui seul toutes les émotions, tous les sentiments d'humanité et de compassion. [3])

C'est à partir du troisième volume que Bonneville devient le seul traducteur, travaillant sur un mot à mot de son collaborateur Friedel.[4]) Bonneville a su faire passer dans sa version d'*Atrée et Thyeste*, première pièce de ce tome, le caractère vif et énergique du dialogue, et a fourni à ses lecteurs une tragédie qui les remplissait de terreur. Le *Mercure de France* [5]) y voit « de la verve, de l'énergie, et des idées ; mais trop souvent de l'exagération et de la recherche dans le style et dans les sentiments ; comme lorsqu'Atrée dit à la Reine: « Le souffle de Thyeste, quand même il serait trop faible pour élever la poussière, est un ouragan qui peut entraîner mon trône »; et encore dans le monologue de la reine, « toutes les horreurs funèbres de la nuit, dont les ailes sont enlacées de toiles d'araignées, planent toutes noires sur ma tête. »

Le Voilà Pris, de Wezel, est une comédie amusante mais trop longue de moitié. L'auteur comique doit faire de l'ennui même un amusement. Trop souvent la charge remplace le comique et frise le mauvais goût. Wezel, ayant appris que Friedel et Bonneville s'occu-

---

[1]) Voir *Journal de Paris*, 17. sept. 1782.

[2]) Cf. Albert Sorel, *Mme de Staël*, chap. *De la Littérature*.

« Au temps de Mme de Staël « sensible » s'épanouissait encore. Elle l'emploie à tout usage, au sens propre, qui pourtant fait sourire : « être le premier objet d'un homme sensible », puis dans tous les abus du jargon : « son éloquence — sensible comme son cœur », « un air (de musique) à la fois vif et sensible » et cela dans une traduction de l'anglais, pour rendre le mot *sweet*, suave, qui était juste et bien à sa place. »

[3]) Voir Appendice « B » II.

[4]) Cependant Bonneville « n'était pas maître du choix des pièces » et ne travaillait pas à ses heures.

Voir *Choix de Petits Romans imités de l'allemand*, p. 57.

[5]) Oct. 1782.

paient de sa pièce, leur envoya des corrections à faire, ce qui explique pourquoi la version française ne correspond pas entièrement à la première édition de la comédie allemande, même avant la publication de la seconde édition. Bonneville considère que Wezel a beaucoup d'originalité, d'invention, d'esprit, de philosophie et de connaissance du cœur humain, qu'il joint les grâces d'un dialogue plein d'esprit au mérite d'un style pur et élégant. Allant au-devant de la critique, il reproche à son auteur « d'épuiser un peu trop son sujet et de trop charger les scènes du bas comique ». [1])

La dernière pièce de ce troisième volume est un drame d'une certaine importance, la *Stella* de Goethe, où une femme légitime délaissée et une jeune fille séduite consentent à partager les affections du héros. « *Est-il rien qui vaille mieux pour un homme que sa liberté* ? » Cette pièce n'a point suscité d'imitation romantique directe, mais, comme nous le verrons, elle a été retraduite par Cabanis et adaptée par Dubuisson et paraît dans la plupart des recueils de chefs-d'œuvre des Théâtres Etrangers postérieurs à 1820.

Bonneville, fidèle au sous-titre de Goethe,[2]) intitule la pièce, *drame pour les âmes aimantes*, et, en effet, elle est remplie de sensibilité. Dans tout ce qu'elle dit, dans tout ce qu'elle fait, Stella respire la plus tendre passion ; elle est l'expression de l'amour heureux. Mais le rigorisme de la scène française aurait de la peine à admettre le ton de certains passages et n'aurait jamais admis le dénouement. Du reste, Goethe le sentit lui-même et, dans l'édition de 1815, il remania sensiblement son drame et fit mourir Stella pour laisser plus de vraisemblance au dénouement. Il porte aussi une empreinte plus morale.

Goethe allait remanier la scène du fermier-intendant (III. 1.) pour l'édition de 1787; il devait y modérer le comique exagéré de ce personnage et en faire un homme naturellement loyal et franc. Inutile de faire remarquer que c'est forcément sur la première édition que Bonneville avait travaillé.

Comme le fait remarquer Ch. de Rémusat, l'ouvrage n'est pas tout à fait du genre romantique ; il est du genre *romanesque*. En raison des *conversations déclamatoires*, des fortes expressions de passion, de la situation bizarre, la traduction a besoin de certains agréments de style pour ne pas en rendre la lecture rebutante. C'est pourquoi Bonneville cherche souvent à échapper à une certaine rudesse de langage et d'expression.

---

[1]) Voir *Mercure de France*, oct. 1782.

[2]) *Schauspiel für Liebende.*

Pour les petits détails de traduction, nous aurions à signaler encore une fois ce que nous avons dit des volumes précédents.

Cette pièce, où les personnages parlent avec une affectation solennelle, même dans des moments d'émotions, est remplie de *rhétorique passionnée*. C'est donc une tâche assez ingrate que d'en entreprendre une traduction française. Cependant, quelques années plus tard (1797), Cabanis [1]) publia une traduction de *Stella*. Cette version est écrite avec grâce et facilité, mais elle est moins indépendante que celle de Bonneville, à l'exception de quelques tirades. Tandis que Cabanis suit le texte allemand de près, Bonneville cherche à fondre les périodes, à donner quelque chose de moins heurté, de plus courant. Tandis que Cabanis a plus de rudesse de langage, plus de fidélité au texte, Bonneville cherche à mieux analyser les émotions du cœur ou à exprimer ces vagues sentiments de détresse ou de douce mélancolie, si chers aux romantiques. [2])

Parfois Cabanis [3]) préfère à l'exactitude et à la fidélité une certaine liberté et élégance de tournure. On dirait que de temps à autre il a voulu faire preuve d'un plus grand talent d'exécution. C'est à ces moments qu'il surpasse Bonneville. [4])

A tout prendre, ce volume fut mieux accueilli par les journaux de l'époque. Le *Mercure de France* [5]) estime ce troisième volume *en total supérieur au précédent*. Il considère que le devoir d'un traducteur est de bien traduire et de bien choisir. Quant au choix, [6]) il y a des pièces qui entrent dans un recueil pareil pour leur propre mérite, d'autres par leur réputation. Dans ce dernier cas le traducteur a la

---

[1]) Rééditée dans *Choix de Traductions Allemandes* dans les *Chefs-d'œuvre de Théâtres Etrangers*, Ladvocat 1822, Paris : Gœthe, vol. II, 642.

[2]) Voir Appendice « B » III.

[3]) Pierre-Jean-Georges Cabanis (1757-1808), médecin, philosophe et littérateur distingué. Installé à Auteuil comme médecin, il fit la connaissance de la veuve d'Helvétius. Il a pu rencontrer Bonneville chez cette dame. Pendant les troubles de la Révolution Cabanis chercha, dans un travail littéraire, une distraction que la médecine ne lui offrait plus. 1797 *Mélanges de Littérature Allemande* in 8° Paris.

[4]) Ex. V. Fernando seul :

« Hier und hier ! Von einem Ende zum andern ! durchgedacht ! und wieder durchgedacht ! Und immer quälender ! immer schrecklicher ! »

CABANIS : « Je passe d'une impression à l'autre : que je cesse de sentir d'un côté, c'est toujours avec plus d'angoisse, c'est toujours avec plus d'effroi. »

BONNEVILLE : « Ici et ici : et j'y ai réfléchi ! C'est toujours plus cruel, toujours plus affreux ! »

[5]) 26 oct. 1782.

[6]) Voir page 93, note 4 de cette thèse.

main forcée par une sorte de respect « qui mérite sinon le suffrage, au moins la tolérance des connaisseurs ». Quant à la traduction même, il n'en dit absolument rien. Pour *Stella* le critique crut qu'un tel sujet n'aurait jamais été admis sur la scène française.

L'*Esprit des Journaux*, [1]) ne manque pas de remarquer le sous-titre que Goethe avait donné à la pièce *Drame pour les âmes aimantes*, et estime que « M. Goethe ne demande à être lu et jugé que par des âmes sensibles et qui ont connu l'amour ». Cependant le dénouement étonne et, pour ne pas en dire davantage, lui paraît « très-singulier ». Ce *roman* [2]) ne lui paraît pas dans l'exacte sévérité des mœurs, mais il intéresse.

Dubuisson [3]), dramaturge très médiocre, publia en 1793 avec la collaboration de Deshaye une *Zélia*, drame en trois actes mêlé de musique, pièce qui avait déjà été donnée (inédite) le 29 octobre 1791 au *Théâtre de la rue de Louvois*, reprise en 1794 au *Théâtre des Amis de la Vérité.*

Il existe deux éditions de cette œuvre, la première est de 1793 et est intitulée *Stella*. Dans la seconde édition, qui paraît sous le titre de *Zélia*, les noms sont truqués, sans doute pour faire oublier l'œuvre de Goethe. A part quelques petites rectifications et améliorations, les deux textes se ressemblent. Ce drame sans valeur qui contient tous les défauts de la nouvelle école romantique est un travestissement de Goethe. Fernando devient un officier déjà un peu âgé, homme de bon ton, mais très honnête. Cécile est triste comme ayant l'habitude du malheur. Sa fille est *intéressante*, pleine d'entrain mais un peu triste aussi. Stella est tout amour, toute âme. Avec cela Dubuisson crée d'autres personnages — Julien, un vieux soldat (l'intendant de Goethe), « plein de franchise et de sensibilité brusque, mais touchante », la veuve Tatillon, incorrigible bavarde. Il suit à quelques détails près, l'intrigue de Goethe. Le dénouement est cependant entièrement changé. Stella veut fuir, et de nuit ; avant de partir, elle va voir le tombeau de son enfant. Le Baron s'y rend également, mais pour se suicider. Au moment où il tourne le pistolet contre lui-même,

---

1) Juillet 1783.

2) Cf. Ch. de Rémusat dans sa préface de Cabanis : « Il faut lire cette pièce comme un roman. »

3) Paul-Ulric Dubuisson (1753-1794). Enthousiaste pour la Révolution, s'affilia au Club des Jacobins. Dénoncé par Robespierre pour avoir voulu semer la discorde parmi les Jacobins. Condamné à mort et exécuté le 24 mars 1794. Œuvres médiocres : 1780 *Nadir*, tragédie en 5 actes. 1783 *Vieux Garçon*, comédie en 5 actes. 1785 *Albert et Emilie*, trag. tirée de l'Allemand. 1780 *Nouvelles Considérations de Saint-Dominique*.

Stella écarte l'instrument fatal. Les villageois, la veuve Tatillon en tête, ayant entendu parler de son intention de quitter le pays, s'attroupent et veulent empêcher le départ de leur bienfaitrice :

« Elle restera parmi nous !
« Quel plaisir, quel bonheur pour tous,
« Elle fera le bien de tous,
« Et nous ferons le sien de même. »

Dans cette version c'est la moralité qui l'emporte car l'enfant né du mariage demande un père ; celui-ci sacrifie l'amour au devoir [1]) Il veut quitter la maîtresse pour la femme légitime.

Les tendances romantiques se montrent même dans les décors: [2])

« Le théâtre représente le jardin du château, dans le genre anglais. A gauche on aperçoit une petite porte au mur de l'enceinte, à droite sur l'avant-scène on voit un groupe de peupliers et de cyprès et un tombeau de gazon : à deux pas une fosse ouverte dont la terre est sur les bords, une tombe de marbre blanc posée à côté, elle est un peu sur le champ de manière que l'on puisse cependant s'y asseoir ; en opposition de ces objets il doit y avoir sur la gauche, un ou deux petits groupes d'arbrisseaux, de lilas en fleurs, et de passeroses dont les tiges sont assez élevées. Les trois arcades de la galerie du château occupent une partie du fond. La lune, aperçue entre quelques arbres, doit achever de donner une couleur sombre à ce tableau ; sa lumière doit être dirigée principalement sur la partie du Théâtre où est le tombeau. »

Une étude soignée de certaines tirades semblent nous révéler que Dubuisson a lu la version de Bonneville et que c'est par l'intermédiaire du *Nouveau Théâtre Allemand* qu'il a connu Goethe. Ses tournures, ses formules, ses locutions, voire son vocabulaire est le même. [3])

Les volumes 4, 5 et 6 [4]) ne contiennent pas de pièces de très grande importance, mais elles sont généralement traduites avec plus de soin, et les négligences de style sont moins fréquentes. *Agnès Bernau*[5]) est un drame dans le goût allemand, où les règles de l'art dramatique, surtout les unités de temps et de lieu, n'existent pas. Ce qui le caractérise c'est l'énergie et le langage des passions, la pompe et la majesté

---

[1]) III. 7.
[2]) Acte III, *Stella*, page 83, *Zélia*, page 57.
[3]) Voir Appendice « B » IV.
[4]) Voir *Mercure de France*, mai-nov. 1783.
[5]) Du Comte Törring, 1780.

du spectacle. Bonneville s'excuse des irrégularités de la pièce en expliquant que l'auteur ne l'avait point destinée au théâtre. Il y a admiré cependant « les sublimes beautés de détails » et trouve que l'auteur allemand a montré beaucoup « d'adresse et de dignité » dans sa façon de mettre en scène des faits de l'histoire de Bavière (1435).

C'est là un exemple de ces pièces nationales si chères à l'école romantique. Le poète, devenu historien, y fait revivre l'humanité disparue et fait connaître une époque précise de civilisation.

Le *Ministre d'Etat* est moins réussi et, sans aucun mouvement dramatique, tombe dans la catégorie de *roman dialogué* avec leçon morale : la vertu récompensée, le vice puni. Le dénouement semble être emprunté au *Tartuffe* de Molière.

L'*Homme à la Minute* est une comédie monotone, remplie de longueurs. Le seul éloge que le *Mercure de France* trouve à en faire c'est que l'auteur n'est jamais tombé dans le *larmoyant*.

Le cinquième volume offre des exemples de pièces où la démarcation entre la comédie et la tragédie n'existe pour ainsi dire plus. Les critiques y voient encore de grandes beautés et continuent à s'intéresser à cette œuvre de traduction. Elle offre à la nation française un objet d'étude qui, selon ces messieurs, est « d'autant plus agréable qu'elle peut l'éclairer sans humilier son amour-propre ». !!!

Diégo et Léonor est une aventure d'inquisition, et l'intrigue en est bizarre. La marche, bien que lente, est régulière. Le traducteur n'a rien changé à la pièce et n'a pas jugé nécessaire d'adoucir les défauts de goût qui abondent dans cette tragédie d'Unzer. Cependant il a heureusement rendu les passages de passions, qui sont écrits avec force et vérité.

Quand le grand Inquisiteur, l'oncle de Léonor, lui défend de songer à son amour, elle lui répond : « Ne plus y songer ? Ma dernière pensée, je la donnerai tout entière à l'Amour. Hélas ! je ne le vois que trop en ce moment. Ils se ressemblent tous. Ce n'est pas un cœur qu'ils ont là, c'est une pierre . . . . des hommes insensibles veulent juger des sentiments de ta fille. » Et encore plus bas : « Allez dans vos retraites, au fond de ces tombeaux, où l'on appelle l'amour un crime, et l'insensibilité un devoir ; mais ici, parmi des hommes, c'est l'amour seul qui nous fait agir, et tout est gouverné par l'amour. »

Le dénouement n'est guère motivé ; en cela il rappelle un peu certaines pièces de Shakespeare.

Dans la *Nouvelle Emma*, Unzer tombe dans le bas comique et fait parler au Duc un langage qui n'est pas digne d'un Prince du sang. Les minutieux détails épisodiques abondent par toute la pièce.

Le Père de Famille, drame de Gemmingen, est une imitation de la pièce de Diderot. C'est un drame presque bourgeois où le *Père de Famille* allemand rappelle chacun de ses enfants à son devoir. Encore une fois, le fait de la naissance d'un enfant oblige Charles, malgré son rang, d'épouser Sophie, la fille d'un peintre. De même c'est un enfant qui unit le Comte et sa femme, et empêche un divorce estimé nécessaire à cause de l'incompatibilité de leurs caractères.

Le *Père de Famille* [1]) nous donne un tableau précis du rôle de la femme allemande dans la société qu'il dépeint. Ex. II. 1. :

« Quelle excellente femme, une femme comme j'en souhaite une à mon Charles ! Au lieu de cet esprit brillant, de cette insipide érudition de femme, elle avait de la prudence et du bon sens ; une sensibilité douce, mais sans affectation ; un cœur enfin, tel que la nature en donne ordinairement aux femmes. Toujours vêtue avec une extrême propreté même dans l'intérieur de son domestique, et cependant sans luxe ni dissipation. Sa joie radieuse forçait mon cœur à lui sourire. Ce n'était point une précieuse coquette, femme à la mode qui consume sa vie dans le silence et la médisante oisiveté. Elle était ce que doit être une femme, toujours occupée de sa maison, et de ses enfants ! Se trouvait-elle en société ? Sa joie franche et naïve se répandait dans tous les cœurs. »

Au premier acte se trouve citée la petite romance de la *Violette* déjà composée par Goethe en 1774 et insérée plus tard dans son *Erwin et Elmire*. Gemmingen ne fait que citer le premier vers, mais Bonneville traduit toute la romance et ajoute un mot à mot au bas de la page. Mais il n'a pas su rendre la simplicité de l'allemand et sa version n'a rien du doux recueillement contemplatif ni de la bizarre mélancolie de l'original; elle est trop claire, trop explicite, trop raisonnée. Bonneville n'a même pas tenté une imitation de la versification.

---

[1]) Dans cette pièce nous retrouvons des exemples de l'abus des mots *sensible* et *sensibilité*.

II. « Eines leeren, aber nicht unfühlbaren Herzens. »
« Un cœur vide mais non pas insensible. »
« Mehr Kopf als Herz. »
« Plus d'esprit que de sensibilité. »

II. 1. « Feine Gefühle. »
« Une sensibilité douce ».
« Es ist aus unsers trefflichen Gœthens ‚Stella'. »
« Cette belle situation est prise de *Stella* de notre sensible Gœthe. »
« Die geschwächten Nerven einer Gebärerin. »
« Le cœur si faible et si sensible d'une femme qui vient d'être mère. »
« Ein Veilchen. »
« Une sensible violette. »

Ein Veilchen auf der Wiese stand
Gebückt in sich und unbekannt :
Es war ein herzig's Veilchen.
Da kam ein' junge Schäferin
Mit leichtem Schritt und muntrem Sinn
Daher, daher,
Die Wiese her und sang.
Ach ! denkt das Veilchen, wär' ich nur
Die schönste Blume der Natur,
Ach, nur ein kleines Weilchen,
Bis mich das Liebchen abgepflückt
Und an den Busen matt gedrückt !
Ach nur, ach nur
Ein Viertelstündchen lang !
Ach, aber ach ! das Mädchen kam
Und nicht in Acht das Veilchen nahm,
Ertrat das arme Veilchen.
Es sank und starb und freut' sich noch :
Und sterb' ich denn, so sterb' ich doch
Durch sie, durch sie,
Zu ihren Füssen doch.

Traduction de Bonneville.

(*Le Père de Famille*, I. 9.)
Une sensible violette
Regrettant ses beaux jours, dans l'oubli consumés,
Douce et modeste fleur, languissait sous l'herbette :
(Colette en respirait les soupirs embaumés.)

« Belle fleur, prends pitié des ennuis que j'endure :
« Rose, embellis ta sœur, de ta riche parure,
« Ah, pour un moment !
« Seulement ! »

« Languirai-je toujours sous l'herbette cachée ?
« Colette, presse-moi sur ton sein palpitant :
« Et puissai-je mourante, y rester attachée
« Un instant !
« Un seul instant ! »

La jeune Colette,
D'un pied léger s'élance, et sous ses pas,
Hélas !
Brise la tendre Violette :
La pauvre fleur
Se décolore,
Laisse tomber sa tête, et regardant sa sœur
Se rejouit encore :
« Ah ! tes dons ne sont plus de ta sœur enviés,
« O rose ! — Je meurs donc, et par elle, à ses pieds ! »

Après tout, l'espoir et le vague désir de cette tendre fleur est presque plus naturel que la triste prière qu'elle adresse à la jeune Colette. Encore, le contraste n'est-il pas assez frappant entre cette violette languissante et l'heureuse Colette au pied léger. La comparaison avec la rose a trop de relief et détourne l'attention du lecteur. Bonneville a si bien senti l'insuffisance de sa version qu'il ajoute une traduction littérale, qui, malgré la violence qu'elle fait à la langue française comme œuvre littéraire, rend bien mieux la « *Stimmung* » de l'allemand:

« Une violette sur la prairie était courbée sur elle, et inconnue. C'était une violette de tout cœur. Là, vient une jeune Bergère d'un pas léger, et l'esprit gai, le long, le long, le long de la prairie: elle chantait.

Hélas, dit la Violette, que ne suis-je la plus belle fleur de la Nature! Hélas seulement pour un petit instant, jusqu'à ce que cette aimable fille m'ait cueillie et pressée matte contre son sein : ah ! seulement pendant un petit quart-d'heure.

Mais hélas, la jeune fille arriva, et ne fit point attention à la Violette, et elle écrase la pauvre Violette. Elle tombe, elle se meurt, et se réjouit encore. Et si je meurs, je meurs cependant par elle, par elle, à ses pieds. »

La première pièce du septième volume est le drame de *Nathan le Sage*, que Lessing avait donné comme réponse à tous ceux qui l'accusaient d'athéisme, le but philosophique étant une tolérance religieuse.

Mme de Staël estimait *Nathan le Sage* le plus beau des ouvrages de Lessing, mais elle y voyait surtout une brillante analyse de ses propres impressions.

Comme le fait remarquer bien plus tard la *Revue des deux Mondes*, [1]) c'est un éclatant démenti à la poétique de Lessing. « Cette fois il tourne le dos à l'Allemagne ; il s'en va chercher le sujet de son tableau d'intérieur en Palestine, au temps des Croisades, tenant toujours l'histoire à distance, mais lui empruntant les templiers, le patriarcat de Jérusalem et le grand nom de Saladin. C'est encore un tableau de genre mais dans un cadre historique . . . . Nathan ne parle pas en prose . . . . . C'est qu'il est né parmi les palmiers, à la lumière du soleil de la Palestine ; il ne vit pas derrière un comptoir ; il a ses chameaux, ses caravanes ; il traverse en roi les solitudes qui séparent Jérusalem de Babylone ; dans ses magasins resplendissent les riches étoffes de la Perse, les armes et les bijoux de Damas, et

---

[1]) Janvier 1868, p. 119.

dans son âme, comme dans un coffre-fort, il serre précieusement les sagesses de tous les peuples . . . . . dans le vaste ciel ouvert de l'Orient et il a cherché le Dieu de la Nature, il l'a trouvé et il lui a parlé. »

Mais Bonneville avait déjà compris et senti tout cela bien avant Mme de Staël. Il avait admiré la noble simplicité du héros juif, son cœur vraiment humain et tendre ; il avait été ébloui sans doute par la splendeur orientale du Palais de Nathan et charmé par ses descriptions de tant d'objets bizarres et exotiques. Voilà du reste ce qui distinguera les romantiques de plus tard — le goût de l'exotisme, autant l'exotisme dans l'espace, que ce goût encore plus raffiné pour l'exotisme à travers le temps.

Nous verrons comment des imitateurs romantiques de cette pièce, tel que Palmézeaux, souvent initiés par Bonneville, exagérèrent la couleur locale, qui ne fut, après tout, qu'assez peu conservée par Lessing. Le ton de celui-ci reste scolastique.

Bonneville eut certaines difficultés avec la Censure, car il n'était pas encore permis de douter de la supériorité de l'Eglise catholique et romaine ; malgré le fait qu'il s'agit dans l'allégorie de trois bagues, le Christ reste pour ainsi dire hors concours et il ne reste plus que le Juif et le Musulman. Cela déconcerte un peu, mais l'attention du lecteur est au moins éveillée par le fait que les passages omis sont indiqués par des points. Les omissions les plus importantes consistent en cinq tirades, publiées plus tard par Friedel dans *Litteratur- und Theaterzeitung*, 1784, pp. 123-4. [1])

Bonneville ne donne aucune préface à ce drame et l'esquisse ou ébauche de Lessing, généralement publiée en tête de l'ouvrage, manque entièrement.

La traduction de Bonneville ne manque pas d'élégance, et il a su éviter les lourdes périodes allemandes. Le texte est cependant souvent plus développé que dans l'original, mais ce n'est que quand la clarté l'exige. C'est alors qu'il traduit l'idée plutôt que les mots. Il y a toutefois de l'exagération dans certains passages. Parfois il néglige entièrement *l'image* pour donner une version courte et élégante. De Shakespeare, Bonneville prend certaines expressions et veut les faire passer dans la langue. De même, pour la première fois, il emploie dans ce volume des locutions qui lui semblent osées ou peu conformes à l'esprit français, mais il a soin de les signaler en les faisant

---

[1]) I. 2. (215-222) : I. 4. (507-510) : II. 3. (324-6) : III. 7. (449-457) (473-476).

Voir aussi Appendice « B » V.

imprimer en italique. Et encore, à l'allemande, il accentue un seul mot, en le faisant imprimer en caractères gras ou espacés, pour indiquer l'importance qu'on doit y attacher. [1])

En 1805, Cubières de Palmézeaux publie un *Nathan le Sage* ou le *Juif Philosophe, comédie en trois actes et en prose ornée de ballets et de spectacles*. On pourrait croire à une parodie, mais il n'en est rien. Palmézeaux ne plaisante pas. Il a soin de prévenir le lecteur qu'il a altéré le texte et même il s'en glorifie. « Il en est des pièces de théâtre, dit-il, comme des ragoûts ; et quoique je ne sois pas bon cuisinier, j'ai mis à la française *Nathan le Sage.* » Il prétend avoir pris comme base une traduction inédite de Fanni de Beaumarchais, mais il se sert en réalité de la version de Bonneville ; il ne se gêne même pas pour en prendre textuellement des tirades entières : Par exemple, l'Allégorie des bagues dont la ressemblance avec la version du *Nouveau Théâtre Allemand* justifierait une imputation de plagiat.

Les restrictions que nous avons remarquées chez Bonneville n'existent plus. La révolution est passée ainsi que cette grande lutte contre l'Eglise pour la liberté de penser. Le concordat est signé.

« L'opinion publique paraît désirer en ce moment, une tolérance religieuse qui, sans blesser la religion, soit conforme à la raison, à l'humanité, et à la situation extraordinaire où nous sommes. »

Palmézeaux semble voir dans le *Patriarche* de Lessing du mépris pour le Pape, mais pour lui, il « respecte le Pape » ; il ne veut donc point épouser la querelle de Lessing contre les patriarchistes et retranche tout ce qui pourrait blesser leurs susceptibilités. Nous remarquons dans cette version un certain respect pour l'autorité et cela nous rappelle que Napoléon est couronné. Le Sultan devient donc le « monarque le plus bienfaisant, le mortel le plus généreux ». « Je suis guerrier, dit-il, je n'aime pas la guerre. » Le juif nous paraît presque personnifier l'honnête homme de la Révolution, qui ne veut s'abaisser devant personne et qui ne trouve rien d'extraordinaire à ce que le Sultan veuille bien lui parler. « Je reçois tout le monde avec humanité et ne baise la poussière des pieds de personne. » Au dénouement, quand on découvre chez le Templier le neveu du Sultan, Nathan répond en bon républicain : « J'aime autant le fils de ton frère que le fils d'un autre. »

Quant aux Croisés, ils représentent pour Cubières l'intolérance religieuse, la cause de tous les maux : « Sur cette terre toujours ensanglantée parce qu'elle est voisine du tombeau du Christ. » *Saladin :*

---

[1]) Voir Appendice « B » VI.

« Nathan, si tu savais combien je souffre de voir tout cet horrible carnage. »

Cubières, trouvant que l'Allégorie [1]) des bagues n'a pas assez de relief dans la pièce de Lessing, y revient plus tard au dénouement. *Nathan.* « Que chacun de nous l'imite (le père) par sa bienfaisance, par sa douceur, par son humanité, et surtout par son amour pour la justice. » etc.

Armilla est la vraie fille de Nathan, baptisée par Daja pendant l'absence du père ; le Templier est le neveu du Sultan. Le Sultan peut-il permettre cette mésalliance ? Il se souvient de l'histoire des bagues et donne son consentement. Le Templier est chrétien et a sauvé Armilla des flammes.

Du reste, à l'avis de Cubières, une comédie française doit se terminer par un mariage. Palmézeaux cherche à fondre le drame philosophique et la farce bouffonne, sans doute pour plaire au public des théâtres de boulevard. Voilà pourquoi Nathan épouse Daja ; voilà pourquoi il introduit un ballet, chose déjà usitée dans l'opéra. Il y a aussi des traces de la comédie larmoyante. Il a trois changements de scène, mais comme tout se passe dans la même ville, Palmézeaux estime qu'il ne viole pas la règle des unités. [2])

Le style de cette comédie est fortement romantique. « Armilla est belle comme le soleil au moment qu'il sort du sein des eaux. »

III. I. « Mais que vois-je ? Quelle magnificence ! Jamais un souverain de l'Inde n'eut un plus beau palais. Ici des colliers, des perles fines. Là des diamants de toute espèce, plus loin des étoffes précieuses et rares, des vases, des cristaux, des parfums délicieux, qui brûlent dans des cassolets, ... le bois de Santal qui exhale de tous côtés une odeur suave et presque divine. Suis-je dans le paradis de Mahomet ? »

Voyez encore comment il rend :

« Horch, horch !
Da kommen die Kamele meines Vaters !
Horch, seine sanfte Stimme selbst ! »

---

[1]) « L'Allégorie est lumineuse, dit Palmézeaux, personne en ce moment ne peut trouver la véritable religion ; donc la meilleure, je le répète, est celle de l'honnête homme. »

[2]) I. *Une grande place de Jérusalem* couverte de palmiers magnifiques. Des chameaux dans le fond.

II. *Palais du Sultan. Grande décoration à l'Orientale.* Un trône.

III. *Palais de Nathan.* Décors magnifiques, meubles somptueux.

« Ce matin, elle s'est écriée en se levant : Paix, paix ! les voilà, les chameaux de mon père ! O mon père, vous, le père le plus aimé, vous qui avez été si longtemps absent . . . . . que j'aurai de plaisir à vous revoir, à vous embrasser . . . . . Le voilà. . . . Oh ! oui, le voilà ! . . . . . j'entends sa voix si douce, et si touchante, . . je vois son regard paternel s'étendre sur moi et son doux sourire me caresser avant même que sa bouche ait touché ma bouche, que sa main ait serré ma main et que mon cœur ait palpité sur son cœur . . . »

Nous sentons une couleur locale plus vive, un langage du cœur plus passionné et une plus grande sensibilité. C'est le romantisme qui commence à prendre pied et qui ne sera vraiment reconnu que trente ans plus tard.

Au nombre des œuvres posthumes de M.-J. Chénier (1818) se trouve un *Nathan le Sage*, drame en 3 actes, mais c'est une pièce de l'école classique. Elle est écrite en alexandrins et les règles des trois unités sont respectées. Il n'y a pas de changements de décors. Pour cela Chénier fut obligé de donner le second acte devant la maison de Nathan. Le Sultan apparaît seul et sans escorte, et en donne l'explication dans un monologue assez maladroit. [1])

Du reste, conformément à la tradition du théâtre classique, les personnages semblent posséder dès le commencement un caractère bien défini. Lessing montre plus de psychologie, ses personnages sont plus humains. Chez l'auteur français le Templier devient l'idéal d'un chevalier *français* dont le caractère a la noblesse et la générosité de son rang. Dans l'allemand Daja le renvoie avec un : « *So geh ! du deutscher Baer* ! » Dans le texte français elle lui dit : « *Un chevalier français n'est pas un assassin* ! » Lessing nous le montre dans diverses situations ; il souffre de la faim et se nourrit de dattes ; il montre de la colère contre le cloître dont les portes lui ont été fermées, etc. Lessing

---

[1]) II. II. « Pourquoi marcher, dit-on, sans suite, sans escorte ? »
« Pourquoi pas ? » « Mais l'usage ! » « On s'y fera, qu'importe? »
« Un Sultan ! quel abus ! » « Je ne sais point de loi
Qui me force à traîner une cour après moi,
Régner, régner toujours, s'ennuyer par décence,
Se condamner sans cesse à la magnificence ;
Voilà les vrais abus. Mes sujets sont soumis ;
Parmi les Musulmans je n'ai que des amis :
Quelle main peut d'ailleurs changer les destinées ?
Celui qui nous fait naître à compté nos journées.
Des traces d'incendie ! ah ! oui, c'est la maison
De ce juif estimé pour sa droite raison.
Excepté les chrétiens, tout Salime le vante. »

dépeint des types bien marqués de différents chrétiens : Le Templier, guerrier, emporté, généreux, sensible; Frère Bonhomme, pieux mais simple ; Daja, mystique ; le Patriarche, fanatique et rusé. Pour Chénier le Patriarche seul semble compter au point de vue religieux, et il rend l'Eglise ridicule par ce personnage.

Chez Chénier, ce grand contraste entre la simplicité pieuse du moine et la basse ruse des hommes d'église fanatiques, manque entièrement. Lessing excelle au contraire à dépeindre ces individualités de caractère.

Pour l'intrigue, Lessing a bien su se servir de l'Allégorie des bagues ; cette histoire devient le pivot de la pièce. La générosité de Saladin et son mépris pour les petites choses l'ont placé dans une mauvaise situation financière. Il cherche donc à tromper le juif et lui tend un piège pour l'obliger à lui fournir des subsides. C'est tout naturellement que la Fable des bagues entre dans le drame. Chénier, au contraire, néglige le besoin d'argent de Saladin, et omet les scènes entre Stella et le Derviche (ce dernier personnage n'existe même pas dans sa version), ce qui fait qu'il introduit subitement et sans motif l'histoire de Boccace.

Lessing a un style vif, imagé et bien caractérisé ; les personnages parlent naturellement ; les phrases sont souvent courtes, entrecoupées par des répliques.

Chénier a un style plus régulier, plus mesuré, plus posé ; l'alexandrin s'y prête admirablement ; c'est un doux courant monotone.

Bref, Chénier nous fournit une adaptation classique tandis que Palmézeaux produit une imitation romantique. Si Chénier s'est occupé de ce drame, c'est qu'il y avait vu ses propres idées sur la tolérance ; il avait déjà déclaré la guerre au fanatisme dans son *Charles IX*. Encore, à l'occasion de la mort de Calas en 1763, il fit un *Jean Calas* avec les mêmes tendances libérales que l'on trouve chez Voltaire dans son *Traité sur la Tolérance.*

Le huitième volume du *Nouveau Théâtre Allemand* contient des pièces de peu d'importance de Bertuch, de Dahlberg et de Richter.

Pour son *Elfride,* Bertuch a tiré son sujet de *l'Histoire d'Angleterre* par Hume ; mais, peintre des passions et non historiographe, il a usé de tous les droits du poète pour le développement de ses caractères. Cette pièce offre les qualités et défauts que nous avons déjà signalés dans le théâtre allemand : des moments d'énergie, des mouvements de passions, mais des détails révoltants tels que dans la 5e scène du 3e acte. — Le *Mercure de France* s'indigne de pareils tableaux. [1])

[1]) Oct. 1787.

Walwais et Adelaide de Dahlberg manque de vraisemblance, et les scènes sont peu motivées et mal préparées. Il n'y a pas de gradation. L'amitié du roi est trop prompte. Il accorde à Walwais le titre d'ami comme s'il lui conférait une charge à la cour.

Le neuvième volume nous présente un drame d'une bien plus grande importance, le *Gœtz de Berlichingen* de Goethe, pièce historique qui eut une grande influence sur Walter Scott. [1]) Ce fut l'avant-coureur pour ainsi dire de toutes ces pièces historiques qui, plus tard, furent populaires en France parmi un certain public. [2])

« Continuée par un homme de théâtre qui eut été soucieux de chercher dans l'histoire autre chose que ces *clous* où Dumas accrochera ses tableaux, cette tentative issue, à travers Gœtz, des histoires de Shakespeare, aurait peut-être donné à notre romantisme son drame historique en prose. » [3]) *Gœtz de Berlichingen* arrêtera l'attention de tous les critiques littéraires de France entre 1820 et 1830. Ladvocat en donnera une traduction dans ses *Chefs-d'œuvre des théâtres étrangers* (1820). Mais ce sera surtout par les collaborateurs du *Globe* et les poètes du Cénacle que « Gœtz menaçait d'exercer une action décisive sur l'évolution du théâtre français. » [4])

Le Globe [5]) estime que *Gœtz de Berlichingen* a son genre de grandeur et d'idéal et que Goethe s'y montre plus poète que dans le *Tasse* et l'*Iphigénie*.

Le Drapeau Blanc écrit en 1823 : « Nous louons Goethe d'avoir su nous introduire, par son imagination poétique, jusqu'au sein d'un temps si différent du nôtre ; d'avoir été constamment vrai, franc et, si l'on peut dire, local dans son tableau ! » Il trouve cependant des disproportions dans le drame.

---

1) Cf. *Le Globe*, 28 juin 1828.

« On sait qu'une traduction de *Gœtz de Berlichingen* fut un des premiers ouvrages de Walter Scott et peut-être est-ce ce travail qui donne l'éveil à son génie. Et nous, à notre tour, que ne devons-nous pas à Walter Scott ? »

Voir aussi notre chapitre VII, 4.

2) Voir Mérimée, *Cromwell* ; *la Jacquerie*, détails rappelant *Gœtz*.
Vitet, *les Barricades* ; *Mort de Henri III*.
Pixérecourt, *Charles le Téméraire*, l'assaut au troisième acte est une réminiscense de *Gœtz*.
Ramon de Carbonnières, *Guerre d'Alsace*, des scènes entières ne sont que du *Gœtz* arrangé.

Voir aussi les pièces historiques de Dumas et de Victor Hugo.

3) Baldensperger, *Gœthe en France*.

4) Voir *Les Débats*, du 10 août 1822 ; *Magasin Encyclopédique*, 1805, II, 292 ; *Les Débats*, du 20 mars 1814 ; *Le Globe*, du 2 février 1828 et du 28 juin 1828 etc,....

5) Le 2 février 1828.

Si Bonneville avait continué la publication de son recueil jusqu'en 1805, nous ne doutons pas qu'il n'eût fait connaître en France les grandes pièces historiques dont Schiller a enrichi la littérature de sa patrie à l'instar du *Gœtz de Berlichingen* de Goethe.

Ce qui avait arrêté l'attention de Bonneville c'était précisément cet exotisme à travers le temps, cette peinture mâle du XVIe siècle et aussi une admiration presque sans bornes pour ce loyal chevalier, vengeur des opprimés, qui désire établir la justice au milieu de l'anarchie. Voyez sa préface :

« Ce drame pourrait être proprement appelé une vie dialoguée. C'est l'histoire du siècle de la chevalerie, où les gentilshommes allemands, cantonnés dans leurs châteaux forts et fiers de leur petite domination, étaient tour à tour des tyrans ou les vengeurs de l'innocence opprimée, sans aucun respect pour les lois. Gœtz était un de ces chevaliers errants et redresseurs de torts, comme on le voit dans une histoire de son temps qu'il a publiée lui-même. M. Goethe a tracé d'une main hardie son caractère, ses exploits, et les mœurs de son siècle. Point d'unité d'action, ni de temps, ni de lieu ; mais de grandes beautés, des traits sublimes, une peinture énergique du 16e siècle, et une foule de caractères pleins de vérités,... »

Le plus grand reproche que le *Mercure de France* [1]) fait à la pièce est le trop fréquent changement de lieu : « Le spectateur y voyage à tous moments ; le rôle le plus fatigant et le plus long à jouer pendant la représentation d'un pareil ouvrage, doit être celui du machiniste. On voit à chaque acte entasser les sièges, les assauts, les batailles ; mais il y a de grandes beautés de détails, une fidèle peinture des mœurs de ce siècle et de la vérité dans les caractères. »

Bonneville demande aux lecteurs beaucoup d'indulgence pour ses efforts de traduction car, voulant toujours rester fidèle au texte allemand, loi qu'il croit toujours avoir respectée, il n'a pu éviter dans sa version des rudesses qui choquent la politesse des mœurs françaises. « Nous traduisons, dit-il, mais encore ne faut-il pas se dissimuler qu'un ouvrage allemand perd infiniment de sa couleur native dans une traduction française, avec quelque énergie qu'on puisse en rendre les sentiments. »

A tout prendre c'est, comme le dit Rossel, une *honnête traduction* [2]) qui stimula encore davantage la curiosité des Français.

---

[1]) 20 août 1787.

[2]) Cf. Virgile Rossel, *Histoire des relations littéraires entre la France et l'Allemagne*, Paris 1897, page 104.

On peut mettre au rang des meilleurs efforts de Bonneville la rencontre entre Gœtz et Weislingen au premier acte. Il a bien saisi la situation et a donné à ce dialogue toute l'énergie, toute la vigueur, toute l'ironie de l'original. C'est peut-être qu'il y avait trouvé des idées analogues aux siennes : *haine du clergé, amour de la liberté, respect de l'autorité.*

Exemple :

« Bist du nicht eben so frei, so edel geboren, als einer in Deutschland, unabhängig, nur dem Kaiser untertan, und du schmiegst dich unter Vasallen ? Was hast du von dem Bischof ? Weil er dein Nachbar ist ? Dich necken könnte ? Hast du nicht Arme und Freunde, ihn wieder zu necken ? Verkennst den Werth eines freien Rittersmanns, der nur abhängt von Gott, seinem Kaiser und sich selbst ! Verkriechst dich zum ersten Hofschranzen eines eigensinnigen neidischen Pfaffen. »

« N'es-tu pas né comme tous les chevaliers de l'Allemagne, libre, noble, indépendant ? Tu n'es soumis qu'à ton empereur, et tu plies sous des vassaux. Et quel besoin as-tu de cet Evêque ? Il est ton voisin ? Il pourrait troubler tes possessions. Et n'as-tu pas un glaive et des amis ? Tu ne connais donc pas le prix de la liberté d'un chevalier qui n'a pour maîtres que Dieu et son Empereur ? Tu rampes devant un prêtre ambitieux et tu flattes ses passions ! »

Les amplifications sont moins nombreuses ; le texte est suivi de plus près. Cependant, Bonneville retombe parfois dans ses anciennes erreurs. [1]) Il change souvent l'image pour y substituer une métaphore plus française, ou bien il adoucit ce qui pourrait blesser le goût de ses lecteurs. [1])

Tout jeune, Bonneville avait composé comme passetemps des vers et des imitations de la Bible — surtout des livres de Job et d'Isaïe. [2]) Dans la Bible — qui n'a du reste jamais été un livre français — Bonneville avait surtout vu un grand lyrisme. Il admirait les cantiques de David, les lamentations de Jérémie ; Il aimait le genre descriptif et les tableaux énergiques du livre de Job. On ne s'étonne donc pas de trouver dans le *Nouveau Théâtre Allemand* une pièce de Klopstock, auteur qui affectionne les sujets bibliques et dont la sensibilité avait déjà attiré Bonneville, ainsi que ses vues sur la Révolution Française.

---

[1]) Voir Appendice « B » VII.
[2]) Voir chapitre VIII.

A l'élévation de Milton, Klopstock avait ajouté la tendresse maladive de Richardson et la vague mélancolie de Young.

Cependant Klopstock ne plaisait guère aux Français. Son inspiration nuageuse et solennelle rebutait plutôt les traducteurs. Ils n'aimaient pas beaucoup cette histoire biblique transportée sur la scène.

C'est le *Journal Etranger* du mois de septembre 1761 qui semble signaler à la France pour la première fois *La Mort d'Adam*. Dans ce numéro parut un article par l'abbé Roman où il donnait des traductions de diverses scènes suivies d'une appréciation littéraire et de quelques généralités sur le théâtre allemand. L'année suivante il publia toute la tragédie avec des « réflexions préliminaires ». Pour lui, l'auteur de *La Mort d'Adam* « s'est ouvert une route nouvelle. La force de son génie l'a soutenu entre deux écueils, les écarts irréguliers des Anglais, et la timide exactitude des Français. »

Le Journal Encyclopédique[1]) fit très bon accueil à l'œuvre de l'abbé Roman ; fermant les yeux sur les défauts de la pièce, il loue ses beautés :

« Rien de moins compliqué que son sujet et cependant son drame a partout de la vie, de la chaleur et de l'intérêt. Les caractères sont en général et bien dessinés et bien soutenus ; celui d'Adam, qui est le pivot de tous, ne laisse rien à désirer. »

L'Année Littéraire[2]) est moins enthousiaste :

« *La Mort d'Adam* mérite sans doute qu'on l'admire ; mais ce n'est point un drame ; les scènes ne sont ni fondées ni liées ; les entr'actes ne sont point marqués. Le dénouement est prévu dès la première scène. . . . . . La scène de Caïn est trop horrible ; elle demandait à être amenée avec plus d'art. . . . . . On peut conclure de tout ceci que M. Klopstock connaît parfaitement la nature, mais qu'il ne connaît point encore le Théâtre où elle est choquante sans le secours de l'art. »

Grimm [3]) n'aime point cet ouvrage et ne peut goûter les beautés dont on le dit rempli. Il trouve le sujet mal choisi ou du moins que l'exécution ne répond en aucune manière au sujet.

En vérité, dans sa préface l'abbé Roman est trop prodigue d'éloges pompeux à l'égard de la pièce de Klopstock, car elle est mal agencée et montre un manque de connaissance du théâtre.

Remarquons en passant que c'est lui qui a été l'inspirateur du *Sturm und Drang* et une des autorités invoquées par le romantisme.

---

1) Mai 1762.

2) 1762, III., 242.

3) *Correspondance Littéraire*, oct., 1762.

Il avait une imagination qui engendrait de belles images ; il employait des métaphores qui frappaient l'esprit ; il faisait usage de combinaisons de mots originales, de termes et de tournures vieillis ; il chantait la nature, la religion (la patrie). Sa *Mort d'Adam*, son *Salomon*, son *David* sont des *idylles pieuses dialoguées*. C'est lui qui introduisit les « *doux frissons* », les « *larmes de plaisirs* », la « *volupté de la mélancolie* ».

Dans sa version, l'abbé Roman donne fréquemment, entre parenthèses, des indications de poses et des explications de sentiments qui ne se trouvent pas dans l'original.

Ex. I. 2. : « Sélime en sortant exprime par ses gestes et ses regards sa tendresse et ses inquiétudes pour son père. »

Il a une tendance à amplifier et à expliquer le texte ; c'est une paraphrase qui n'a rien du cachet de l'allemand. L'abbé Roman construit ses discours comme un citoyen du XVIIIe siècle; Klopstock, par ses phrases courtes et hâchées, nous donne une suite d'accents passionnés plutôt qu'un discours suivi. La version de l'abbé sent trop l'église et rappelle trop *le chrétien dévot* que n'était sûrement pas le premier des hommes. Ses phrases sont trop liées, trop longues, trop explicites. Il néglige presque entièrement ces belles apostrophes par lesquelles Adam s'adresse directement et brusquement à *l'Incréé* et à la Nature. Tandis que Klopstock affectionne certains qualificatifs : « *noble* », « *enflammé* », « *chaud* », « *sublime* », ; certains substantifs : « *ravissement* », « *inspirations* », « *doux frissons* » ; certains verbes : « *planer* », « *frémir* », « *tressaillir* », et les emploie sans cesse et sans crainte d'en abuser, l'abbé Roman varie constamment l'expression, ce qui produit un tout autre effet et ne suggère nullement la simplicité des premiers temps. Il élargit et complète l'idée, mais ne produit pas l'effet dramatique de l'obsession et de la fatalité.

Bonneville avait connaissance de la version de l'abbé et reconnaît sa traduction dans la notice du XIIe volume.

Quant à Bonneville, il admirait surtout chez Klopstock ses *allégories neuves*, ses *inversions courageuses*, ses *traits inattendus*. [1]) Il trouve chez l'auteur allemand des images affectueuses, terribles et orientales. Il apprécie son pathétique, sa puissance pour attendrir. Parlant surtout de sa *Messiade* il dit :

« Plus Klopstock s'approche de son but, plus sa flamme devient pénétrante. Il achève son poème, ce grand œuvre de génie, avec une ardeur et une ivresse qui rappellent toute l'énergie des anciens Bardes. »

---

[1]) Voir *Le Vieux Tribun du Peuple*, vol. II, p. 41-42.

Sa grande admiration pour Klopstock l'a contraint dans sa traduction de 1784, à demeurer plus fidèle au texte de *La Mort d'Adam.* Il suit l'allemand de très près et en conserve toutes les particularités : apostrophes, inversions, répétitions, obsessions de certaines idées de mort, de fatalité.

En 1785, une année après la traduction de Bonneville, Mme de Genlis publiait dans son *Théâtre à l'usage des jeunes personnes* (tome I) une imitation de *La Mort d'Adam* de Klopstock. Ce théâtre est un recueil de « drames intéressants sans le secours de l'intrigue des passions violentes, des contrastes des vices et des vertus ». Les pièces comprises forment un traité de morale mise en action. Mme de Genlis a vu les défauts de la pièce : Klopstock « ne motive rien, et il ignore absolument l'art des *préparations* et des *développements* ; il n'a point assez médité son sujet ; il a omis une foule d'idées neuves qui en naissent naturellement. » Mais cela ne l'empêche pas d'en admirer les beaux sentiments. Sa pièce n'est qu'une imitation du drame de Klopstock, où elle essaie d'en éviter les défauts ; elle suit une marche différente, et en supprime les longueurs. Les événements sont plus motivés, mieux préparés. Les différents personnages sont plus finement caractérisés : Sélima est innocente, tendre, câline, obéissante ; elle a tout le feu de la jeunesse. Seth est sérieux et bon ; il a une tendance, par tendresse et en raison de son affection même, à tenir tête à son père Adam. Il en découle une leçon morale.

Bien qu'elle se soit servie du texte de Klopstock — soit en allemand soit dans une traduction française — le style en est moins énergique, plus ample et plus riche. Ce n'est nullement une traduction. Certains passages sont pris directement et littéralement de Klopstock, mais ils ne font qu'entrer dans une pièce originale de Mme de Genlis. On sent que la tragédie a été écrite dans un but spécial : l'explication de l'histoire biblique pour les jeunes personnes.

Le dixième volume (1784) nous ramène à la tragédie bourgeoise, et en vérité, à la première tragédie bourgeoise de l'Allemagne, à *Miss Sara Sampson,* pièce où Lessing voulut montrer que « le casque et le diadème ne font pas le héros tragique ». Il mit sur la scène des personnages de condition moyenne qui parlent en prose et non pas en alexandrins.

Cette tragédie bourgeoise avait déjà été traduite en français par Juncker et Liebaut en 1772. Mais ces auteurs avaient tenté une traduction élégante ; leur intention semble avoir été de mettre la pièce au goût français du XVIIIe siècle et d'en exclure tout ce qui pourrait sembler *étrange* à leurs lecteurs. Ils ont une tendance à abréger, et les coupures sont fréquentes.

Déjà avant la Révolution, Alexandre Duval s'était intéressé à la pièce de Lessing, mais il n'aimait guère l'école romantique qui désirait se débarrasser des règles d'Aristote, chaînes qu'il fallait briser. Il voulut remanier la pièce tout en conservant les unités du théâtre classique. C'est la belle simplicité de ce drame qui l'avait séduit ainsi que le caractère de Marwood. « Le caractère de Marwood mieux préparé et moins horrible que celui de l'original, pouvait être d'un grand effet sur la scène. » (Duval). Pour lui le caractère de Sara Sampson était de moindre importance. Il voulut dépeindre la lutte de Marwood pour conserver son amant, lutte d'où Sara sort victorieuse pour les convenances, mais l'amour semble malgré cela l'emporter sur la vertu ; pour son dénouement il fallait que Marwood mourut à la place de Sara. Duval conserve cependant toute la scène de l'empoisonnement du Ve acte à cause de ses beautés, mais Norton suit Marwood dans sa fuite vers la chambre de Sara et fait disparaître le poison versé par la maîtresse de Mellefont. C'est la découverte de cet odieux attentat qui guérit le héros de sa passion pour Marwood :

Je ne connaissais pas, aujourd'hui je l'apprends :
Le pouvoir qu'une femme a sur nos sentiments ;
Nous devenons méchants quand elle est vicieuse,
Nous devenons meilleurs quand elle est vertueuse,
Marwood obtint mon cœur et l'avait corrompu.
Mais aujourd'hui Sara le rend à la vertu !

La conclusion est l'opposée de celle de Lessing :

Autrefois de l'hymen je redoutais la chaîne
Mon amour pour Sara maintenant m'y ramène.

Duval suit Lessing d'assez près, mais change l'ordre des scènes. Le dialogue est souvent traduit littéralement, mais il se trouve considérablement abrégé. Le caractère de Marwood est simplifié.

Ce n'est qu'après les troubles de la Révolution (en 1798) que Duval put finir son drame et le publier sous le titre de *La Courtisane, ou le danger d'un premier choix, drame en 5 actes et en vers.* [1])

Un larcin de ce genre, c'est-à-dire ajuster heureusement une pièce étrangère aux mœurs et au théâtre français, c'est presque de l'invention.

---

[1]) Voir Alexandre Duval, *Œuvres Complètes*, vol. III, Paris 1822.

A l'exception des *Räuber* de Schiller, les deux derniers volumes du *Nouveau Théâtre Allemand* ne contiennent pas de pièce digne d'intérêt. Bonneville donne cependant une traduction d'*Otto de Wittelsbach*, d'après la version de Steinberg, arrangée et remaniée pour le théâtre en 1783. Joseph-Marius Babo (1756-1822) avait surtout composé des drames historiques et militaires et des comédies bourgeoises :

1776 *Arno, ein militärisches Drama.*
1778 *Winterquartier in Amerika, Lustspiel.*
1779 *Dagobert, der Franken König.*
1780 *Die Römer in Deutschland.*
1782 *Otto Wittelsbach, Pfalzgraf in Bayern.*

Le sujet de ce dernier drame remonte au XIIIe siècle ; c'est le meurtre du Kaiser : l'idée dominante est la glorification de la Bavière. [1]) Otto, bien qu'assassin nous paraît un noble et généreux criminel, qui mérite plus que notre sympathie. La pièce se lit avec intérêt, et Bonneville a fait passer dans sa traduction toute la vigueur mâle de l'original. Il a bien rendu les fortes expressions imagées ; il a fait ressortir toute l'ironie dédaigneuse, tout le cruel mépris, toute la colère d'Otto de Wittelsbach. Il se plaît à paraphraser certains passages et, contre sa coutume, à expliquer le texte allemand en notes au bas de la page.

La sixième scène du IVe acte semble annoncer le romantisme : elle fait penser aux pièces historiques de plus tard, et aux romans historiques de Scott, tel qu'*Ivanhoë.*

Le tournoi est raconté indirectement, mais « le héros d'armes de l'Empire entre, suivi de quatre juges ; les prix, un glaive d'or, un casque, un éperon d'or, une cuirasse et une ceinture sont portés sur des coussins. Les autres juges viennent à la file ; après eux les écuyers servants, ensuite les chevaliers et les étrangers et au milieu d'eux Otto. La Porte du Palais reste ouverte pour que la cour et le peuple puissent voir. Des gardes à toutes les portes . . . . . »

Le dernier volume présente les *Brigands* de Schiller, pièce qui valut à son auteur l'honneur de recevoir le titre de citoyen français le 26 août 1792. Bonneville aimait et admirait le jeune enthousiaste qu'était Schiller ; il estimait cet homme qui, comme lui, cherchait la vérité, le vrai au fond du cœur de l'homme. Goethe, génie plus objectif le cherchait au dehors, dans la vie. « Tous deux, disait Schiller, [1]) nous

[1]) *Wolff*, « Tu aimais ta patrie plus que ton sang et dans tes derniers adieux, on t'entendit soupirer : *Ma Bavière.* »

[1]) Voir : *Tablettes Votives* (Poésies) 1797.
Chuquet, *Etudes de Littérature Allemande*, deuxième série, p. 230 et suite.

cherchons le vrai ; toi au dehors, dans la vie ; moi au dedans, au fond du cœur, et ainsi chacun est sûr de le trouver. Si l'œil est sain, il rencontre au dehors le Créateur ; si le cœur est sain, il réfléchit intérieurement le monde. »

Ce fut donc en 1785 que Friedel et Bonneville publièrent les *Räuber* de Schiller sous le titre assez impropre des *Voleurs*. Dans leur notice préliminaire ils jugèrent que, bien que l'ensemble et les détails de la pièce fussent du plus mauvais goût, on y rencontrait des traits sublimes en assez grand nombre, et que le jeune écrivain paraissait fait pour étonner le siècle par la vigueur de son génie.

Deux ans plus tard Mercier écrivait de Mannheim (26 oct. 1787) une lettre[2]) assez intéressante où, malgré son ignorance de la langue, il se plaisait à voir jouer les pièces allemandes. Il constate qu'en Allemagne on se trouve bien d'avoir rejeté les règles si chères aux Français. « L'action en est plus grande, plus variée, plus frappante, et j'ose dire, plus naturelle. » . . . . . « Qu'est-ce que le temps, qu'est-ce que l'espace quand c'est l'âme qui jouit ? »

Sur sa demande l'on avait donné les *Brigands* de Schiller.

« Mais de la multitude de pièces allemandes qui se jouent, la plus extraordinaire, à mon gré, est celle qui a pour titre *Die Räuber* . . . Les scènes les plus pathétiques, les plus terribles, les plus tendres, sont liées l'une à l'autre. Les applaudissements sont rares, mais le silence est attentif et profond. On est ému à chaque scène ; car on assiste à une action qui approche de l'effrayante vérité, ... si dans l'avenir le théâtre le plus vrai, le plus fertile en impressions, doit l'emporter et obtenir une préférence générale, ne peut-on pas croire que nos petites conventions théâtrales disparaîtront peu à peu et feront place à la manière grande, simple, naturelle, qui vivifie le théâtre de nos voisins ? »

Comme le dit si bien Virgile Rossel, les *Räuber* semblent être la glorification de l'état de nature : c'est un « drame ardent de jeunesse et fou de liberté, d'un Jean-Jacques conséquent à souhait et barbare à plaisir ». Il représente l'état de nature, le mépris des lois sociales, rentrant dans la forêt primitive. Carl [3]) est la créature sortie bonne

---

Rossel, *Histoire des Relations littéraires entre la France et l'Allemagne.*

Doberenz, *Lamartelière.*

[2]) Voir *Journal de Paris*, 7 nov. 1787.

[3]) Karl Moor est un digne représentant du *Sturm und Drang*. Fougueux et emporté, il a la sensibilité de l'époque. A de furieuses tirades contre la société, il ajoute des accents lyriques des plus touchants. Il aime la mélancolie du soleil couchant.

des mains du Créateur ; Franz « le produit dégénéré de l'ordre social ». Voilà les deux forces ennemies que Rousseau oppose sans cesse — la nature et la civilisation.

Nous ne nous étonnons donc pas de ce que Bonneville, disciple du père du romantisme, se soit intéressé tout particulièrement à cette pièce, la plus travaillée de son recueil. C'est le *Theater-Ausgabe* des *Räuber* de Schiller dont il se sert — l'édition remaniée pour le théâtre de Mannheim. [1]) Nous ne savons pas si Bonneville avait réellement l'intention de faire jouer la pièce sur les scènes de Paris ou s'il considérait cette version supérieure à la première. Schiller lui-même la préférait et écrivait en 1781 (le 6 oct.) « *Die Verbesserungen sind wichtig, verschiedene Scenen ganz neu, und, meiner Meinung nach, das ganze Stück wert.* » Dans ce remaniement les monologues de Franz, les conversations des brigands sont sensiblement abrégés ; les vers chantés par les brigands et la romance d'Amélie sont supprimés. Les brigands constitués en tribunal pour juger le scélérat Franz, le jettent dans la tour où le misérable avait enfermé son père. Karl frappe Amélie de son épée pour rester fidèle à sa parole donnée à sa bande, et avant de mourir, partage son domaine entre Schweizer et Kœnigsberg, les seuls purs parmi les impurs.

L'action se passe au temps de l'Empereur Maximilien en 1495 ; les brigands proclament le droit du plus fort.

Comme nous l'avons dit, c'est la pièce la plus travaillée de tout le recueil. A part la traduction même, Bonneville donne mille explications secondaires et fournit de petits commentaires ; il signale et explique les allusions bibliques ; il traduit les citations latines ; il tire des parallèles avec Shakespeare. [2]) Du reste, Bonneville nous donne plus d'une preuve de son admiration pour ce grand dramaturge ; il s'était intéressé à la traduction de Letourmeur : selon certaines indications, peu précises d'ailleurs, il aurait collaboré à ce recueil.

Bonneville s'étend sur le monologue de Franz au IVe acte et admire les scènes 8 et 9 : « Pour jouir de tout l'intérêt, répandu dans les scènes qui vont suivre, il est essentiel, dit-il, de lire avec attention ce monologue. M. Schiller, comme un poète lyrique, ne parle guère que par ellipses ; et dans une langue dont la clarté fait le caractère, il est difficile de le faire entendre, ... »

En général, le traducteur a suivi d'assez près les changements de style chez Schiller, car ce drame en contient de toutes sortes ; il a conservé les expressions lyriques et épiques, métaphysiques et bibli-

---

[1]) Joué à Mannheim le 13 juin 1782.

[2]) Voir Appendice « B » VIII.

ques ; il a reproduit une prose remplie d'épithètes, d'images, de personnifications audacieuses. Cependant il y a encore une légère tendance à amplifier le texte et à donner des explications détaillées des gestes et poses des personnages. [1])

Sept ans plus tard (en 1792) Jean H.-F. Lamartelière [2]) fit jouer sur la scène du Marais *Robert, Chef des Brigands,* pièce déjà composée en 1786 et publiée pour la première fois à Paris en 1793. Lamartelière était revenu en France plein d'enthousiasme pour Schiller, ce jeune génie qui donnait de si brillantes espérances. « Son premier ouvrage, dit-il, [3]) intitulé les *Voleurs,* me parut surtout une conception plutôt gigantesque que magnifique. J'entrepris de la transporter sur notre théâtre ; et dès le mois de mars 1787 mon manuscrit se trouva déposé entre les mains de M. de B*** [4]) qui m'honorait de son amitié. »

Lamartelière tenait beaucoup à faire jouer sa pièce sur les théâtres de Paris. [5]) Il se vit donc obligé de se conformer à l'esprit de l'époque, d'écrire pour le public de la Révolution. Il dut construire le drame sur un autre plan, et changer le caractère des personnages. Le cadre devient plus petit entre ses mains. Les *Brigands* de Schiller se transforment en avocats à la cour qui s'entretiennent dans les bois et font de longs discours sous les chênes sur la *race abâtardie*; qui discutent Plutarque et parlent des droits de l'homme. Ils forment un tribunal et plus tard se trouvent les exécuteurs des sentences d'un autre tribunal secret.

Ex. IV. 1. « Ce baron de Starfels est un monstre. C'est pour le juger que le tribunal s'assemble demain. Le capitaine m'a chargé de le défendre ; mais comment faire ? J'ai parcouru tout ce canton pour recueillir un seul fait qui pût parler en sa faveur, mais rien !... »

Encore : « Analysons les droits que la nature a départis à notre espèce ; adressons ce manifeste à tous les peuples courbés sous le joug des tyrans, encore capables de sentir la dignité de leur être. » [6])

Pour eux, leur chef Robert est le *grand réformateur,* et il ne lui reste que très peu du *sublime déchu* de Schiller.

Toute la pièce semble tendre non seulement vers le pardon de la bande mais même vers le but de la reconnaître comme presque bonne et nécessaire. Le Kaiser pardonne tout aux Brigands pourvu que Ro-

[1]) Voir Appendice « B » IX.

[2]) Lamartelière, Alsacien (1761-1830), s'installe à Paris; perd sa fortune par la Révolution ; a recours à sa plume :
Les Rois Espiègles, comédie ; *Le Testament*, drame ; *Amour et Intrigue*, drame ; *Fiesque*, tragédie ; Un *Théâtre de Schiller*, 2 vol. in 8°, 1799. Grande connaissance de la scène ; style négligé.

[3]) Voir Préface de *Gênes Sauvée, ou Fiesque et Doria.*

[4]) Beaumarchais.

[5]) Voir Lepeintre, *Répertoire du Théâtre Français*, Drames en prose, tome V. Paris, 1822.

[6]) Voir aussi V. 1, *Chanson de Liberté et d'Egalité.*

bert et sa bande se constituent en corps libre pour combattre dans son armée.

Pour le public parisien des boulevards il fallait que les amours de Robert et Sophie (l'Amélie de Schiller) finissent bien, et en effet Lamartelière fournit un dénouement à la satisfaction de tout le monde.

Lamartelière respecte les unités de temps et de lieu et revient au rôle des confidents ; les dialogues sont longs et remplis de discours ampoulés.

Ce drame de tendances républicaines, eut une vogue prodigieuse, et fut joué pendant plusieurs mois au *Théâtre du Marais*. Cependant le *Moniteur* [1]) trouve que les *Brigands* « ont beau montrer du courage, de la grandeur d'âme, et même une sorte d'équité, leur caractère en est plus dramatique, mais n'en reste pas moins immoral, et ce sont seulement des crimes brillants qu'ils commettent. »

Pour le succès du drame voyez le témoignage de Beaumarchais : « Quelque odieuse, quelque révoltante que soit une semblable immoralité, le succès de la pièce n'en a pas été moins brillant, le succès appartient à l'auteur allemand, à des situations quelquefois *romanesques*, mais souvent très intéressantes, à la manière hardie mais énergique dont la plupart des caractères sont conçus . . . . . .»

Encouragé par la vogue de son *Chef des Brigands*, il donna Le *Tribunal redoutable* qui eut presque autant de succès.

Nous avons vu que pour la marche de la pièce, Lamartelière avait fait des changements appréciables ; pour la version même, il se sert du texte allemand comme base, mais n'en donne pas une traduction, ni une paraphrase. Son Robert, *Chef des Brigands* n'est qu'une utilisation mélodramatique des *Räuber*. Lamartelière sut mettre à profit ses grandes connaissances de la scène, sa féconde imagination, mais il écrivit comme toujours avec trop de précipitation, avec trop de négligence.

En 1795, Creuzé de Lesser donna une imitation des *Räuber* de Schiller. [2]) Il ne fit que remanier la traduction de Bonneville. Du reste il ne connaissait le théâtre allemand que par l'intermédiaire du recueil de Friedel et Bonneville.

Avec un beau dédain pour les vieilles admirations, Creuzé de Lesser s'adonna à l'innovation du romantisme naissant. Dans la préface de ses *Voleurs* il témoigne de l'enthousiasme pour l'énergique œuvre de Schiller et de l'admiration pour la nouvelle voie qu'il semblait vouloir ouvrir à la littérature. [3])

---

[1]) 27 mars 1792.

[2]) Cette édition est très rare et ne se trouve pas à la Bibliothèque Nationale.

[3]) Voir le chapitre IX.

IV

L'influence de Bonneville, en tant qu'initiateur du Théâtre Allemand et en quelque sorte précurseur du romantisme, s'est également fait sentir en Angleterre et en Ecosse. Déjà en 1788, c'est-à-dire à peine trois ans après la publication du dernier volume du *Nouveau Théâtre Allemand*, Henry Mackenzie [1]) fit une conférence devant la *Edinburgh Royal Society* sur le Théâtre Allemand, dont il fit l'historique et la critique. Il s'adressait à des personnes qui ignoraient complètement cette littérature, et lui-même commence par reconnaître qu'il n'en eut connaissance que par l'intermédiaire des traductions françaises de *Friedel et Bonneville* et de *Juncker et Liebaut*, mais il estime davantage les premières qui sont aussi les plus étendues. Pour Mackenzie, le *drame* est une pièce intermédiaire entre une comédie et une tragédie classique. Mais pour avoir une idée plus précise de cette étude il vaudrait mieux résumer brièvement sa conférence en remarquant combien il suit Bonneville de près et en indiquant en même temps ses appréciations personnelles. Un compte rendu assez complet de cette conférence (faite le 21 août) se trouve au deuxième volume des *Transactions* de la *Edinburgh Royal Society* de l'année 1788 (pp. 154 et suivantes.)

Aucun pays, dit Mackenzie, n'est plus intéressant en ce moment que l'Allemagne. On y a longtemps étudié la science, la philosophie, mais pas les belles-lettres. Nous avons bien les poésies de Haller, qui a joint à un esprit scientifique des plus exacts un don poétique remarquable ; les fables de Gellert — le La Fontaine de l'Allemagne et un des premiers fondateurs de la littérature allemande — et la *Messiade* de Klopstock. Cependant cette littérature est peu connue à l'étranger et pas universellement goûtée, même dans son pays d'origine, où beaucoup de patois font concurrence à la langue littéraire, encore dans son

---

[1]) Henry Mackenzie (1745-1831), romancier et écrivain divers, fit ses études à Edimbourg, à la *High School* et ensuite à l'Université. Il entra au Ministère des Finances (en Ecosse). Sous l'influence de Sterne, il fit des romans « sentimentaux » : 1771, *The Man of Feeling*, plein de sensibilité. 1773, *Man of the World*, intrigue compliquée et d'une longueur fatigante. 1776, *Julia de Roubigné*, roman pathétique en forme de lettres. Quelques tragédies : *Prince of Tunis* ; *Shipwreck* ; *The Force of Fashion*. Ami intime de David Hume, et de l'historien Robertson, ainsi que de Walter Scott.

enfance. Cependant le mérite de quelques chefs-d'œuvre a attiré l'attention de certains hommes de lettres à l'étranger et surtout en France où plusieurs bonnes (*sic*) traductions ont paru. « Tous les ouvrages allemands remarquables sont aussitôt traduits et publiés à Paris. » Une des plus remarquables de ces traductions est le *Nouveau Théâtre Allemand,* [1]) et [2]) recueil des plus intéressants de pièces allemandes traduites en français par Messieurs Friedel et de Bonneville. Un autre recueil du même genre mais moins considérable, a été fait par Messieurs Juncker et Liebaut. Ces deux traductions, à en juger par leurs mérites intrinsèques, sont exécutées avec fidélité et habileté, mais le conférencier avoue qu'il n'est pas à même de les comparer avec les textes originaux.

Mackenzie a choisi le théâtre comme sujet de sa conférence parce qu'il indique d'une manière plus frappante que les autres genres littéraires, les traits saillants et les mœurs d'un peuple. M. Friedel discute dans sa préface le degré de perfection qu'a atteint la langue allemande et affirme que son développement littéraire est tout récent. Cela est dû, en partie, aux difficultés de la langue encore mal formée et peu propre à exprimer des nuances, au nombre de *patois* plus ou moins méprisés par les gens du monde, qui leur préfèrent le français. M. Juncker combat faiblement cette théorie dans sa préface, mais Mackenzie penche du côté de Friedel.

En 1727, Gottsched, professeur de philosophie à l'Université de Leipzig, entreprit de réformer le théâtre allemand, mais ne donna que des traductions du français et deux misérables pièces de lui, oubliées depuis longtemps. Entre 1740 et 1750 Eckhof, le Roscius de l'Allemagne, commença sa carrière dramatique qu'il poursuivit avec un succès toujours croissant jusqu'à sa mort en 1778, année où moururent deux autres grands acteurs Le Kain et Garrick. Les petits Etats dont se compose l'Allemagne, n'ont pas les moyens de subventionner de bons théâtres, et ceux de Vienne, de Berlin et de Dresde représentent presque exclusivement des opéras. En 1747, Lessing produit à Leipzig sa première comédie, et plusieurs autres auteurs se présentent ensuite. Il manque toujours à l'Allemagne une capitale comme Paris ou Londres. Cependant, après la guerre, les riches marchands de Hambourg et de Leipzig encouragèrent le théâtre national, qui eut quelque succès à Vienne, à Berlin, à Mannheim et à Dresde.

---

[1]) Cité *Le Théâtre Allemande* (sic).

[2]) Seul, des œuvres de Bonneville, ce recueil se trouve dans plusieurs des grandes bibliothèques d'Edimbourg.

La littérature allemande de cette époque est très sentimentale et poétique. En Allemagne on lisait avidement les œuvres de Sterne et d'autres de la même catégorie. Mackenzie a entendu parler d'une société nommée *La Tabatière* (*Snuffbox*) d'après un incident de l'histoire du moine dans *The Sentimental Journey*. Les poésies de Wieland, de Gessner, de Weisse, pour ne citer que celles-là, sont pleines de sentiment. Dans *Werther*, Goethe porte la sensibilité (les sentiments tendres) à un degré qui excita l'enthousiasme général. Les jeunes gens à la mode affectaient le costume que portait Werther dans ses entrevues avec Charlotte. Cette exagération trouve son origine dans l'ardente admiration qu'excitait cette nouvelle littérature.

Les drames allemands contiennent des inconvenances qui indiquent l'enfance de l'art dramatique. Ils sont remplis de scènes de meurtre et de folie comme les vieilles tragédies anglaises. Agnès Bernau, héroïne d'un drame allemand, est exécutée sur la scène d'une manière révoltante. Condamnée à être noyée dans le Danube, un des bourreaux la replonge dans l'eau au moment où elle cherche à se sauver. Mackenzie n'excuse pas la licence ; il lui préfère la *bien-séance morale*. Cette remarque, ajoute-t-il, s'appliquerait aussi à la scène anglaise, mais elle est tombée si bas qu'elle ne mérite pas qu'on s'en occupe ! [1])

Des trois pièces historiques que donne Bonneville, la plus populaire est *Gœtz de Berlichingen*, qui met en scène la guerre des paysans du temps de l'Empereur Maximilien. Cette pièce, par la multiplicité des incidents et les changements de lieu, dépasse la plus grande licence que se soit permis Shakespeare, et cependant elle est très récente (1773).

Les principaux auteurs que Mackensie trouve traduits en français sont Lessing, Goethe et Brandes, et il s'étonne que ce dernier ne soit pas plus populaire en Allemagne, car il goûte fort ses œuvres.

Mackenzie signale les diverses imitations de Shakespeare par Weisse, dont il a lu les traductions dans le recueil de Juncker. Il trouve son *Roméo et Juliette* beaucoup plus extravagant que la tragédie de Shakespeare.

Klopstock, que les Allemands comparent à Homère et à Milton, donne la *Messiade*, et *La Mort d'Adam*, pièce qui n'était pas destinée à la scène. Cette œuvre, dit le conférencier, ne plaît pas, mais elle intéresse. La venue de l'Ange de la Mort est admirablement préparée. Adam dit à son fils Seth : « Les terreurs du Tout-Puissant me saisissent ! Il faut que je détourne de toi mes regards, mon fils. C'est un

---

[1]) « The same remark applies to the English stage, were it not now sunk to such state of degradation as hardly to be worthy of notice. »

jour ténébreux ! Qui tremble là-bas ? Un jour sombre ! effrayant ! Entends-tu, mon fils, ce rocher trembler ? On approche toujours de plus en plus. Sens-tu comme cette colline s'ébranle ? Sur cette colline, le voici ! Vois-tu *Le Terrible* ? » Tout cela est bien agencé.

En somme, l'intérêt du *Théâtre Allemand* réside dans l'action et les situations plutôt que dans les caractères. Ce n'est pas l'avare, le misanthrope, l'hypocrite, c'est un père irrité de la mésalliance de son enfant, un mari blessé par l'extravagance ridicule de sa femme, qu'on nous présente. De même, les tragédies ne personnifient point l'ambition, la vengeance, la jalousie ; elles mettent en scène un fils outragé par son père, un baron offensé par son prince, un prince tyrannisé par son amour (*Love* — amour ou maîtresse ?). Mackenzie préfère le théâtre de caractère ; celui du personnage principal, dit-il, donne son cachet à la pièce et frappe l'imagination du spectateur. Il ajoute que ce genre devient plus rare à mesure qu'un peuple vieillit parce que tous les types saillants ont déjà été mis en scène. Dans le *Théâtre Allemand* les actions des principaux personnages semblent parfois insuffisamment motivées et les situations peu en accord avec leur caractère. Les drames allemands ne donnent pas assez de relief aux grands traits de la nature humaine. Les personnages de Shakespeare sont mus par les sentiments natifs de l'âme, et cela touche le public. Les drames allemands, quoique diffus, sont de construction simple, et le dénouement se laisse souvent trop facilement deviner. Les Allemands doivent être doués d'une grande sensibilité, car ils applaudissent aux endroits où le sentiment domine, plutôt qu'aux coups de théâtre. Le public doit éprouver une espèce d'enthousiasme mystique semblable au sentiment religieux. Cette émotion est des plus contagieuses, et cependant l'esprit allemand est flegmatique plutôt qu'enjoué.

Le style des pièces est [1]) hardi, puissant et riche, mais un peu trop fleuri et imagé. Il y a trop de minuties dans ces drames, trop de verbiage, un étalage un peu forcé de sentiments vertueux et de lieux communs ; cette emphase presque ridicule donne prise aux ennemis de la vertu. La morale est presque toujours respectée, mais parfois le langage est vertueux et l'action libertine. A partir de la page 174, Mackenzie nous fait une étude plus détaillée des pièces données dans le recueil de Friedel et Bonneville, presque dans l'ordre chronologique de cette publication. Il signale en passant le fait qu'en général, au théâtre allemand les femmes sont moins bien dépeintes que les hommes,

---

[1]) « Bold, forcible, rich, rather too florid and ornamental. »

et le conférencier attribue ce défaut au rôle effacé que jouent les femmes dans la société allemande. Il y a des exceptions, telle que la Comtesse Orsina, qui donne lieu à de belles scènes de passion. A son avis, Lessing décrit bien les mouvements secrets du cœur humain, mais il développe mal le caractère, et les situations ne sont pas toujours vraisemblables ni intéressantes. Le pathétique manque.

En parlant du *Clavigo* de Goethe, il trouve les deux premiers actes faibles, mais il admire le troisième où l'action se passe en présence du cadavre de Maria — scène qui doit être d'un grand effet au théâtre. (Cette scène est du reste tout à fait dans le goût anglais.)

Mais la pièce que Mackenzie a trouvé la plus remarquable du recueil de Friedel et Bonneville est celle qui termine la série, à savoir *Les Voleurs* de Schiller. Il s'étend longuement sur cette tragédie et en fait une étude toute spéciale. Le jeune auteur de cette pièce donne libre cours à une imagination ardente qui dépeint des caractères intéressants et invente des situations frappantes ; il fait parler à ses personnages un langage éloquent, passionné et sublime. En outre, il résume l'intrigue de ce drame. Il trouve que Charles, dans sa qualité de chef de brigands, fait preuve d'une grande bravoure et d'une singulière magnanimité.

Le grand et le terrible dominent dans la pièce, mais on y trouve aussi des scènes pathétiques et tendres. Mackenzie cite ici toute la deuxième scène du troisième acte en s'excusant d'offrir à la *Royal Society* « *la traduction d'une traduction* ». C'est la scène où la bande est campée sur les bords du Danube après avoir triomphé des cavaliers de Bohème.

Le IVe acte qui représente une lande désolée avec les ruines d'une tour, le silence de la nuit rompu seulement par les cris d'un hibou, lui semble également grand, et il admire le monologue de Moor : « Une longue, longue nuit. Elle n'aura jamais d'aurore ! .. » Mackenzie s'attarde sur ce drame parce qu'il le trouve un des plus remarquables qu'un génie peu cultivé (*untutored*) ait produit dans les temps modernes. Il cite, en plus, l'incident si connu des écoliers de Fribourg, incident également raconté par Bonneville.

C'est cette conférence, faite à Edimbourg en 1788, qui attira l'attention de Walter Scott sur la littérature allemande alors qu'il avait à peine dix-sept ans, et c'est cette étude de Mackenzie qui engagea le jeune Scott et ses amis à apprendre l'allemand ; mais il est peu probable que ceux-ci se soient directement occupés des traductions de Bonneville. Dans l'*Essay on the Imitation of the Ancient Ballad*, paru en avril 1830, Walter Scott affirme de la manière la plus positive que c'était cette conférence de Mackenzie qui éveilla chez les écrivains écossais ce vif intérêt pour la littérature allemande ; il résume brièvement l'introduction de l'étude. [1]) Grâce à l'auteur du *Man of Feeling*, et indirectement à Bonneville, le monde littéraire d'Edimbourg put se rendre compte de l'existence d'œuvres de génie écrites dans une langue analogue à la leur. Ils s'initièrent ainsi aux compositions des poètes qui avaient les mêmes ambitions et les mêmes tendances.

« The literary persons of Edinburgh, dit Scott, were then first made avare of the existence of works of genius in a language cognate with the English and possessed of the same manly force of expression ; they learned at the same time that the taste which dictated the German compositions was of a kind as nearly allied to the English as their language. Those who were from their youth accustomed to admire Shakespeare and Milton, became acquainted for the first time with a race of poets who had the same lofty ambition to spurn the flaming boundaries of the universe and investigate the realms of chaos and Old Night ; and of dramatists who, disclaiming the pedantry of the unities sought, at the expense of occasionnal improbalities and extravagance, to present life on the stage in its scenes of wildest contrast, and in all its boundless variety of character. »

Il raconte ensuite [2]) que six ou sept amis intimes formèrent une classe pour apprendre l'allemand. Le professeur de cette petite classe était un médecin, le Dr Willich, qui fit lire à ses élèves, pour la plupart de jeunes avocats, *La Mort d'Abel* de Gessner, œuvre piétiste qui ne manqua pas de les ennuyer au plus haut degré. Scott lui-même s'appliqua sérieusement à étudier les chefs-d'œuvre allemands dans le texte. [3]) Il a eu connaissance des traductions de Wm. Taylor de Norwich, un des collaborateurs marquants des *Monthly, Critical and Annual Reviews*, où il contribuait surtout pour des articles sur les littératures étrangères, mais les traductions de Taylor datent de plus tard. [4]) C'est même sa traduction de la *Lenore* de Bürger [5]) (dont Scott avait déjà eu connaissance en 1795 avant la publication) qui éveilla l'instinct poétique du barde écossais. Il en fit lui-même une traduction en vers qui

---

1) *Poetical Works of Walter Scott*, Edin., 1880, XII vol., vol. IV.

2) Ibid. vol. IV., pp. 42-3.

3) Traductions de Scott de l'allemand :
Bürger, *Der Wilde Jäger*, 1796 ; *Lenore*, 1796.
Gœthe, *Erlkönig* 1797 ; *Gœtz von Berlichingen*, 1799.

4) Wm. Taylor, *Nathan the Wise*, London 1805 (privately printed at Norwich 1791).

5) *Ellenore*, 1796 in 4°. *Hist. Survey of German Poetry interspersed with translations*, 1828-30, 3 vol. in 8°.

fut beaucoup admirée en Ecosse, mais qui passa presque inaperçue en Angleterre, si ce n'est de Taylor qui lui écrivit à ce sujet une charmante lettre [1]) où il compare les vers de Scott à ses propres traductions.

Scott fut beaucoup encouragé dans ses études allemandes [2]) par l'exemple et par les bons conseils d'Alexander Fraser Tytler [3]), qui fut un des premiers à donner une version anglaise des *Brigands* de Schiller. [4])

« Those German studies were much encouraged by the example and assisted by the advice of an accomplished person, considerably Scott's superior in standing, Alex. Fraser Tytler, afterwards a Judge in the Court of Session by the title of Lord Woodhouselee. His version of Schiller's *Robbers* was one of the earliest from the German Theatre, and no doubt stimulated his young friend to his first experiments in the same walk. »

Nous avons encore « *Monk* » Lewis, [5]) qui doit en partie son enthousiasme pour la littérature allemande à la dissertation de Mackenzie en 1788. Lewis publia son *Monk* en 1795 tout à fait dans le goût allemand. Il se trouve même obligé d'en retrancher certains passages qui manquaient trop de retenue. Un peu plus tard l'auteur anonyme des *Pursuits of Literature* se moqua de l'élément surnaturel dans l'œuvre de Lewis en ces termes :

« I bear an English heart,
Unused at ghosts or ratting bones to start. »

Vers 1796, Mrs. Scott of Harden, née comtesse Henriette Brahl de Martinkirchen, lui fournit les textes allemands de Bürger, Schiller, Goethe, etc. [6])

« Being thus furnished with the originals, I began to translate on all sides, certainly without anything like an accurate knowledge of the language; and although the dramas of Goethe, Schiller, and others power-

[1]) Lettre de Wm. Taylor à Scott datée de Norwich du 14 déc. 1796.

[2]) Quelques traces de reminiscence, dans ses romans tel que *Ivanhoe*, la prise du Château. Cf. *Gœtz de Berlichingen*.

[3]) Alex. Fraser Tytler (1747-1813), Juge à Edimbourg, chargé de cours à l'Université de cette même ville ; conférences froides mais judicieuses.

[4]) Voir Lockart, *Life of Scott*, vol. I., p. 278 (éd. 1902, vol. I., p. 231).

[5]) Matthiew Gregory Lewis (1775-1818), fit en 1792 un voyage à Weimar, où il rencontra Gœthe. Il fit la connaissance de Scott en 1798, aida ce dernier à publier son *Gœtz von Berlichingen* en 1799.

Œuvres : *Ambrosio or The Monk*, 1795 ; The Minister, 1797 ; *Rolla*, 1797 ; *Romantic Tales*, 4 vol., 1808.

[6]) Voir Lockart, *Life of Scott*, IV, 1-64.

fully attracted one whose early attention to the German had been arrested by Mackenzie's Dissertation and the play of the *Robbers* yet the ballad poetry, in which I had made a bold Essay, was still my favourite. »

(Les *Brigands* est la pièce dont Mackenzie lut une scène entière et sur laquelle il s'étendit le plus.)

Nous voyons donc l'importance de cette conférence de Henry Mackenzie, basée comme elle l'est en grande partie sur les traductions de Friedel et Bonneville. C'est une scène de cette tragédie que Mackenzie rend en anglais (traduit du français de Bonneville) à la *Royal Society*. Scott, enthousiasmé, se met à apprendre l'allemand et fait des traductions qui révèlent son génie.

Une foule d'imitateurs maladroits de ces chefs-d'œuvre allemands, incapables d'arriver au sublime, tombent dans un style ampoulé et extravagant, qui couvre le genre de ridicule. [1]) Canning lui donne le coup de grâce dans une pièce burlesque intitulée *The Rovers*.

Quant à Scott, c'est en grande partie aux sages conseils de son ami et moniteur littéraire, Wm. Erskine, [2]) Lord Kinneder, qu'il doit de ne pas être tombé dans les extravagances de ses contemporains. Erskine encouragea chez Scott ce vif intérêt pour l'histoire du moyen âge, approuva ce style hardi et pittoresque, mais le détourna de ces licences autant d'idées que de langage, de ces détails absurdes et vulgaires qui caractérisent les drames allemands.

---

[1]) Voir *Poetical Works of Scott*, XII, p. 367.

[2]) Voir Lockart, *Life of Scott*, I., 232.

Voir le chapitre. IX.

CHAPITRE VIII.

«CHOIX DE PETITS ROMANS IMITÉS DE L'ALLEMAND, SUIVIS DE QUELQUES ESSAIS DE POÉSIE LYRIQUE» (1876)

POÉSIES (1793)

Bonneville s'était proposé de publier, en collaboration avec son ami Friedel, six volumes in 12° de *Choix de petits romans imités de l'allemand.* Ce recueil devait avoir le titre général de *Littérature Allemande,* mais ne devait contenir aucune traduction proprement dite. La mort de Friedel au mois de décembre 1786 enraya ce projet et Bonneville ne put publier qu'un seul petit volume in 12° : *Choix de petits romans imités de l'allemand, suivis de poésies lyriques,* pour la plupart des compositions de jeunesse. [1])

Dans la préface il « pousse le cri famélique et orgueilleux des génies inconnus », et consacre une bonne partie à l'éloge de Chatterton, dont il donne une courte biographie. « O puissant génie, s'écrie-t-il avec Hayley, [2]) que la Nature a formé en vain pour nous donner une plus grande idée de l'homme, sous quel astre fatal es-tu né ? Terrible exemple ! Quels affreux tourments assiègent le Génie, qui se débat contre l'indomptable malice de la destinée ! »

« Oh ! ill-starred youth, whom Nature formed in vain
With powers on Pindar's splendid height to reign.
O dread example of what pangs await
Young genius struggling with malignant fate ! »

---

[1]) Voir Appendice « B » X.

[2]) *William Hayley* (1745-1820), fit ses études à Eton et à Trinity College, Cambridge, n'exerça jamais la profession d'avocat à laquelle il s'était préparé. Sa fortune lui permit de s'adonner à la poésie et au théâtre. Il se lia avec William Cowper dont il fit la biographie. *Poetical Works*, 3 vol, 1785 ; *Poems and Plays*, 6 vol., 1788 ; *Life of Cowper*, 3 vol., 1803-4.; *Life of Romney*, 1809.

Les muses sont femmes, dit Bonneville, et ne donnent pas leurs faveurs aux vieillards. Il faut de l'art pour écrire en prose et le jeune homme ne peut l'avoir appris. Ce n'est pas après la mort tragique d'un auteur qu'il faut lui faire des « éloges funèbres », malheureusement « la calomnie ne nourrit que les vivants. » Empêchez, au contraire, qu'on opprime un grand homme pendant sa vie et vous n'aurez plus la douleur de ne l'entendre louer qu'après sa mort.

Près de cinquante ans avant le *Chatterton* d'Alfred de Vigny, Bonneville attire les regards sur la jeunesse qu'on opprime et cherche à porter secours aux génies dont on avilit le cœur : il demande à la société de reconnaître les jeunes auteurs et de leur fournir les moyens de cultiver leur talent sans autres soucis matériels.

Peut-être — oserons-nous l'avouer ? —n'était-ce que lui-même qu'il aimait en aimant Chatterton et, comme les Chattertonistes de 1835, cherchait-il par son éloge à attirer l'attention publique sur sa personne et préparer son triomphe à lui. Et cependant, même dans les jours de malheur, Bonneville n'a jamais désespéré de la vie. Jamais Bonneville n'aurait écrit les vers suivants :

> Puisqu'ainsi dans mon cœur est morte l'espérance
> D'un monde indifférent ne songeons qu'à sortir ;
> Puisque toujours, partout, tu connus la souffrance
> Levons l'ancre, mon âme, il est temps de partir.
>
> Un anonyme. [1]

Bonneville avait eu connaissance de la correspondance Chatterton-Walpole, mais c'est sans doute la lecture de *Love and Madness* de Croft, qui éveilla en lui cet intérêt pour le poète de Bristol. Croft fit un long séjour en France et mourut à Paris même en 1816. Il eut à son service Charles Nodier, futur ami de Bonneville. Au reste, il avait eu comme ami à Lincoln's Inn le fils de Fr. Young, auteur des *Night Thoughts*, dont Letourneur avait donné une traduction. A part quelques petites preuves intrinsèques, telles que certains renseignements qu'il semble prendre de cette 49e lettre de *Love and Madness*, les relations d'amitié que nous venons de citer tendraient à faire croire que Croft n'était pas un inconnu pour Bonneville.

Dans le *Critical Observations* (8th June 1770) cité dans *Love and Madness* (p. 189) Wm. Duff reconnaît trois grands génies poétiques : Homère, Ossian et Shakespeare, et voudrait presque remplacer Ossian par Chatterton. L'admiration de Bonneville ne va pas si loin, mais il voudrait presque mettre les quatre auteurs au même rang.

---

[1]) Cité par Louis Maigron : *Le Romantisme et les Mœurs*.

Dans cette préface, Bonneville témoigne déjà de sa reconnaissance à Jean-Jacques. Il rappelle les préjugés dont on avait troublé son cœur d'enfant et la prévention contre Rousseau qu'on essayait en vain de faire naître en lui. Bonneville aime et honore Rousseau parce qu'il lui doit beaucoup. C'est lui qui avait donné le change à son esprit enflammé et qui avait nourri dans son cœur une *délicieuse sensibilité* dont il attendait tout son bonheur. C'est Jean-Jacques qui lui avait signalé l'insensible gradation par laquelle l'homme avait quitté l'état où la Nature l'avait placé.

Bonneville admire l'énergie avec laquelle Rousseau trace les tableaux où il peint les peuples corrompus par l'abus des lettres et des sciences. Il croit voir éclore l'éloquence en France et « Rousseau éclipse (à son avis) tous ces frivoles déclamateurs, tous ces écrivains forcenés, qu'on avait décorés du nom d'éloquents. » Loin d'être l'ennemi du genre humain, Rousseau lui paraît l'ami des hommes. « Est-ce être l'ennemi du genre humain que d'en attaquer les corrupteurs ? Est-ce être l'ennemi de la vertu que de faire la satire du vice ? » Bonneville fait l'apologie de la *Nouvelle Héloïse*, car la vie de Julie, épouse et mère, offre des tableaux plus ravissants que celle de Julie, amante criminelle. Julie lui paraît parmi les filles comme un lys parmi les épines. Il aime la fierté, la franchise, et la rudesse stoïque d'Edouard.

En dernier lieu, Rousseau éveille chez Bonneville le goût de la Nature, et lui en fait voir les beautés ; il semble posséder les vallons délicieux, les campagnes heureuses que décrit Jean-Jacques ; il croit respirer les parfums des belles fleurs et entendre les doux murmures des ruisseaux. A l'instar de son maître, Bonneville conseille d'apprendre à « goûter les vrais spectacles que vous êtes le maître de vous donner tous les jours. Vous avez des yeux et la Nature varie à chaque instant. Sachez goûter les plaisirs qu'elle vous offre et préférez-les à la pompe magnifique qu'invente le crime pour l'amusement, ou plutôt pour la corruption des hommes frivoles. Bientôt vous connaîtrez le prix d'un bois solitaire ; la vue d'une prairie, d'un coteau ou d'une rivière ne vous sera pas indifférente. Le spectacle d'une belle nuit étoilée vous ravira et vous entendrez l'harmonie des cieux annoncer la gloire de leur auteur. Promenez-vous souvent sur les belles collines du Valème. »

Bonneville parle aussi de Shakespeare, ce « Génie agreste et pur qu'ils traitent de Barbare » et lui consacre même un sonnet dans ses poésies. En quelques vers il rappelle le premier enthousiasme de Voltaire pour ce grand dramaturge, ses imitations, ses traductions même et puis son dégoût [1]) pour cet auteur qui tenait si peu compte des règles de l'art. Bonneville finit par traiter Voltaire de vulgaire pillard :

Voltaire alors se glisse et l'embrasse et soupire !
De son or le plus pur voulant se couronner,
En secret, à la hâte, il s'en pare, et s'admire,
Et pour cacher ses vols cherche à l'assassiner.

Malgré l'intention de Bonneville de publier de temps en temps des passages frappants de Shakespeare, il n'a tenté que trois imitations du dramaturge anglais :

1º Le monologue qui sert d'introduction au drame historique de *Richard III*.

2º Le monologue d'Hamlet : « *To be or not to be* ! »

3º La querelle entre Cassius et Brutus dans le drame de *Jules César*.

Comme nous venons de le voir, Voltaire reconnaît dans Shakespeare un jeu plein de force et de fécondité, de naturel et de sublime, mais lui reproche un manque de bon goût et une ignorance des règles. Bonneville révoque en doute la question de *bon goût* et voudrait en demander une explication. Dans tous les cas, ce n'est pas cela qu'il faut chercher dans les pièces de l'auteur anglais. « Cherchez, dit Bonneville, ce qui dans tous les siècles, ravit les belles âmes, et vous serez sûr de l'y trouver ».

« Le langage d'Hamlet [2]) est celui du cœur humain, prêt à faire une action terrible, de la plus haute importance décisive. C'est le vrai langage de l'humanité, dans toutes les classes d'hommes, depuis le roi jusqu'à son esclave, depuis le philosophe jusqu'au plus simple paysan. C'est la langue qu'on peut parler sans l'avoir apprise et cependant qu'aucun savant ne peut perfectionner et qu'aucun philosophe ne peut rendre sublime. . . . . . Le sublime est toujours d'imiter la nature. » Bonneville voit dans Hamlet le langage d'une âme inquiète et oppressée, qui parle au cœur, seule source de la vérité.

---

[1]) Voir *Lettres Philosophiques*. (Lettre sur la tragédie). Paris 1734.
« Il avait un génie plein de force et de fécondité, de naturel et de sublime, sans la moindre étincelle de bon goût et sans la moindre connaissance des règles. »

Voir préface d'*Irène*.

[2]) *Choix de Petits Romans*, p. 253.

Et voilà précisément, à son avis, ce que Voltaire n'a pas su rendre dans sa traduction. Bonneville voit dans la version de Voltaire le langage épuré de l'académie et du portique. Ce dernier traduit le discours de Caton [1]) et le monologue d'Hamlet de la même façon classique. Le langage d'Hamlet ne peut pas être celui d'un écrivain d'Athènes.

Bonneville en donne une traduction assez fidèle mais incolore et prosaïque ; elle manque d'élégance et de noblesse. On peut toujours le louer d'avoir essayé de rendre un passage qui a fait le désespoir de plus d'un étudiant et de bien des acteurs.

Bonneville nous fournit une franche imitation du monologue de Richard III ; il en traduit les idées, les sentiments, mais il néglige le texte et ajoute même certains traits pour faciliter les transitions. Il s'intéresse tout particulièrement au caractère de Richard, ce criminel pour lequel nous sentons une espèce de compassion, bien que ses vices nous remplissent d'horreur. Le personnage même de Richard III, sa difformité qui souille sa pensée et aigrit son caractère, son désir inassouvi d'amour et sa soif de haine, forme le sujet même du poème de Bonneville.

Par contre, le monologue de Shakespeare sert d'introduction au drame ; il est logique et presque symétrique dans ses parties. L'auteur explique le moment historique, ensuite il présente le personnage de Richard, signale ses défauts physiques, expose son esprit faussé, et en dernier lieu annonce ses plans d'action.

En ce qui concerne la forme, Bonneville adopte les vers blancs de 12 pieds, dans lesquels il trouve une vraie harmonie. « Des images neuves me sembleraient autoriser une harmonie qui est étrange, mais qui n'est pourtant pas sans douceur. »

Plus tard, en octobre 1792, il écrira dans la *Chronique du Mois* : « Des vers blancs, de diverses mesures et écrits de suite, pourraient tromper les yeux vulgaires et avoir quelque succès au théâtre. O ! que n'ai-je d'un torrent la force et la furie ; avec quelle intrépidité j'irais déracinant les préjugés, les mauvaises coutumes, la noire ingratitude, le fanatisme et l'égoïsme ; tous les vices. On a été longtemps à s'apercevoir en Allemagne, que le bon Gessner avait écrit ses idylles en vers blancs, ami lecteur, je viens en courant d'en écrire une octave ; depuis mon exclamation O ! tu as dû trouver dans la note un style rapide, étrange ; l'as-tu cru mesuré, et en vers libres ? »

[1]) Addison.

Bonneville néglige les métaphores osées et neuves de Shakespeare, paraphrase ses attributs qui frappent l'imagination et substitue des images fades et usées. Les beaux vers du commencement sont entièrement omis !

> « Now is the winter of our discontent [1])
> Made glorious summer by this sun of York ;
> And all the clouds that lour'd upon our house
> In the deep bosom of the ocean buried. »

« *Our bruised arms* » devient « *nos glaives sanglants* » ce qui n'est plus la même image.

« *Grim-visaged war hath smoothed his wrinkled front.* » [2])

> L'horrible guerre, en chœur avec nos jeunes filles
> . . . .
> . . . .
> Change son air féroce en un regard aimant.

« *Unless to spy my shadow in the sun.* »

> Pourquoi viens-tu, soleil, éclairer ma laideur ?
> Tu vois que je n'ai pas avec qui te maudire !
> A moins que je ne parle à mon ombre hideuse
> Qui semble encore s'enfuir lorsque je la regarde.

Ici Bonneville complète l'image d'une façon assez heureuse.

Il insiste cependant trop sur sa laideur :

> Tronc grotesque, chargé de nœuds et de laideur.
> Je sens que malgré moi, je ris d'un laid sourire
> Que ma difformité qui souille ma pensée
> En rend mon œil plus jaune et mon teint plus terreux.

Tout cela n'est pas dans le texte original. Bonneville donne à Richard un caractère aigri, méchant, violent, et rejette la ruse simple mais subtile qui entre dans la méchanceté même du personnage de Shakespeare :

« *Je ne puis être aimé : je veux qu'on me haïsse.* »

La fameuse querelle entre Brutus et Cassius [3]) est sensiblement raccourcie. Bien qu'il suive le texte d'assez près, Bonneville en donne plutôt une paraphrase qu'une traduction ; il adoucit les paroles par trop amères et trop violentes — ce qui modifie légèrement l'aspect de leur différend et dérobe à la version cette gradation que Shakespeare a su donner pour mener à la réconciliation.

---

[1]) Mennechet : « Enfin, grâce au soleil d'York, l'hiver de nos malheurs s'est changé en un radieux été, et tous les nuages qui pesaient sur notre maison sont descendus dans les profonds abîmes de l'Océan. »

[2]) « La guerre au visage farouche a déridé son front menaçant. »

[3]) *Jules César*, IV, 3.

Il y a aussi, comme toujours, des exemples d'amplifications : [1])

« Come Anthony, and young Octavius, come,
Revenge yourselves alone on Cassius. »

« Viens, Antoine, jeune Octave, et vous tous oppresseurs de l'Univers, venez! Vengez-vous sur Cassius seul! »

La fin du dialogue se trouve très changée : c'est une explication du texte plutôt qu'une traduction, et fournit un exemple de Bonneville dans ses plus mauvais moments. Bonneville avait surtout vu dans Shakespeare un « génie agreste, homme de tous les temps », un grand psychologue ; il avait goûté chez lui le vers blanc et les strophes lyriques. Plus tard, Vigny trouvera, également, mais avec plus de netteté et d'assurance, la prose du réalisme, le récitatif et le « *bel canto* ».

Quant aux *Romans imités de l'Allemand,* ce recueil contient des anecdotes historiques et littéraires, des nouvelles avec morales ou réflexions philosophiques, des histoires orientales avec leçon morale et enfin une curieuse saynète *Sur les Français et les Allemands, ou l'après-dîner de Mme la Marquise de R...* d'après Sturz où les quelques personnages discutent les mérites des auteurs allemands. La Marquise de R..., qui vient de lire une Idylle de Gessner, exprime son ennui de ne pas y avoir trouvé une seule idée piquante, une seule phrase qu'on voudrait avoir dite. A cela le Chevalier lui explique que les Français du siècle sont trop loin de la Nature, qu'ils ne voient « qu'après sa toilette ». « Elle n'est pour nous qu'une dame parée, qui a mis son rouge et ses diamants. Je ne trouve pas ces Idylles sans intérêt ; j'aime cette simplicité, ces couleurs fraîches, ces tableaux vrais, tels que l'onde pure les réfléchit. » L'abbé aime les Allemands au naturel, « fiers comme des Sultans, nobles comme des chevaux arabes, et sots comme des cruches. »

Là-dessus le chevalier prend la défense des Allemands et explique que ce peuple a cessé d'être barbare, qu'il possède même un théâtre national, mais il dénature tous les noms qu'il cite. Lessing devient dans sa bouche M. le Singe, qui excelle dans les scènes de passion. Wieland se trouve changé en Viland, et celui-ci est, à son avis, le seul auteur allemand qui pourrait être généralement goûté en France, car il peint avec toutes les grâces françaises et « a absolument notre manière de voir et de sentir. »

Klopstock est dénaturé en Clovesoque ou Clove Stoque. Chez Klopstock l'abbé trouve « le Nouveau Testament dramatisé : l'ancien y est mêlé par intermèdes ; et comme par manière de divertissement

---

[1]) *Jules César,* IV. 3.

on y a ajouté le Jugement dernier. » Cependant il admet qu'il y a « des choses fortement senties et des morceaux qui frisent le sublime. »

Le comte de F. objecte qu'une traduction médiocre ne peut donner une idée de l'original et que la langue française est trop pauvre et trop timide pour rendre les expressions fortes de l'Allemand, que le cœur français est trop *dégradé* pour sympathiser avec l'Allemand. « Ils étaient barbares il n'y a que 30 ans ; ils n'ont point eu de Médicis, ni de Louis XIV pour encourager leurs talents. » Les Français ont l'esprit et le goût en partage ; les Allemands ont l'énergie et le naturel. « Leur génie est un arbre majestueux qui a poussé dans un sol aride par la force végétative de sa sève. »

Cette petite saynète aurait, selon nous, fait une bonne introduction au *Nouveau Théâtre Allemand.*

Les *Poésies* de Bonneville parurent (in 8°) en 1793. Pour la classification de ces essais poétiques il a suivi à peu près l'ordre immédiat dans lequel ils avaient été composés. Il nous avoue cependant [1]) avoir brûlé une foule de poésies « aussi insipides que licencieuses, composées dans la première ivresse des sens ». Aussi, ne nous a-t-il laissé rien d'érotique ; sa manière n'est jamais sensuelle et ses moments de tristesse ne ressemblent jamais à la douce mélancolie, fille du plaisir.

Nous trouvons donc, au commencement de ce petit volume, ses vers de jeunesse, des imitations de la Bible. Nous avons déjà remarqué dans les chapitres précédents ses élans de religion. Ce qui l'avait frappé surtout, c'était le grand lyrisme de l'ancien testament. Il aimait avant tout le livre d'Isaïe, les Cantiques de David, les Lamentations de Jérémie ; il admirait le genre descriptif du livre de Job et appréciait l'énergie de ses tableaux. « On lit dans Isaïe, disait Bonneville, sur la ruine de Tyr un chapitre entier qui me semble laisser bien au-dessous de lui tout ce que nous connaissons de plus sublime dans le genre lyrique. »

Du 39e chapitre de Job, où Dieu lui démontre la petitesse de l'homme, la circonstance qu'on rappelle le plus souvent est la magnifique description du cheval, compagnon de l'homme. *Le cheval de Bataille* de Bonneville avait déjà paru dans son *Choix de Petits Romans* juxtaposé à une imitation de Young. Déjà Letourneur en avait donné une traduction en prose élégante et majestueuse. La version de Bonneville a gardé toute la beauté, toute la vigueur mâle de la Bible. Son imitation de Young est faible et les sentiments y sont exagérés.

---

[1]) *Choix de Petits Romans imités de l'Allemand*, pp. 248-9.

LE CHEVAL DE BATAILLE (d'après Job XXXIX).

Vois ce coursier fougueux, dressant sa tête altière,
Secouer, dans les vents, sa superbe crinière ;
Nerveux et souple, il sent sa grâce et sa vigueur,
De ses naseaux brûlants il souffle la terreur :
Son cœur s'en réjouit, et son œil s'en allume !
Sur son poitrail gonflé son sang bouillonne et fume ;
Vois-le rongeant son frein, et, par bonds, s'élançant,
Dans sa bouche agiter son mors, en frémissant ;
Avide, il se consume et flaire, au loin, la guerre ;
Et de joie et de rage il dévore la terre,
L'enfonce, en fait jaillir des feux étincelants ;
Il ne sent pas le trait qui tremble dans ses flancs ;
Et fier de partager tes dangers et ta gloire,
Par ses hennissements il chante sa victoire.

Le Désespoir de Job est également un essai de jeunesse. Ce fragment est tout ce que Bonneville a conservé d'une paraphrase qu'il avait entreprise à l'âge de vingt ans, tâche qu'il avait dû abandonner comme étant au-dessus de ses forces. Ce poème parut aussi dans l'*Almanach des Muses*, dans les lyriques sacrés de Couret de Villeneuve [1]) et dans le *Choix de Petits Romans* (p. 291). Bonneville affectionne dans les poèmes la mise en scène et donne à ses essais un arrangement dramatique. En réponse au défi de Job, le Tout-Puissant lui démontre la petitesse de l'homme, lui fait voir les beautés de la nature, la force des animaux.

Tu pâlis ! être faible ! et fuyant le trépas,
Tu n'oses regarder l'empreinte de ses pas ;
Et tu braves ma foudre, et ta voix téméraire
S'élève contre moi, au sein de la poussière !
Reconnais donc enfin Dieu, ton bienfaiteur :
La nature est à moi. Je suis le Créateur.

Bonneville conserve ce qu'il admirait dans Job : la chaleur d'imagination, l'énergie des tableaux et les comparaisons plutôt courtes ; il reproduit d'une façon heureuse la simplicité et la majesté de l'original. Il semble préférer par-dessus tout ce qu'il a pu lire dans la Bible, le livre d'Isaïe ; il est attiré par sa majesté et sa grandeur et jouit de son lyrisme qui « s'élève au-dessus de tout ».

La mise en scène est encore plus remarquable dans sa version de l'*Oracle contre Tyr*. Le Prophète, assis sur un rocher, sous un ciel sans nuage, regarde Tyr dans le lointain et contemple la mer calme et paisible ; il suit de l'œil les débris d'un naufrage et se laisse aller à un doux attendrissement, mais bientôt le délire le saisit, et plein d'épouvante il croit voir la ville joyeuse en ruine, la vierge déshonorée :

---

[1]) Paris 1789.

« Les cris, les hurlements... tout le feu de la Guerre !
Sous mes pieds, sur ma tête, a grondé le tonnerre,
Tyr, il éclate, il éclate... Tu dors !
Voluptueuse ! au milieu de ses songes,
Tyr a souri dans les bras du sommeil.
Nuit, jette un crêpe noir sur le front du soleil !
Tyr s'abandonne aux plus riants mensonges.
Elle referme encore les yeux à son réveil.

A part quelques odes, le reste des poésies est consacré à la politique et aux questions du jour. [1])

A l'avis de Bonneville, les véritables services que les poètes ont rendus à l'homme, c'est d'avoir su embellir l'amour sacré de l'indépendance. [2]) La notion du poète, inspirateur des législations et guide des démocraties — notion que le Romantisme portera à sa suprême puissance — se trouve indiquée, dès à présent, dans la conception que Bonneville se fait du rôle de l'écrivain.

Il admire le talent de Corneille et de Racine, mais qualifie leurs œuvres de *poésies des esclaves* ; elle n'eut pas mérité les persécutions d'Edouard ». Ici il fait allusion au poème *The Bard* où Gray raconte comment Edouard, désespérant de pouvoir asservir l'esprit indépendant des Gallois, à qui les bardes indomptés savaient peindre avec éloquence les horreurs de l'esclavage et les joies de la liberté, fit rechercher et égorger tous les Bardes. [3]) Le dernier de ceux-ci pleure la mort de ses amis et prédit la mort du Roi et du Prince Noir, les guerres des Roses, le meurtre de Henri VI et des petits princes ; il chante la prospérité et la gloire des Tudor et finit par une vision de la poésie de Shakespeare et de Milton.

« O poésie, s'écrie Bonneville, pourquoi tarder si longtemps à rétablir le culte de la loi par des hymnes, en langue nationale ! » Ces chants populaires, ces hymnes religieux prépareraient et précipiteraient les grandes créations sociales.

« To bind their kings in chains of ivory strong
And manacle their nobles for their wrong. » (Bacon.)

Comme Klopstock, il veut célébrer Dieu, la liberté et la patrie ; comme le poète allemand, il magnifie et puis maudit la Révolution Française et comme lui, trace de sombres tableaux de la Terreur dans des vers sauvages où le délire semble éclater à chaque strophe.

---

[1]) Voir Appendice « B » XI.

[2]) Voir *Chronique du Mois*, janvier, 1793.
Voir aussi Poésie de Bonneville, *Hymne à l'Indépendance*, p. 149.

[3]) « Il a tué le sommeil, féroce Edouard, les flots de sang que tu fais répandre, n'éteindront pas le flambeau du monde. »

Ce qu'on t'a raconté d'une obscène taverne,
De ses ris spongieux, de ses yeux dégoûtants,
Du sang putride, infect, d'une morne citerne ;
Non, l'antre de Cacus, ses membres palpitants ;
La gueule de Cerbère, et les marais de Lerne,
    L'Hydre ! Médée ! et ses enfants !
La tête de Méduse et ses mille serpents ;
Les cloaques du Styx, les bourbiers de l'Averne,
Non, rien n'est comparable à l'horrible caverne,
Où le plus vert crapaud, les yeux sales, hagards,
Croasse, en sautillant, couronné de poignards ;
Là, Septembre, en panache, assemble ses ministres,
Et s'y fait applaudir de projets plus sinistres
        Que les plans de Caligula.
L'enfer n'est pas plus l'enfer, tous les démons sont là.

Une voix :

Fuyez tous, évitez leur rage meurtrière.

Une autre :

C'est encore Marius.

Une autre :

C'est un autre Sylla !

Le chœur :

L'enfer n'est plus l'enfer : tous les démons sont là.

Et encore :

Que veux-tu ? de Septembre est-ce un ordre inhumain !
Lave du moins le sang qui couvre cette main.
(Une main qui sort des tombeaux sous les pieds de l'assassin.)
La mer, [1]) toutes ses eaux, les parfums de l'Asie
Ne blanchirait jamais.....

Une partie du chœur

Insensible à ce point !

La voix des tombeaux

Du sang de l'innocent cette main est rougie !
(La grande ombre de Shakespeare qui s'élève, dans sa gloire sur l'autel de la Liberté)
Ces taches ne s'effacent point.

Toutes les nations en chœur

Du sang de l'innocent cette main est rougie !

Tous les siècles en chœur

Ces taches ne s'effacent point. »

---

[1]) Cf. *Macbeth* II. 2.
« No : this my hand will rather
The multitudinous seas incarnadine
Making the green one red. »
Et encore : V. 1. *Lady Macbeth*
« Here's the smell of blood still : all the perfumes of Arabia will not sweeten this little hand. »

Les *Francs Cosmopolites,* en trois parties, fournissent en quelque sorte une idée de la personnalité de l'auteur et des influences qu'il a subies. Le poète nous paraît encore dans une espèce de délire ou de surexcitation.

Dans le *Réveil de Jean Racine,* le poète nous raconte une vision. « Derrière les murs d'un temple consacré à l'Eternelle Lumière, un jeune homme nonchalamment couché au milieu des tombeaux, regarde avec recueillement quelques feuilles éparses qu'il tient entre les mains. » Il semble passer en revue ses maîtres et reconstituer quelques phases de son développement intellectuel et moral. Il s'attarde longtemps sur l'immortalité de l'âme qu'il avait déjà si souvent chantée : il lui semble parfois même qu'on a toujours été :

Si de rien jamais rien ne peut naître
J'étais puisque je suis, et je dois toujours être.

C'est une de ses professions de foi.

Sur un tombeau il voit les paroles de Job : « Je sais que je dois me réveiller dans la tombe et me recouvrir d'une peau nouvelle. »

Sur la tombe de Racine il lit ces vers tirés d'*Esther* (acte II, scène 9) :

La gloire des méchants en un moment s'éteint ;
L'affreux tombeau pour jamais les dévore.
Il n'en est pas ainsi de celui qui te craint ;
Il renaîtra, mon Dieu, plus brillant que l'aurore.

Un mausolée magnifique lui révèle la figure de Jean-Jacques. Sur le tombeau de Jacques Molay il distingue un passage du catéchisme des Templiers : « Puisque la Nature se représente tout entière dans le plus petit atome de ses esprits, indivisibles et immortels, peux-tu craindre que ton âme, ou esprit, émanation céleste, pourisse dans les tombeaux ? »

Sous l'image de Brutus il voit écrit : « *Resurgam* ». Le jeune homme semble préparer une interprétation moderne de tout ce qu'il voit sur ces épitaphes. L'aurore commence à poindre à l'Orient et semble annoncer aux âmes sensibles le soleil de la liberté. Le Génie de la France, sous une figure de femme, descend dans sa gloire et demande un poète :

Un poète : on m'appelle :
France, prête l'oreille : oui, c'est Racine encore,
C'est le jeune homme obscur qu'un zèle ardent dévore :
Ce n'est plus le poète, esclave soudoyé,
Des regards d'un tyran, Racine foudroyé ;

Il remplit les desseins des plus mâles courages :
La nature, à ses yeux, a déroulé les pages
De son livre enrichi des dépouilles du temps ;
C'est lui !

J'entends dans mon sommeil, crier toutes les nuits :
Arbre, avant de pourrir donne donc quelques fruits.
Réveille-toi, Racine, arme-toi de ta gloire,
Prépare au peuple Franc une illustre victoire !

Autre Jean-Jacques, il prêchera les mêmes doctrines de liberté ; second Brutus, il expulsera les Tarquins modernes et instituera la République.

Après un tableau extraordinaire des coutumes des anciens Francs, mélangé d'une façon bizarre à un genre de Franc-Maçonnerie, scène où le jeune homme est initié à leurs mystères, il passe aux trois glorieuses journées des 12, 13 et 14 juillet, où Bonneville avait joué un certain rôle, comme *Tribun du Peuple.*

« Pouvais-je mieux employer toutes mes forces, tout mon courage, et toute ma vie qu'à chercher tous les moyens en mon pouvoir de rendre à ma patrie la liberté ? »

Le 13, les *Francs Cosmopolites* sont assemblés dans la Maison Sociale.

On pourrait prendre comme ordre du jour :

Des volontés du peuple un roi n'est que l'organe,
Créateur de mes lois, leur gloire et leur soutient,
Je suis roi, comme lui, quand je suis citoyen.

Le 14 on frappe à la porte trois coups répétés :

Aux armes citoyens. La Bastille n'est plus.

Le Poète, en 28 chants, est un rassemblement d'odes, d'élégies, de cantates, de prophéties, où Bonneville pleure l'asservissement des Francs, esclaves des rois et des prêtres, qui désirent enlever à l'univers la couleur, à l'âme la parole ; il se lamente sur la nature malade, stérile sous les regards du despotisme et chante les joies d'un peuple libre. Ces vers sont destinés à être chantés ou récités avec accompagnement de danses et de jeux aux grandes fêtes annuelles du peuple assemblé devant l'autel de la Liberté. [1])

Dans ses poésies, Bonneville brave les règles du bon goût et du bon sens : c'est l'effervescence d'une imagination en délire ; c'est l'œuvre d'un visionnaire. Leur principal mérite est la verve, l'originalité et la bizarrerie même.

[1]) Cf. *Esprit des Religions.*

CHAPITRE IX.

BONNEVILLE ET SON PRÉROMANTISME.

Bonneville paraît, parmi cette génération d'avant '89, dont parle Sainte-Beuve, comme un vrai précurseur du romantisme et semble ainsi devenir le chaînon qui la relie à Nodier et au Cénacle, premier anneau de cette chaîne qui se prolongera au-delà de Mérimée, jusqu'à Dumas et Victor Hugo. Son grand mérite est d'avoir pressenti et compris les inspirations du moment.

Très enthousiaste et d'un esprit romanesque, mystique et tout à fait fantaisiste, il se lança à corps perdu dans le tourbillon de la Révolution, et lutta pour constituer une société nouvelle. Républicain patriote, il voulut faire de la République, du *Common-Wealth*, un vrai culte ; à cet égard, il se distingue essentiellement des romantiques réactionnaires de 1815 et des admirateurs nostalgiques du passé.

Comme l'explique Nodier, un bouleversement du système de la civilisation, tel que celui de la Révolution, devait forcément occasionner une révolution dans les anciens systèmes littéraires. Il se forme ainsi, simultanément avec une nouvelle théorie de gouvernement, une nouvelle théorie dans les arts de l'imagination.

Il ne faut donc pas s'étonner de voir le jeune Bonneville s'intéresser à ce mouvement littéraire et y jouer un rôle important.

Dans les dernières années de l'ancien régime, la littérature française semble être frappée de stérilité ; elle a besoin d'être renouvelée par une sève vigoureuse et c'est l'Angleterre et l'Allemagne qui lui fournissent ce qui lui manque. La Place et Letourneur donnent des adaptations de Shakespeare. Friedel et Bonneville sont les premiers à donner un théâtre allemand un peu complet. Ce sont là les initiateurs d'un mouvement qui n'arrivera à son apogée que quand Victor Hugo aura établi cette nouvelle école et lui aura donné une direction.

C'est Letourneur, ami de Bonneville, qui fut le premier à se servir du mot *romantique* ; il entend par là un mélange du romanesque et du pittoresque. « En même temps qu'il (le mot anglais) renferme l'idée de ces parties groupées d'une manière neuve et variée, propre à étonner les sens, il porte de plus dans l'âme le sentiment de l'émotion douce et tendre qui naît à leur vue, et joint ensemble les effets physiques et moraux de la perspective. »

Mais cette définition est bien insuffisante et trop vague. Même en 1818 Charles Nodier éprouve de la peine à expliquer ce *romantisme*, qu'il sentait plutôt qu'il ne le comprenait. « Comment peindre, écrivait-il (*Journal des Débats*, nov. 1818), ce qui échappe à l'expression, ce qui se dérobe presque à nos organes, ou ce qui n'agit sur eux que par une jouissance invisible, dont l'ascendant résulte en grande partie de ce qu'elle a de vague, et ne s'explique que par ce qui ne peut s'expliquer ? Des aspects encore inaperçus des choses, un ordre de perception assez neuf pour être souvent bizarre, je ne sais quel secret du cœur humain dont il a souvent joui en lui-même sans être tenté de les révéler aux autres, ... je ne sais quels mystères de la nature, qui ne nous ont pas échappé dans l'ensemble, mais que nous n'avons jamais détaillés, et dont l'impression nous étonne ; parce qu'une heureuse combinaison de l'écrivain les met tout à coup en harmonie avec des souvenirs et avec des sentiments, l'art surtout de parler à notre imagination en la ramenant aux premières émotions de la vie, en réveillant autour d'elle jusqu'à ces redoutables superstitions de l'enfance. »

Il nous semble, cependant, que Bonneville aurait, peut-être inconsciemment, mieux compris ce qui échappait à certains de ses contemporains. Il voyait très nettement que ce romantisme, encore indéfini, était le fonds primitif et essentiel du génie indigène en Allemagne et en Angleterre; oublieux de l'empreinte latine à laquelle la France devait la plus grande partie de son génie initial, il semble avoir admis que son propre pays pouvait participer à la même inspiration sans avoir à renier sa véritable tradition.

Il comprit qu'il viendrait un moment où la sensibilité et l'imagination domineraient la raison, où la poésie se ferait lyrique, la littérature pittoresque et l'histoire vivante. Il avait su apprécier dans ces littératures étrangères la recherche de l'énergie et du naturel, et il se souciait peu du manque d'esprit et de goût. Bonneville est d'autant plus heureux dans l'œuvre qu'il a entreprise qu'il estime que le théâtre allemand tient le milieu entre celui des Français et des Anglais. Il y trouve des âmes sœurs ; Klopstock, l'un des inspirateurs du *Sturm und Drang*, l'intéressait par son imagination qui engendrait de belles images, par ses métaphores hardies, par ses tournures vieillies, par ses chants de la nature et de la religion (patrie). Schiller dans les *Räuber* le relie à Jean-Jacques, glorifie la nature, méprise les lois sociales et rentre dans la forêt primitive. La nature est opposée à la civilisation, et Bonneville peut poursuivre sa douce manie de vouloir remonter à ce qui est primitif. Goethe et d'autres encore satisfont son goût pour l'exotisme, autant dans l'espace qu'à travers le temps. *Gœtz de Berlichingen* et *Otto de Wittelsbach* lui permettent de présenter les pièces historiques, avant-coureurs de celles qui firent les délices des romantiques de plus tard, autant en France qu'en Angleterre. *Stella* lui permet d'analyser les émotions du cœur et de chercher à exprimer ces vagues sentiments de détresse et de douce mélancolie qui devaient amener le mal du siècle.

Bonneville paraît encore s'être assimilé bien des éléments ossianiques : il prétend avoir lu Macpherson, et l'on peut l'en croire. Peut-être connaissait-il la traduction de son ami Letourneur, paru en 1777. D'ailleurs, il applaudit à l'idée de remonter à la poésie ancienne qui est la plus intéressante, car elle est naturelle et spontanée et reflète la vraie nature de l'homme primitif et vertueux qui n'a pas encore été altéré par la société et la civilisation. Le voilà revenu à Rousseau ! Bien que Bonneville semble avoir rejeté l'inquiétude mélancolique que respirent les poèmes d'Ossian, il en a saisi l'utilisation possible pour des fins patriotiques. Au contact du barde erse il se pose en poète *utile aux Etats* et se montre avant-coureur de Victor Hugo même. Bonneville estime qu'Ossian a atteint le sublime et doit figurer à côté de la Bible et de Shakespeare. — Nous avons vu comment la Bible, où devaient butiner plus tard Vigny, Lamartine et Victor Hugo, charme Bonneville par son lyrisme. Comme ces « *Stürmers* », dont certains l'intéressent tout particulièrement, il se passionne pour Shakespeare, dont la *poésie primitive*, s'épanchant au hasard, le ravit au plus haut point.

Lassés de la *sécheresse française* et voulant sortir de la banalité de la poésie de salon, les précurseurs du mouvement romantique cherchèrent plus loin dans les passions et dans les orages secrets du cœur une source d'inspirations. « C'est notre cœur, comme dit Joseph Texte, que nous avons fait voyager au delà du Rhin. »

Par leur important recueil des chefs-d'œuvre du Théâtre Allemand, [1]) Friedel et Bonneville initient donc les Français à une litté-

[1]) Grimm constate dans sa *Correspondance* (sept. 1785) que de 1782 à 1785 sept des pièces que contient ce recueil ont été représentées à Paris.

rature presque inconnue chez eux à cette époque ; et on peut voir par la seule énumération des pièces qui y figurent, combien le romantisme français a emprunté au romantisme et même au classicisme d'outre Rhin. L'influence de cet ouvrage ne s'arrête pas là. Ces traductions, et les notices qui les accompagnent, attirent l'attention du littérateur écossais Henry Mackenzie, dont la conférence à la *Royal Society d'Edimbourg* provoque une curiosité générale et éveille le génie poétique du jeune Walter Scott.

En France Palmézeaux, Nodier, Chénier (quoique classique), et tant d'autres, doivent en grande partie leurs connaissances de cette littérature puissante au *Nouveau Théâtre Allemand.* Mme de Staël même y aurait puisé pour son théâtre. Rappelons qu'avant de voyager en Allemagne, elle en savait déjà beaucoup de seconde et même de troisième main.

Nous avons vu comment les auteurs dramatiques s'en inspirèrent pour leurs pièces historiques. Venant juste avant les années terribles de la Révolution, où l'esprit public avait besoin au théâtre de fortes émotions, de scènes de pitié et de terreur, ce recueil dut stimuler l'imagination des auteurs de mélodrames. Pixérécourt doit beaucoup à Schiller et à Goethe.

Le style même reflète la tragédie romantique des Allemands. Les mélodrames de l'époque abondent en formes et locutions populaires, en élisions, en images et en hyperboles, en apostrophes et en exclamations, en expressions fortes et cruelles, en répétitions voulues.

Nous avons fait une étude détaillée du recueil en tant que traduction. En général on pourrait dire que la version Friedel-Bonneville est un miroir qui reproduit tout, même les taches, mais qu'il lui manque une surface nette et unie. Souvent ces collaborateurs ont pu rendre les périodes un peu lourdes et trop détaillées de l'allemand par des tournures plus élégantes et qui correspondent mieux au génie de la langue française, rendant ainsi la lecture plus agréable à leurs contemporains. Parfois le texte est plus développé que dans l'original, mais c'est le plus souvent quand la clarté l'exige. Pour un initiateur tel que Bonneville, il fallait, tout en restant aussi fidèle traducteur que possible, enlever ce qu'il y avait de par trop exotique, de trop contraire à l'esprit et au goût français. Quand la langue se montre rebelle à l'expression étrangère, il traduit l'idée, et si l'idée lui paraît encore trop exotique, il en rend le sentiment. Avec l'aide de son ami Friedel, il acquit bientôt une vive intelligence du texte, avec son intuition de romantique il semble en avoir deviné les sentiments ; ses connaissances supérieures du français lui permirent alors de donner une version très satisfaisante pour le siècle.

Somme toute c'est une tâche bien ingrate que celle du traducteur car, comme le dit très bien Mary Cushing, une traduction littérale est un sacrilège ; une paraphrase est une trahison. [1])

L'âme d'un révolutionnaire idéaliste, telle que nous l'avons analysée dans la première partie de cette étude, ressemble assez à l'âme d'un romantique. Mécontents l'un et l'autre de ce qu'ils voient autour d'eux, ils s'imaginent volontiers trouver le bonheur dans le changement, changement de pays ou de siècle pour celui-ci, changement de régime et d'institutions sociales pour celui-là. On retrouve ces deux aspirations sœurs chez Bonneville. En littérature il est attiré par la nouveauté des sujets que présentent les écrivains anglais et allemands, par l'analyse des émotions du cœur, par la pittoresque grandeur de la mise en scène ; en politique il rêve une société régénérée d'où serait bannie toute injustice et où chacun pourrait développer librement ses aptitudes physiques et morales. Ce sont, en somme, les rêves d'une âme généreuse et d'une imagination ardente. S'il avait pu se transporter au milieu de ces scènes orientales ou moyenâgeuses, où se plaisait son esprit, que de déceptions il aurait éprouvées ! Quels mécomptes aussi dans sa politique ! Il fut de ceux qui saluèrent la Révolution comme une aurore de liberté et de justice, et qui souffrirent cruellement de la voir se souiller de sang et de boue, et de voir plus tard ses armes généreuses mises au service de l'insatiable ambition du maître qu'elle s'était donné.

En dépit de ces affinités avec le mysticisme révolutionnaire, il y a chez Bonneville des qualités et des mérites que seul un esprit clairvoyant, organisateur, ami des réalités concrètes peut posséder. Sa fougue naturelle se trouvait tempérée par une sage prévoyance. Malgré la hardiesse de ses conceptions, il savait les mettre à exécution dès qu'il en voyait l'application pratique. Electeur de la Ville de Paris, il sut imposer son autorité aux plus exaltés ; soucieux de maintenir l'ordre, il obtint la création de la Garde Bourgeoise. Prompt à secourir le peuple dans la misère, il se chargea de l'escorte des convois de blé. Partisan de la discipline, il se mit à la tête des volontaires à Rouen et réussit à réprimer les émeutes populaires.

---

[1]) « A literal translation is a sacrilege, a paraphrase an untruth. » — Mary G. Cushing, *Pierre Le Tourneur*, The Columbia University Press, New York 1908.

L'organisation du Cercle Social et la fondation de ses journaux de propagande témoignent d'une netteté de conception digne d'un meilleur sort; on aurait tort de ne voir en Bonneville qu'un agitateur et un agité, incapable de réalisation. [1])

---

[1]) Voir aussi chapitre VI.

Vu et lu

Le Doyen de la Faculté des Lettres:

CHR. PFISTER.

Strasbourg, le 13 septembre 1922.

Vu et permis d'imprimer.

Strasbourg, le 16 septembre 1922.

Le Recteur d'Académie,
président du Conseil de l'Université:

S. CHARLÉTY.

APPENDICE « A »

I.

Registre des passeports délivrés par l'administration municipale d'Evreux in f° 41 (5) 5, Mairie d'Evreux, n° 397.

« Bonneville (Nicolas) homme de lettres, du 4 brumaire an XIV.

« Le sieur Nicolas Bonneville, ancien avocat au parlement de Paris, homme de lettres, né à Evreux, y demeurant chez son père, allant à Boulogne, étant âgé de 45 ans, taille d'un mètre 68 centimètres, cheveux gris-blancs, front découvert, sourcils noirs, yeux noirs, nez moyen, bouche moyenne menton rond double, visage plein ; délivré par l'autorisation de M. le Préfet de l'Eure, en date de ce jour et sur le vu d'un ancien passeport à lui délivré par le conseiller d'Etat, Préfet de Police de Paris en date du 10 messidor dernier sous le n° 3842. »

II.

Lettre de Bonneville à Condorcet, Londres 1787, note 17.

« Ceux, a dit Rousseau, qui distinguent l'intolérance civile de l'intolérance théologique se trompent à mon avis. Ces deux intolérances sont inséparables..... Partout où l'intolérance théologique est admise, il est impossible qu'elle n'ait quelque effet civil ; et sitôt qu'elle en a, le souverain n'est plus souverain, même au temporel. Dès lors LES PRÊTRES SONT LES VRAIS MAITRES. Les rois ne sont que leurs officiers..... Parmi nous, a dit encore Rousseau, les rois d'Angleterre se sont établis chefs de l'église ; autant en ont fait les Czars :' mais par ce titre ils s'en sont moins rendus les maîtres que les ministres ; ils ont moins acquis le droit de la changer que le pouvoir de la maintenir. Ils ne sont pas législateurs, ils n'y sont pas princes. Partout où le clergé *fait un corps* il est maître et législateur dans sa patrie. Il y a donc deux puissances, deux souverains en Angleterre et en Russie, tout comme ailleurs. Le Philosophe Hobbes est le seul qui ait bien vu le mal et le remède ; qui ait osé proposer de réunir les deux têtes de l'aigle et de tout ramener à l'unité politique sans laquelle jamais Etat ni Gouvernement ne sera bien constitué. Mais il a dû voir que l'esprit dominateur..... était incompatible avec son système, et que l'intérêt du Prêtre, serait toujours plus fort que celui de l'Etat. »

Cf. Rousseau. « Tous les prêtres qui communiquent ensemble sont concitoyens, fussent-ils des deux bouts du monde. Cette invention est un chef-d'œuvre en politique. »

III.

Révolutions de France et de Brabant, n° 54 (1790-1).

« D'après ce décret constitutionnel quelle a dû être la surprise des véritables amis de la Constitution de voir à la séance de lundi aux Jacobins, s'élever une si violente tempête contre la société, dite Cercle Social.

« Un honorable membre a vu dans le Cercle Social, une société rivale qui tendait à affaiblir celle des Jacobins et à partager la France en deux sectes. Il a accusé le directoire du Cercle de plagiat, de substitution de nom et de publier que le club des Amis de la Constitution et celui de '89 s'étaient fondus dans le sien et étaient venus prendre leur nom, en se jetant dans l'Océan de la grande *confédération universelle*, à l'Embouchure du Cirque. Il a attaqué les principes du Cercle Social, prétendant que cette société, pressant les conséquences du principe de l'égalité des droits en faisait découler la loi agraire.

« Après avoir ainsi présenté le *club des Amis de la Vérité, ou le Cercle Social, comme plagiaires et schismatiques*, il a conclu par proposer comme une chose infiniment importante, une adresse à toutes les sociétés affiliées des Amis de la Constitution pour leur dire de se bien garder de confondre le Cercle Social avec la Société des Amis de la Constitution. Cet orateur était M. Laclos.

« La motion de M. Laclos a été adoptée par la société des Jacobins : le lendemain le directoire du Cercle Social a usé de représailles : il a arrêté que les cartes des Jacobins ne vaudraient plus comme billets d'entrée au cirque ; que les seuls souscripteurs et souscriptrices seraient admis dans l'enceinte, et voilà la guerre allumée ! »

IV.

Journal des Amis de la Constitution, n° 1 (21 nov. 1790), p. 44.

« Il nous paraît important que le public connaisse au plus tôt l'objet véritable de cette confédération MM. B*** et F*** qui sont à la tête de cette société, semblent vouloir établir que l'Assemblée Nationale est demeurée bien en deçà du terme où elle devait atteindre. Leurs travaux tendent à diriger l'opinion populaire vers une Constitution qu'ils fonderaient, non sur l'égalité des droits, mais l'égalité absurde des propriétés. Leur système paraît être un mélange de ceux des anabaptistes, des martinistes et des rose-croix. Plusieurs citoyens estimés de toute l'Europe, tels que MM. Sieyès, Bianzat, Barrière, de Vienzac, Goupil de Préfeln, Chabrand ont été initiés à leurs assemblées particulières ; et quelques-uns s'y sont rendus sans connaître le but des fondateurs. Ne doutons pas qu'ils s'en éloignent promptement, lorsqu'ils auront aperçu le genre de vérités qu'on y professe. Si quelque chose était capable de nous *replacer* sous le joug du despotisme, ce serait l'attention que le peuple donnerait au projet insensé de MM. B*** et F***. Les ennemis de la Constitution sentent si bien le tort que pourrait y faire un établissement fondé sur de tels principes qu'ils protègent de tout leur pouvoir la confédération des soi-disants Amis de la Vérité. »

V.

Journal des Clubs, 1790-1, n° III, p. 109.

Adresse aux Clubs :

« Au milieu du jardin, dans un lieu destiné aux fêtes, aux plaisirs, dans le Cirque, est un homme au Masque de Fer, qui se tient là au centre des groupes pour faire tomber dans le piège ceux qu'il destine à servir d'instrument à ses projets, absolument comme l'araignée est au centre de sa toile pour attraper la proie qu'elle doit dévorer. Cet orateur abusant de ses talents tantôt propose la loi agraire, tantôt tourne contre la royauté, et toujours souffle la discorde en prêchant la réforme. Veillez sur cet homme dangereux, vous auxquels on a confié le maintien de l'ordre et l'exécution des lois. Veillez-y tous Amis de la Constitution ; vous serez responsables à la nation de votre négligence, si vous souffrez que l'hypocrite Français soit longtemps le singe de l'hypocrite Anglais. Oliver Cromwell voulut aussi être évêque et ne réussit pas ; il s'érigea en réformateur, il affichait l'austérité des mœurs, il profanait l'évangile en le faisant tourner à son ambition ; l'écume du peuple anglais le crut un prophète, il s'en servit comme on se sert du fumier dans un verger ; il obtint des fruits savoureux à son palais ; mais qui eussent été bien amers s'il n'eût pas eu une Bouche de Fer. Les gens raisonnables le bafouèrent ; il les nota comme des victimes qu'il saurait immoler quand il en serait temps. Il déclama contre le royalisme, il prit les armes, il osa..... Le monstre ! nous n'en saurions tracer davantage, mais comparez les commencements de sa marche..... Attendez-vous ici que le vêtement long ait fait place à l'habit militaire, que le hausse-col ait remplacé le rabat, que le mousquet ait succédé à la plume, qu'un nombreux parti suive l'étendard du fanatisme ? Amis de la Constitution, veillez sur cet homme, nous tous le dénonçons ; nous vous dénoncerons bientôt le souterrain qu'il habite et la bouche par laquelle il souffle son venin. »

VI.

Bouche de Fer, janv.-mars 1791, pp. 201-4.

Extrait d'une lettre du sage *Mably* (écrite vingt années avant la destruction de la Bastille).

« Nous sentons à merveille que nous avons un maître ; nous l'éprouvons tous les jours ; nous parlons de la liberté française, et nous ne voulons pas être esclaves ; comme s'il y avait pour un peuple une autre manière d'être libre que d'être son propre législateur, et de contraindre par de sages dispositions, le magistrat à n'être que l'organe et le ministre fidèle des lois ; comme si le despotisme ne commençait pas nécessairement où finit la liberté !

« Nous disons que le prince est souverain législateur ; et c'est le reconnaître pour notre maître ; mais en ajoutant qu'il est obligé de gouverner conformément aux lois, nous nous flattons de n'obéir en effet qu'aux lois ; et nous croyons avoir mis une barrière impénétrable entre le despotisme et nous ; tout cela dans le fond est fort ridicule. Il est absurde de se reposer sur une phrase, de tout ce qu'on a de plus précieux. Cette belle phrase, dont aucun corps puissant ne se croit en droit de défendre le sens énigmatique, autrement que par des supplications et des remontrances, n'arrêtera pas un prince jaloux de son autorité, ambitieux, opiniâtre ou farouche, qui voudra bien obstinément gouverner à sa tête. »

« Qui êtes-vous ? La nation vous a fait ce que vous êtes ; Hughes Capet, dont vous tirez votre droit, était sujet comme nous ; elle l'a reconnu pour roi ; et si vous l'ignorez, elle peut faire éprouver à votre maison le sort qu'à éprouvé celle de Charlemagne. La France ne vous appartient pas ; c'est vous qui lui appartenez ; vous êtes son homme, son procureur, son intendant. »

« Voulant, pour ainsi dire, tâter la disposition des esprits, et voir jusqu'où ils pouvaient aller, ils ont balbutié, le plus obscurément qu'ils ont pu, quelques mots contre les lettres de cachet ; ils ont pronocé les mots de liberté naturelle des sujets ; ils ont avancé que l'enregistrement libre des lois est une partie essentielle et intégrante de la législation. Voilà des germes qui se développent ; ils produisent des fruits ; voilà une lueur, faible à la vérité ; mais c'est peut-être l'aurore d'un beau jour. »

VII.

Chronique du Mois, févr. 1792.

Article *Des Emigrés*, par N. Bonneville.

« Je vais accuser un simple citoyen qui a déserté sa patrie lorsqu'elle avait besoin de son secours, ...
un homme qui au milieu de telles alarmes, de périls aussi pressants, dans des extrémités aussi affligeantes a déserté la ville, qui, prenant honteusement la fuite, nous a laissés tous exposés, par son exemple, à une ruine entière, quel juge oserait l'absoudre ? Quel orateur prostituerait son éloquence à la défense d'un lâche, qui n'a pas même eu le courage de pleurer avec nous et de partager les infortunes de la patrie ; qui n'a contribué en rien à la garde et à la sûreté de la chose publique ?

« Vengez vos femmes et vos enfants par le supplice d'un lâche dont la retraite les a laissés exposés à tous les excès du pillage.

« On ne doit pas regarder, comme le simple retour d'un exilé, le retour d'un homme qui, après avoir abandonné sa patrie, s'être condamné lui-même à l'exil, et qui a choisi des esclaves pour protecteurs reparaît tout à coup au milieu de ses compatriotes ; le retour d'un homme qui après avoir condamné sa patrie à n'être plus qu'une campagne déserte, uniquement propre à nourrir des bêtes féroces, habitera de nouveau, et cultivera ses terres avec nous.

« Pour moi, il me semble que, par une seule sentence, vous allez prononcer en ce jour, sur la multitude de crimes dont le fugitif s'est chargé lui-même c'est-à-dire trahison, lèze-majesté envers le peuple, outrages envers ses parents, etc. etc. désertion et fuite de service. »

Chronique du Mois, 1792.

« Craignez la pitié. Ce que nous avons à *redouter* dans le tyran à terre, c'est la pitié, c'est la chemise de César entre les mains d'un perfide ! Si vous ne redoutiez pas la pitié, un autre tyran, un autre Cromwell en ne vous parlant jamais que de vos droits à *punir*, de vos injures à venger, usurperait vos droits et sous quelque beau prétexte de venger vos injures, assouvirait sa haine et celle de son parti dans le sang des citoyens libres qui l'auraient deviné. » « Ce n'est pas le tyran dans les fers qu'il faut tuer sans pitié, c'est la royauté tout entière, la dictature, tout entière. Il nous faut une nation souveraine, et sa volonté seule pour loi. »

VIII.

Plus tard au mois de mars de la même année le procureur général lui-même donna lecture d'une « Lettre d'une amie de la Vérité, Etta Palm, née d'Aelders, Hollandaise, sur les démarches des ennemis extérieurs et intérieurs de la France, suivie d'une adresse à toutes les citoyennes patriotiques et d'une motion à leur proposer pour l'Assemblée Nationale » (voir *Bouche de Fer*, 23 mars 1791).

« Dans les 83 départements, les citoyens armés se sont unis pour défendre la constitution. Ne pensez-vous pas, Messieurs, que leurs épouses et les mères de famille pourraient se réunir, à leur exemple, pour la faire aimer ? La société des Amis de la Vérité est la première qui nous eût admises à des séances patriotiques ; Creil, Alais, Bordeaux, et plusieurs autres ont suivi votre exemple. Ne serait-il pas utile que dans chaque section de la capitale il se formât une société patriotique de citoyennes Amies de la Vérité dont le Cercle Central et fédératif serait surveillé par vous, Messieurs, et inviterait toutes les sociétés fraternelles des 83 départements à correspondre avec elle ? Chaque Cercle de citoyennes se rassemblerait dans chaque section aussi souvent qu'elles le croiraient utile pour le bien public et selon leurs conventions particulières ; chaque cercle aurait une direction particulière, qui se réunirait, une fois par semaine, en Directoire général, sous la surveillance du Directoire des Amis de la Vérité.

« Ces Cercles de femmes pourraient être chargés de surveiller l'établissement des nourrices. Ah ! combien il est instant de porter un œil maternel dans cette Administration dont la coupable négligence fait frémir la nature ! Oui, des jeunes femmes de la campagne, arrivant dans la capitale immense sans amis, sans connaissances, abandonnées à elles-mêmes, désœuvrées et vagabondes en but aux séductions de toute espèce, retournent souvent dans leurs foyers l'âme avilie, le sang corrompu ; et les innocentes victimes confiées à ces créatures sont immolées ou condamnées à une existence douloureuse, à des infirmités sans nombre.

« N'est-ce pas la loi de la nature qui impose ce devoir, cette surveillance à notre sexe ? N'est-ce pas là le champ d'honneur où nous devons cueillir nos lauriers ?

« Ces sociétés de citoyennes pourraient encore être chargées de surveiller l'éducation publique. Ne serait-il pas naturel, que les écoles de charité (aujourd'hui écoles primaires) pour la plupart confiées à des êtres ignorants, nourris dans des préjugés de tout genre fussent sous la direction immédiate de citoyennes éclairées et vertueuses ? Des patriotes zélées veilleraient à ce que l'on apprît aux enfants les droits des hommes, le respect et l'obéissance dus à la loi, les devoirs des citoyens, les décrets de l'Assemblée Nationale, enfin, les noms révérés des régénérateurs de la France, au lieu de la légende des saints et de l'Almanach des miracles.

« Ces clubs de femmes pourraient encore être chargés des informations, sur la conduite et les besoins des infortunés qui réclameraient les secours de la section : ce qui serait facile par les moyens du cercle central, où les citoyennes de toutes les sections se rencontreraient. Car ce n'est pas tout de donner, mais de bien donner. Par exemple, une femme indigente, sur le point de devenir mère, privée de tous les secours que son état exige, n'a-t-elle pas des droits sacrés à notre assistance ? Malheur à celle d'entre nous qui verrait sans pitié leur semblable accablée de misère et mettant au monde une victime innocente, dont les cris affaiblis par le besoin nous demandent la conservation de son existence ! Malheur à celle qui ne partagerait pas, à cette vue, ses vêtements pour la couvrir son nécessaire pour la secourir. »

IX.

Bouche de Fer, janv.-mars 1791, p. 31, de l'auteur du discours sur la guerre.

« Je crois cependant qu'il n'est pas inutile de rappeler la question à ses véritables termes : ce n'est pas sur le gouvernement, mais sur le caractère et les mœurs d'une nation, que les femmes peuvent avoir quelque influence ; elles ne doivent prendre aucune part à l'administration publique. Ce n'est pas d'une manière indirecte qu'elles peuvent influer sur les gouvernements. Elles forment à la patrie des citoyens vertueux, et la patrie leur doit une partie des services qu'elles lui ont mis en état de lui rendre.

« Les femmes sont les institutrices des hommes. Elles leur inspirent l'amour de la vertu, le patriotisme et le courage. Leurs regards les animent et les soutiennent dans les efforts les plus difficiles. Elles sont les témoins de leurs grandes actions : et c'est parce qu'elles les ont rendus capables de les exécuter qu'elles en partagent avec justice le mérite et la récompense.

« Le trône d'une femme est au milieu de sa famille. Sa gloire est dans la gloire des enfants qu'elle a élevés pour l'état. »

X.

Journal des Amis de la Constitution, n° 17 (22 mars 1791).

« Les Amis de la Vérité ouvrirent leur première séance par des rêveries maçonniques, que la majorité des auditeurs relégua dans l'obscurité des loges. Ces formes mystiques pourront être utiles dans des contrées moins mûres à la raison et moins dégagées de préjugés que la très heureuse France.

« Ai-je eu tort de m'élever avec énergie contre les visions de la Bouche de Fer ? Ce journal indéfinissable n'a pas hésité d'accueillir une proposition aussi absurde qu'intolérante : Celle de ne donner les charges publiques qu'à MM. les Francs-Maçons. L'éloquence de M. Fauchet, prêtre citoyen, qui brava le canon de la Bastille ; son éloquence échoua sur l'écueil des mystiques. L'amour de l'humanité le porte à prêcher indirectement le vol et le brigandage, le meurtre et l'anarchie ; car en soutenant que tous les individus doivent avoir une part égale au territoire de la France, c'est légitimer la rapine..... Nous n'aurions plus ni maréchaussées, ni troupes, ni marine, ni commerce, ni approvisionnements, ni arsenaux, ni artillerie, ni mousqueterie, ni imprimerie, ni alphabet, ni gouvernement, ni liberté..... Il est donc vrai que la vertu mal dirigée mène au crime. En effet tous les crimes sont renfermés dans l'axiome du procureur général des mystiques. J'espère que l'esprit ardent de cet honnête criminel ne se promènera pas toujours dans les domaines de l'apocalypse. »

XI.

MANIFESTE DES AMIS DE LA VÉRITÉ. [1]

CERCLE SOCIAL.

« *Il se formera parmi eux des tribuns.* » Mably.

« Le 12 juillet, le Tribun du Peuple (lire Bonneville) et quelques électeurs, ses collègues, s'occupaient de la réimpression de plusieurs de leurs premières lettres et de la rédaction de numéros importants.

« Depuis ces jours désastreux, qui sont déjà pour nous des jours de fête, nous avons cessé d'écrire, mais nous n'avons point cessé d'être dévoués à nos concitoyens : tour à tour Electeurs, président de district, Répresentant de la Commune, et chargés des plus importantes missions, nous n'avons pu reprendre jusqu'à ce moment une entreprise commencée au milieu de tant d'obstacles.

« Le despotisme, qui croulait de toutes parts, voulait ensevelir sous ses mines le génie de l'Europe. Mais, si mal traités, si lâchement calomniés, pauvres Electeurs, nous étions là, et, le troisième jour, le génie de l'Empire français a brillé de toute sa force et de son antique splendeur : un nouveau monde est sorti du néant. La régénération est faite, puisque le plus juste et le plus sensible des rois, le roi fait homme pour sauver son peuple, vient de se déclarer le chef de cette même Révolution, qu'il sanctionne et qu'il approuve. Ceux dont les abus faisaient le patrimoine pourraient encore trop aisément détruire ou calomnier d'excellents citoyens ; mais ils ne surprendraient pas l'opinion, que le patriotisme a formée et qui a tant fait.

« On a voulu trop peu nous rendre; il a donc fallu risquer de tout perdre pour tout sauver. De là cette fermentation qui pouvait tout dévorer, mais qui était essentielle à une grande création. Ce beau jour, que nous attendions, est arrivé ; c'est par la faute et les attentats des ennemis du bien public que le bienfait de la lumière est arrivé soudain, comme un torrent qui déborde, véritable image du soleil, quand il parut dans l'Univers pour la première fois.

« Le serment civique d'un peuple de frères annonce la naissance et la force d'un pacte social. Il n'y a plus d'orage. Les flots commencent à se calmer ; il nous est donc permis d'abandonner le gouvernail du vaisseau et, dans nos demeures paisibles, de servir les desseins des peuples par des travaux conformes à nos penchants et à la simplicité de nos mœurs.

« Que les bons citoyens nous jugent d'après ces essais [2]) qui sont encore, après la plus heureuse des révolutions, à toute la hauteur de la raison ; qui certes n'ont pas été inutiles à nos augustes représentants ; qui survivront

[1]) Voir Plaquette (Lc [2] 317) à la Bibliothèque Nationale.
[2]) *Le Tribun du Peuple*, 1789.

sans doute à ces princes égarés, dont ils exposent la mauvaise éducation ; et qui peut-être plus tôt qu'on ne pense, pourront servir à éclairer l'Angleterre, illustres rivaux, dont nous avons mérité la reconnaissance respectueuse et encore le superstitieux Brabançon, et l'Espagnol, si longtemps passif et stupide qui semble se réveiller de sa profonde léthargie. La première et la principale entreprise du Cercle Social, que nous avons formé est de donner à la voix du peuple toute sa force, afin qu'il jouisse, dans toute sa plénitude et avec une latitude indéfinie de son droit de censure, le seul pouvoir qu'il lui soit permis d'exercer par soi-même.

« C'est pour que les droits des peuples soient défendus que le Cercle Social s'efforcera de créer des Tribuns dans un empire franc et libre, comme il y eut des tribuns à Rome, dont la vigilance inquiète et journalière sut procurer à la fois aux gouvernants et aux gouvernés des avantages sans nombre et sans prix, dont les plus sages publicistes nous assurent qu'ils n'auraient jamais joui sans eux.

« La plus grande et la meilleure des nations, le peuple Franc, [1]) qui a vaincu les Romains, ne doit pas se payer comme eux des mots superbes qui les ont perdus : c'est la flatterie qui empêche les rois de régner et d'ailleurs un peuple Roi n'est pas un peuple heureux, car le peuple Roi n'a jamais été le peuple libre. *Les Tribuns du Peuple Franc*, toujours invisibles, sans faisceaux et sans dignités ne doivent employer, pour défendre, impartialiser et perfectionner les lois, que la seule force de ces génies bienfaisants qui ne pourraient mourir jamais, quoiqu'ils aient déjà rendu à la poussière un corps périssable ; c'est leur voix immortelle qui, parlant sans cesse du cœur de l'homme de bien, forme l'opinion générale qui est toujours droite et toute puissante. »

XII.

Mercure de France, 18 novembre 1790, pp. 90-122.

La Bouche de Fer.

Linguæ centum sunt, oculi centum, oraque centum, Ferrea vox.

« C'est le titre d'un journal *patriotique et fraternel;* l'épigraphe signifie que ceux qui le composent ont cent langues, cent yeux, cent bouches, et une voix de fer. C'est beaucoup.

---

[1]) Cf. 2e. Livraison de la *Bouche de Fer* 1790.

Lettre VI. Adressée au *Cercle Social.*

« Vous avez commencé, Messieurs, l'exécution d'une entreprise bien chère à mon cœur. J'en ai senti tous les avantages. Pour que ma patrie pût les recueillir, je ne me suis jamais dissimulé qu'il fallait une réunion courageuse de citoyens dévoués.

Il m'est doux de voir pousser dans les mains du Cercle Social, dont j'ai si ardemment désiré l'établissement depuis nombre d'années une institution amélioratrice, qui doit être un jour en de plus dignes mains que les miennes, la sauvegarde et la gloire des nations européennes. »

« On demandera d'abord pourquoi ce titre de Bouche de Fer ? [1]) Il rappelle celle de Venise, où l'on jette toutes les délations secrètes contre l'administration et contre les citoyens. Ce rapprochement n'était ni favorable ni attirant. Les auteurs eux-mêmes nous apprennent que dans une Assemblée du Cercle Social, qui dirige leur journal on s'est élevé contre cette dénomination. Les uns désiraient *Bouche d'Or*, d'autres *Bouche de Vérité*, d'autres *Bouche du Peuple Franc*, d'autres *Bouche des Francs*, etc. et d'autres *Bouche Française*. Tous ces titres étaient fort beaux ; mais celui que nous annonçons a prévalu ; on nous en dit la raison. C'était le nom de la Bouche des anciens Interprètes de la nature. [2]) Qu'est-ce que ces anciens interprètes de la nature ? Et pourquoi avaient-ils une Bouche de Fer ? Cela paraît d'abord un mystère à nous autres ignorants mais tout s'éclaircit avec le temps et nous verrons que cela est clair et simple comme tout le reste. — Quel est l'objet de ce journal ? C'est la Confédération Universelle des Amis de la Vérité ; universelle dans la force du terme car elle embrasse tout l'Univers ; il ne s'agit de rien moins que de la régénération du genre humain. Peut-être trouvera-t-on le projet vaste ; c'est notre faute, c'est que nous sommes petits, c'est que dans nos idées étroites, nous comptons pour beaucoup ce petit globe qui est à peine quelque chose.

« Si, par exemple, il s'agissait de porter la lumière du *Cercle Social* dans tous les mondes, c'est alors que l'entreprise pourrait être vaste ; encore ne le serait-elle pas trop pour le génie ; et comme dit fort bien la *Bouche de Fer* il suffit de VOULOIR (en lettres majuscules) ; elles sont fort multipliées dans ce journal et souvent sur des mots qui semblent n'avoir aucun sens ; mais alors ce sont les lettres majuscules qui en ont un : ce sont des types, des figures, c'est tout dire.

« Nous avons une Société des Amis de la Constitution ; et tous les bons citoyens doivent et peuvent être amis de la Constitution, car on sait ce que c'est. Mais est-il bien facile de se confédérer comme amis de la vérité, surtout d'un bout du monde à l'autre ? Il faudrait pour cela que l'on fût d'accord sur ce qu'on appelle vérité ; et je ne connais guère que la vérité mathématique qui ait cet avantage. Il y eut, dit-on, des Assemblées de cinq à six mille personnes au Cercle Social. Si tous ces gens-là s'accordaient sur la vérité politique et morale seulement, ce devait être une assemblée très édifiante et unique dans son espèce.

---

[1]) *Bouche de Fer*, 1790. « Nous devons cette justice à nos concitoyens qu'on ne lui a pas encore confié une méchanceté noire et rien de ce qui souille les sales écrits qui blessent les regards honnêtes. (Bouche de Fer.) Ce ne sont pas seulement des plaintes qu'elle exprime, ni des complots atroces qu'elle dévoile et que ceux mêmes qui en ont reçu les plus secrets témoignages ont reconnus véritables. Elle communique des idées régénératrices, des motions utiles, des projets de loi, des lectures à la fois intéressantes et instructives comme les feuilles toujours belles, des spectateurs, des réfléchisseurs et de quelques autres que la liberté produit en Angleterre. Des allégories gracieuses et consolantes lui servent à expliquer les décrets de l'Assemblée Nationale, c'est à dire, à les faire aimer. »

[2]) *Réponse de Bonneville:* « Les anciens interprètes de la Nature. C'étaient les Hyérophantes, les prêtres chargés de développer aux initiés le système physique et métaphysique du Monde (Hyérophantes), car les mystères embrassaient ces deux branches, témoins les mots allégoriques de Grand Architecte de l'Univers, . . . »

« Au reste, le système de régénération politique, annoncé par M. l'Abbé Fauchet, est infiniment moral : il ne s'agit que de réunir tous les humains *par l'amour*. Ce système n'est pas nouveau ; c'est tout simplement celui de l'Evangile. Mais si l'Evangile en établissant le Christianisme dans une partie du monde, n'a pu depuis 18 siècles réunir encore le genre humain par l'amour, si même ce prodige ne nous est permis qu'à la consommation des siècles, n'a-t-il pas un peu de présomption à se flatter que le Cercle Social, qui n'est pas après tout, aussi divin que l'Evangile, fera ce que l'Evangile n'a pu faire ?....... au moment du péril il (Bonneville) ne voyait que la Patrie et n'était que Citoyen, et depuis, quand il a voulu faire un journal, il a cru devoir prendre le ton illuminé, qui lui est assez naturel, et qui lui a paru susceptible d'un grand effet. Voilà tout le mystère de la *Bouche de Fer*. M. l'Abbé Fauchet a joint son enthousiasme d'amour de morale et d'apostolat aux illuminations maçonniques de M. de Bonneville et de là toutes les folies que l'on vient de lire.

« Il n'est pas permis à des hommes sensés de mêler à des objets aussi sérieux que notre liberté et notre Constitution, le langage puérilement mystérieux de la Maçonnerie, c'est exposer au ridicule ce qu'il y a de plus respectable et de plus sacré ; et parmi les ennemis de la Révolution, il en est qui ont plus d'esprit qu'il n'en faut pour saisir ce ridicule et pour en profiter.

« Chacun écrit comme il peut : les auteurs de la Bouche de Fer ne sont peut-être pas les maîtres d'écrire autrement ; mais ils peuvent au moins (et c'est tout ce que j'aurais voulu leur faire comprendre) ne pas affecter l'emphase prophétique dans des matières qui ne demandent que du bon sens ; ne pas substituer à la réalité des droits de l'homme l'illusion des hiéroglyphes et au solide pouvoir de la raison les frivolités mystiques ; ne pas faire du titre de Citoyen un grade d'illuminé, de la liberté une énigme, et de la Constitution une Apocalypse. »

XIII.

LAHARPE, *Correspondance Littéraire*, tome IV, p. 186, lettre 293.

« Un fou nommé Bonneville, et une autre espèce de fou, l'Abbé Fauchet, enthousiaste, qui n'est pas sans talent, quoiqu'il soit absolument dénué de goût, se sont avisés (de quoi ne s'avise-t-on pas aujourd'hui pour être quelque chose ?) de joindre les mystères de la maçonnerie aux principes de la Constitution ; et de cet amalgame bizarre, ils ont composé un journal qu'ils appellent la Bouche de Fer au dépôt de leur Journal, près du Théâtre Français, en invitant tous les citoyens à y jeter, comme on fait dans celle de Venise, leurs idées sur le gouvernement, leurs questions, leurs accusations, etc.... Cette invention n'a pas prospéré jusqu'ici ; car il est clair, pour leur journal, que ce sont eux qui font les demandes et les réponses. Rien n'est plus plaisant ni plus ridicule que la démence sérieuse qui règne dans cet ouvrage, où se trouvent pêle-mêle toutes les rêveries des illuminés avec des discussions politiques, le jargon de la mysticité avec l'emphase des prédicateurs, où l'on remonte jusqu'à la tour de Babel et l'Arche de Noé, pour redescendre aux sections et aux districts, où l'on ne projette rien moins qu'une religion universelle, une régénération universelle, etc. Nos deux prophètes ont ouvert un Cercle Social par lequel ils prétendent communiquer avec toutes les nations de l'Univers. Aussi, grâce à eux, la Révolution aura eu aussi ses illuminés tout comme si nous étions au temps des frères rouges de Cromwell et des confréries de la Ligue. Heureusement ceux-ci ne sont pas dangereux; ils ne sont qu'extravagants, et ne veulent régénérer l'Univers que par l'amour. »

XIV.

Chronique du Mois, mars 1792.

Sur Athanase Auger, par N. Bonneville.

« Athanase Auger était un de ces hommes à grand caractère, que l'ambition cruelle d'obtenir, à quelque prix que ce soit, des applaudissements à la tribune, ou le désir tyrannique de posséder *exclusivement* des emplois importants à la nomination du peuple ou de la cour, ne pouvait entraîner à la flatterie qui a perdu les rois et les empires ; et qui vous perdrait également, ô citoyens, avec la liberté que vous avez conquise si vous ne remettez pas enfin à leur place ces brillants déclamateurs, ces *fleuves* personnifiés, qui vomissent, avec fracas, des cataractes de paroles. Il savait mieux que personne que le peuple est *tout*, mais dans sa bouche, le nom du peuple était la *nation tout entière*. Il n'eut pas voulu permettre qu'une section du peuple, confondît tous les pouvoirs du corps social. Lorsqu'il parlait au peuple de ses droits, ce n'était jamais en lui faisant oublier ses devoirs ; car il comptait les devoirs de chaque homme parmi les droits du citoyen ! »

XV.

ALLÉGORIES.

Chronique du Mois, août 1792.

« Les fables, les allégories, les emblèmes, les hiéroglyphes, les paraboles sont des tableaux mutilés, ou des monuments informes de cette première antiquité que le temps a connue ensevelis dans la nuit de l'oubli. C'est un voile tiré entre l'histoire perdue et celle qui nous reste, mais un voile transparent, qui laisse entrevoir la vérité. Car quelque soit l'abus de l'Allégorie, il faut bien y avoir recours, quand le sens littéral ne présente qu'un monstre d'absurdité qui n'a jamais pu entrer dans l'esprit humain, encore moins en sortir avec ses traits bizarres et difformes qui l'auraient d'abord fait étouffer.

« Les philosophes, les chimistes, les théologiens même ont abusé de la licence que donne l'allégorie et chacun a prétendu rencontrer ses dogmes et ses opinions dans la fable. C'était la religion des *anciens* philosophes, et chaque peuple y trouve des traces de la sienne.

« Les paraboles furent comme les premiers jeux de la raison, qui s'essayait avec la vérité ou voulut plaire aux hommes, avant de les instruire, et amuser l'enfance de l'esprit par des images agréables. Elles précédèrent les discours raisonnés, comme les hiéroglyphes ont précédé l'usage des lettres. Nous jugeons de tout par comparaison ; il faut donc dire à quoi une chose ressemble pour nous dire ce qu'elle est. »

XVI.

Exemple des manipulations de Bonneville, qui réduit les lettres en chiffres, etc. pour arriver à prouver des secrets jésuites. (Extrait des *Jésuites chassés de la Franc-Maçonnerie.*)

En remplaçant les lettres de l'alphabet A, B, C, ... par les chiffres 1, 2, 3, ... Bonneville essaye de démontrer que le mot *Mason* correspond au grade parfait des Jésuites, dont il se rappelle pour l'occasion le vrai titre de *Profès*

MASO = 12 + 1 + 18 + 14 = 45.

Reste N qui est la lettre initiale du nôtre, du Noster, grade parfait du Jésuitisme, qu'on ne peut obtenir, d'après lui, qu'après 45 ans.

Mais le *Noster* est le *profès*, des quatre vœux et suivant la Constitution des Jésuites, il suffirait pour être profès des quatre vœux, d'avoir 25 ans passés, si toutefois on avait terminé à cet âge ses études théologiques (Const. Soc. Jés. pars. 1., c, 2, n° 12 de admittendis).

Souvent ces Jésuites, après leurs années de régence dans les collèges terminaient leurs études et firent leurs vœux de Profès à l'âge de 33 ans.

XVII.

Bouche de Fer, 25 juin 1791.

« Commençons par définir les termes.

« Jean-Jacques Rousseau, fort embarrassé d'exprimer des idées de liberté dans la langue des esclaves, a souvent l'air de se contredire. Il a en horreur la *monarchie*, et il dit, dans un même ouvrage que tout gouvernement légitime est *républicain*, et qu'en ce sens alors la monarchie elle-même est une république. C'est, à vrai dire, un peu galimatias. Ces sortes d'ouvrages, dira-t-on, ne sont pas faites pour un homme du peuple, et voilà précisément ce dont je me plains, et pourquoi tout va si bien ! »

« Un peuple ignorant et trop crédule, trop prompt, s'engoue ou se laisse abattre trop facilement. Il voit perfidie et fausseté partout. Il est bien étrange que la chose la plus utile, qui est l'éducation nationale, soit précisément celle dont on s'occupe si peu. »

« Voilà la définition du gouvernement républicain, par Jean-Jacques : J'appelle république tout état régi par des lois, sous quelque forme d'administration que ce puisse être, car alors seulement l'intérêt public gouverne, et la chose publique est quelque chose. Tout gouvernement légitime est républicain. Je n'entends pas seulement par ces mots une aristocratie ou une démocratie, mais en général tout gouvernement *guidé par la volonté générale*, qui est la loi. Pour être légitime, il ne faut pas que le gouvernement se confonde avec le souverain, mais qu'il en soit le ministre, alors la monarchie elle-même est république. »

« En définissant le mot *république*, et le traduisant littéralement dans notre langue, car c'est un mot latin *res-publica*, toute obscurité va disparaître. La république n'est autre chose littéralement que la chose commune, la chose publique, la grande communauté nationale, le Gouvernement National. Le gouvernement national est sans contredit le meilleur des gouvernements et n'a besoin, pour être parfait, que d'être réellement le résultat de la volonté de tous. Tout le monde convient, et les représentants eux-mêmes, ont déclaré, que la loi *ne pouvait être que l'expression de la volonté générale*, et cependant on s'efforce toujours d'empêcher les effets de cette déclaration en parlant de *monarchie*, en parlant de *république*. Si le peuple ne sent pas très clairement que c'est le gouvernement d'une chose qui lui est commune, on lui citera des peuples qu'on appelait républicains, qui gémissaient sous une foule de petits tyrans, qui avaient des ordres distinctifs et héréditaires ; et il est par trop ridicule de nous donner pour nous séduire le beau nom d'un gouvernement républicain qui n'existera jamais et nous exposer à tous les abus des gouvernements vicieux et abominables, qui osèrent, comme les Vénitiens, prendre le nom sacré de république ;......... il nous faut un *gouvernement national* et pour un peuple libre, vouloir est tout. »

XVIII

War Department,
The Adjutant General's Office,
2117259 Washington, April 17, 1914.

Respectfully returned to Mr. Philippe Le Harivel, M. A., 17 Howe Street, Edinburgh, Scotland.

« The records of this office show that Benjamin L. E. Bonneville entered the U. S. Military Academy as a cadet April 14, 1813 : that he was appointed brevet second lieutenant, light artillery, December 11, 1815, and that he was retired September 9, 1861, having been promoted through the various grades to colonel of the 3rd Infantry, which rank he held at the date of his retirement. He was brevetted lieutenant colonel August 20, 1847, for gallant and meritorious conduct in the battles of Contreras and Churubusco, Mexico, and he was brevetted brigadier general March 13, 1865, for faithful service in the Army. He died June 12, 1878......... »

(signé) Geo. Andrews.
The Adjutant General.

APPENDICE « B. »

(Exemples du procédé de Bonneville, confrontation de textes, etc.)

I.

CLAVIGO, de Goethe.

Exemples de textes expliqués plutôt que traduits.

IV. 1. *Clavigo* : Das Vergnügen an uns selbst, die freundschaftliche Harmonie sollen der Prunk dieser Feierlichkeit sein.
Karlos : Ihr werdet eine stille kleine Hochzeit machen ? »

« Notre amour mutuel, la douce harmonie de nos âmes, la joie de l'amitié, seront seuls tout l'éclat, toute la pompe de ce jour solennel.
Karlos : Vous ferez, à petit bruit, un petit mariage. »

Plus bas : « Du spottest » — «Ici, la plaisanterie est de mauvaise grâce. »
Encore : « Karlos, ich bin ein kleiner Mensch. »
« Que je suis faible ! Ah, Carlos, que mon âme est petite ! »

«Schone dich » — « Ne te tourmente pas si cruellement, ma sœur, montre donc un peu de courage. »

Exemple de passage où les traducteurs épargnent les sentiments des lecteurs français.

III. 1.

(Buenco démontre la petitesse de l'esprit de Clavigo.)

« Dass er wiederkehrt, dass ihm auf einmal beliebt, wiederzukehren und zu sagen : « Jetzt mag ich sie, jetzt will ich sie ». Just als *wäre diese treffliche Seele eine verdächtige Ware, die man am Ende dem Käufer doch noch nachwirft, wenn er auch schon durch die niedrigsten Gebote und jüdisches Ab- und Zulaufen bis aufs Mark gequält hat.* Nein, meine Stimme kriegt er nicht, und wenn Mariens Herz selbst für ihn spräche..... »

« Parce qu'il lui plaît de revenir et de nous dire : 'c'est mon goût, c'est aujourd'hui ma fantaisie, je veux bien l'épouser aujourd'hui'. Oui, comme si elle *devait se trouver encore très heureuse de ce qu'il veut bien avoir pour elle cette faiblesse.* Non, jamais il n'aura mon consentement ; quand bien même le cœur de Marie parlerait pour lui..... »

Exemple d'une insertion entière où les traducteurs prolongent à plaisir les tirades de ce grand phraseur :

Acte IV. — « Non, que je le trouve ! Il faut que je le trouve. Ah ! si je le tenais au-delà des mers ! Je le saisirais ; je l'attacherais tout vivant à un poteau ; je dépècerais ses membres ; je le ferais rôtir à ses yeux ; et vous, femmes, je vous en servirais ! »

II.

« SENSIBLE » et « SENSIBILITÉ »

Jules de Tarente.

I. « Um meines Vaters Gram zu ersparen. » « Pour ménager la sensibilité de mon père. »

I. 7. « Mädelein, Julius hat ein Herz ! » « Ma fille, Jules a un cœur sensible. »

Le Comte d'Olsbach :

II. 9. « Empfindlich' Seele. » « Votre sensibilité. »

II. 8 et 9. « Julie, äusserst gemüht. » « Avec sensibilité. »

« Der Unglückliche ! Ich kann mich nicht erholen ! Das ist zu viel für meine Standhaftigkeit. »

« L'infortuné ! — qu'il est à plaindre ! quel coup pour sa sensibilité. »

V. 5. « Mein Herz wird ganz bewegt. Umarmen Sie mich ! Erkennen Sie mich als Ihre Freundin. Ich habe so viel Mitleiden mit Ihnen — — — ! — — — Möge es eine Unglückliche doch verdienen! »

« Tout mon cœur est ému. Embrassez-moi ; prenez-moi pour votre amie ; — Vous m'inspirez tant d'intérêt ! — Ah ! mademoiselle, votre sensibilité —. »

V. 14.

« Gefühlvolle Seele. » « Ames sensibles. »

III.

STELLA, de Goethe.

Bonneville analyse les émotions et cherche à exprimer ces vagues sentiments de détresse ou de douce mélancolie si chers aux romantiques.

Confrontation des textes de Bonneville et de Cabanis.

Monologue de Fernando au premier acte :

« Wie still das ganze Haus ist ! »

Cabanis : « Comme toute la maison paraît tranquille. »

Bonneville : « Quel charme règne dans toute la maison. »

« Das klösterische Ansehen ihrer Wohnung! wie schmeichelt es deinen Hoffnungen. »

Cabanis : « Observe l'aspect de sa demeure, c'est celui d'un cloître. Comme ton espoir est flatté ! »

Bonneville : « Sens-tu combien les murs silencieux de sa demeure flattent ton espérance ? »

« Traum. »
Cabanis rend « Songe ».
Bonneville donne « Songe qui m'abuse, *illusion* enchanteresse ».

III. « Schmerzen. »
Cabanis : « Anxiétés ».
Bonneville : « Douleurs ».

« Wie du dich fühltest in jenen glücklichen Tagen, und nun ! »
Cabanis : « Quels étaient tes sentiments dans ces jours heureux ? et maintenant — — »
Bonneville : « Comme en ces jours, ces siècles de délices, tu sentais ton existence, et à présent ! »

IV. « In Stunden der Einbildung. »
Cabanis : « Dans les heures de la rêverie. »
Bonneville : « Dans les sombres instants de la mélancolie. »

Exemple d'une tirade :

I. 1. *Fernando (ans Fenster tretend) :*

« So seh' ich dich wieder ? Himmlischer Anblick ! So seh' ich dich wieder ? Den Schauplatz all meiner Glückseligkeit ! Wie still das ganze Haus ist ! Kein Fenster offen ! Die Galerie wie öde, auf der wir so oft zusammen sassen ! Merk' dir's, Fernando, das klösterliche Ansehen ihrer Wohnung ! wie schmeichelt es deinen Hoffnungen ! Und sollte in ihrer Einsamkeit Fernando ihr Gedanke, ihre Beschäftigung sein ? Und hat er's um sie verdient ? O ! mir ist, als wenn ich nach einem langen, kalten, freudelosen Todesschlaf ins Leben wieder erwachte ; so neu, so bedeutend ist mir alles. Die Bäume, die Brunnen, noch alles ! alles ! So lief das Wasser aus eben den Röhren, wenn ich, ach, wie tausendmal, mit ihr gedankenvoll aus unserm Fenster schaute und jedes, in sich gekehrt, still dem Rinnen des Wassers zusah ! Sein Geräusch ist mir Melodie, rückerinnernde Melodie. Und sie ? Sie wird sein, wie sie war. Ja, Stella, du hast dich nicht verändert, das sagt mir mein Herz. Wie's dir entgegenschlägt ! Aber ich will nicht, ich darf nicht ! Ich muss mich erst erholen, muss mich erst überzeugen, dass ich wirklich hier bin, dass mich kein Traum täuscht, der mich so oft schlafend und wachend aus den fernsten Gegenden hierher geführt hat. Stella ! Stella ! Ich komme ! fühlst du nicht meine Näherung ? in deinen Armen alles zu vergessen ! »

Traduction de Cabanis.

I. 1. *Fernando seul.*

« Je te revois donc encore, ô celeste perspective ! Je te revois, théâtre de mon bonheur ! Comme toute la maison paraît tranquille ! pas une seule fenêtre ouverte ! Comme elle est déserte cette galerie, où nous

Traduction de Bonneville.

I. 1. *Fernando s'approchant de la fenêtre.*

« Je te revois donc ? Céleste séjour ! Je te revois donc ! toi le théâtre de toute ma félicité : quel charme règne dans toute la maison ! Pas une fenêtre ouverte! Comme elle est venions si souvent nous asseoir ensemble ! Observe, Fernando, l'aspect de sa demeure : c'est celui d'un cloître ; comme ton espoir en est flatté ! Dans cette solitude, Fernando serait-il l'objet de ses souvenirs ? serait-il sa pensée et son occupation ? Ah ! l'a-t-il mérité ? Je crois revenir d'un long, d'un mortel assoupissement, tant chaque objet me frappe et touche mon cœur ! Les arbres, les fontaines, oui, tout. Ces eaux coulent dans les mêmes canaux. Ah ! combien de fois, à côté l'un de l'autre, mais silencieux, retirés en nous-mêmes, et le cœur plein, n'avons-nous pas contemplé le cours de cet élément mobile ? Son bruit est pour moi une vraie mélodie fertile en souvenirs. Et elle ? elle sera ce qu'elle était. Non, Stella, tu n'as point changée, mon cœur me le dit. Comme il s'envole vers toi ! — — — Mais je ne puis, je n'ose — — — Il faut auparavant me remettre ; il faut me bien convaincre que je suis véritablement ici, que je ne suis trompé par aucun de ces songes, qui, même pendant la veille, me transportaient en ces lieux des climats les plus lointains. Stella ! Stella ! Je reviens, ne sens-tu point mon approche ? Je viens tout oublier dans tes bras ! »

seule la galerie où nous étions si souvent assis ensemble ! Sens-tu, Fernando, combien les murs silencieux de sa demeure flattent tes espérances? Et dans sa déserte solitude penserait-elle à Fernando ? s'occuperait-elle de Fernando ? Et l'a-t-il mérité ? Il me semble qu'après un long, froid, triste sommeil de mort je me réveille à la vie, tout est frais, tout est nouveau pour moi, tout ce qui m'environne, et tant il impose à mon âme attendrie! Les arbres, la fontaine, tout est de même encore. C'est ainsi que l'eau tombait de ces mêmes cascades quand j'étais — — . . Ah ! comme mille et mille fois tous deux absorbés dans de profondes rêveries, accoudés sur notre fenêtre et dans le silence du recueillement, nous regardions couler ce limpide ruisseau. Son murmure est une douce mélodie qui me rappelle tout le passé. Et elle ? Elle sera ce qu'elle était ? Oui. Stella tu n'as pas changée ; mon cœur me l'assure ; comme il palpite en s'élançant vers toi ! Non, je ne veux pas. Il faut d'abord me convaincre moi-même que c'est bien ici que je suis ; que ce n'est plus un songe qui m'abuse, une illusion enchanteresse qui, des pays les plus éloignés tant de fois dans mon sommeil et souvent même éveillé, m'a conduit en ces lieux. Stella ! Stella ! je viens. Ne sens-tu pas que je m'approche pour tout oublier dans tes bras, tout oublier ! »

IV.

Dubuisson semble n'avoir connu Goethe que par l'intermédiaire du *Nouveau Théâtre Allemand*.

Cf. la première scène du premier acte de *Stella*, citée plus haut à propos de Bonneville et Cabanis.

Voici le texte abrégé de Dubuisson :

« *Je te revois donc, céleste séjour, je te revois* donc enfin ! — — — — — Stella ! — — — je viens — — — que fais-tu dans ce moment ? *Ne sens-tu pas que je m'approche pour tout oublier dans tes bras ? — — — — — — — pas une fenêtre ouverte ! — comme elle est seule la galerie, où nous étions si souvent ensemble ! — — — — — — —* tout est de même encore : *C'est ainsi que l'eau tombait de ces mêmes cascades quand j'étais — — —* il me semble *qu'après un long et froid sommeil de mort je me réveille à la vie : tout est frais, tout est nouveau pour moi,* tout ce que je découvre, etc. — — — — — *son murmure était une douce mélodie, douce mélodie* que je crois entendre et qui *me rappelle tout le passé.* »

V.

NATHAN LE SAGE, de Lessing.

Exemples de passages que la Censure ne permit pas à Friedel et Bonneville d'imprimer.

I. 2. « Le plus grand des miracles est, qu'il soit possible que les véritables miracles ne nous étonnent pas. Sans ce miracle universel, le sage n'eut jamais appelé miracle ce qui ne peut l'être que pour un peuple enfant qui recherche ardemment tout ce qui est extraordinaire et nouveau. »

II. 1. « Tu ne connais pas les chrétiens, tu ne veux pas les connaître. Ils sont fiers d'être chrétiens, et non d'être hommes ! Et même ce que leur fondateur a fait entrer d'humain dans leur superstition ils l'aiment, non pour l'humanité, mais pour leur avoir été enseigné par lui. — Ils sont bien heureux que cet homme était si bon, si pacifique. Ils sont bien heureux de n'avoir tout bonnement à suivre que sa douceur et sa vertu ! — Sa vertu ? Ce n'est point sa vertu, mais son nom qui doit être répandu sur la terre et doit éclipser le nom de tant d'hommes vertueux. Le nom, le nom seul leur importe. »

VI.

NATHAN LE SAGE, de Lessing.

Version Bonneville.

Exemple de traduction qui n'est pas dépourvu d'élégance.

III. 4.

« O nun dann !
Was hat es dann für Not ! Die Schlinge liegt
Ja nur dem geizigen, besorglichen,
Furchtsamen Juden, nicht dem guten, nicht
Dem weisen Manne. Dieser ist ja so
Schon unser, ohne Schlinge. Das Vergnügen,
Zu hören, wie ein solcher Mann sich ausredt ;
Mit welcher dreisten Stärk' entweder er
Die Stricke kurz zerreisset ; oder auch
Mit welcher schlauen Vorsicht er die Netze
Vorbei sich windet : dies Vergnügen hast
Du obendrein. »

« Oh ! alors ! Qu'avons-nous alors à craindre ! Le piège n'est tendu qu'au Juif avare, soupçonneux, partant lâche ; et point à l'homme sage et bon. L'homme bon est déjà à nous sans aucun piège. Quel plaisir d'entendre un tel homme éluder une question embarrassante; de la voir briser d'une main hardie les liens subtils, qui se doublent pour l'enlacer ; ou de suivre ses pas qu'il écarte avec prudence loin des filets. Ce plaisir-là n'est point encore à dédaigner ! »

Exemples d'amplifications ou explications qui donnent le *sentiment* du passage.

I. 1. « So angezogen », vers 132.
« Si doucement attirée par la reconnaissance. »

I. 2. (272) « Deine Rettung » — « Cet heureux secours. »

I. 3. « Nathan, schonet ihrer. » — « Ménagez son cœur trop sensible. »

Plus bas : « Schonet ihrer, Nathan. » — « Ménagez sa douleur. »

Plus bas : « Wie gern. » « Par quel charme funeste. »

III. 1. « In meiner Brust. » — « Dans ce cœur trop sensible. »

III. 5. « Ich höre dich erweisen, was
Du widersprechen willst. »
« Ils te nomment le sage ; tu n'en voulais pas convenir et je viens de t'entendre toi-même le prouver. »

III. 7. « Fast so unerweislich als
Uns itzt — der rechte Glaube. »
« Et tu m'excuseras, Sultan, si je n'ose prononcer sur des bagues que le père de famille fit faire dans l'intention qu'on ne les distinguât pas. »

III. 7. « Ha ! darnach sah er aus. »
« Que son regard noble annonce bien son courage. »
« Der Herr verkennt mich. »
« Vous avez trop grande opinion de moi. »

V. 5. « In dieser Gährung. »
« Dans ce délire de tous mes sens allumés. »

Parfois Bonneville néglige entièrement *l'image* pour donner une traduction courte et élégante :

Ex. I. 2.

« Der Topf
Von Eisen will mit einer silbern Zange
Gern aus der Glut gehoben sein, um selbst
Ein Topf von Silber sich zu dünken. »

« On n'élève souvent les autres que pour s'élever soi-même. »

De Shakespeare, Bonneville prend certaines expressions et veut les faire passer dans la langue :

Ex. : « Unpriest and unking »
« Déroiser et déprêtrailler

Bonneville emploie pour la première fois des locutions qui lui semblent osées ou peu conformes à l'esprit français, mais il les signale en les mettant en italique.

Ex. :

II. 7. « Das Leben, das ich lebe »
« *La vie que je vis* »

(Cf. « vivre sa vie », moderne)

III. 7. « Erweislich » — « *Prouvable* »

IV. 4. « Sehr reif bemerkt »
« La remarque est assez *mûre*. »

IV. 6. « Von wessen Brautkleid
Sinnbilderst du mir so gelehrt ? »
« Et sur quelle robe de noces me *symbolises*-tu là si savamment ? »

IV. 7. « Siebenfach » — « *Sept-double* » (?) cf. septuple.

Bonneville accentue un mot à l'allemande pour indiquer l'importance que l'on doit y attacher.

Ex. :

« Von *meiner* Liebe sagt das nicht. »
« Ne dites pas cela au moins de *mon* amour. »
(?) de mon amour à moi.

VII.

GŒTZ DE BERLICHINGEN, de Gœthe.

Bonneville retombe dans ses anciennes erreurs : inexactitude et amplification.

Gœtz blessé pendant la bataille (V) se réfugie dans la tente des Bohémiens. Leur Capitaine s'écrie :

« Helf ihm ! Ein edler Mann, an Gestalt und Wort. » C'est bref et précis : le moment l'exige. Bonneville, au contraire, s'exprime ainsi :

« Aidez-lui. Cet homme a je ne sais quoi de noble et de grand dans la physionomie et dans son langage qui intéresse. »

I. Gœtz demande à Maria si elle consent à épouser Weislingen :
« Darf ich Ja für Euch sagen ? » « Wenn Ihr es mit mir sagt. »

Traduction de Bonneville :
« Consultez seulement le prix que son alliance a pour vous, et déterminez ma réponse. »

Bonneville change souvent l'image pour y substituer une métaphore plus française, etc.

Exemples :

I. « Bei Kaiser Maximilians Krönung haben wir euren Bräutigams was vorgeschmaust. »

« Au couronnement de l'Empereur Maximilien nous avons rendu plus d'un service à sa brillante jeunesse. Que de roses nous leur avons laissées sans épines. »

II. « So seid Ihr ein Chamäleon. »
«Vous changez donc à chaque instant. »

III. « Und er wird sich wehren wie ein wildes Schwein. »
« Il se défendra comme un lion. »

IV. « Sie sitzen im Unrecht, wir wollen ihnen keine Kissen unterlegen. »
« Ils tombent dans leurs pièges, et tu veux leur tendre la main ! »

VIII.

LES BRIGANDS, de Schiller.

Bonneville institue des parallèles avec Shakespeare.

Exemples :

I. 1. au sujet du monologue de Franz.

« M. Schiller a imité ici le monologue de Richard, aussi célèbre chez les Anglais que le monologue d'Hamlet. Dans ce monologue de Richard, dit un commentateur de Shakespeare (son ami Letourneur, vol. 13) la poésie insinue que sa méchanceté provenait de sa difformité et de l'envie qu'excitait en lui la comparaison de sa personne avec les autres ; ce qui le portait à troubler les plaisirs qu'il ne pouvait partager. C'est ainsi qu'avec beaucoup d'art, il conserve l'honneur de la nature humaine et qu'il excite en nous une sorte de compassion pour les disgrâces du criminel en même temps qu'il nous remplit d'horreur pour ses vices. »

Nota : Bonneville publia plus tard une imitation de ce monologue.

I. 7. « Den soll dieser Arm gleich zur Leiche machen — — »
« Ce bras changera sur le champ en cadavre le premier qui — — »

Bonneville nous renvoie ici à Hamlet dont il cite les paroles : « By heaven I'll make a ghost of him that lets me..... »

III. 1.

François : « Encore ici petite tête exaltée ? Tu t'es dérobée à mes heureux convives, et tu as troublé leur joie. »

Amélie : « Troublé leur joie ? Les chants funèbres qui ont accompagné ton Père au tombeau doivent retentir encore dans ton oreille. »

Note de Bonneville : « Hamlet dans un monologue (scène IV, acte Ier) apostrophe sa mère, qui a osé prendre un nouvel époux : « E'er those shoes were old with which she follow'd my poor father's body, etc. »

« Avant même d'avoir usé ces souliers, qui ont suivi le corps de mon pauvre père, etc. »

« Hamlet dit à Horatio, dans une autre scène : The funeral bak'd meats did coldly furnish forth the marriage tables. »

« Les mets funèbres, servis aux noces, n'étaient pas refroidis, etc. »

Nota : *N'étaient pas refroidis* — ces derniers mots font contresens.

IX.

LES BRIGANDS, de Schiller : traduction de Bonneville.

AGENCEMENT.

Exemples d'amplifications :

« Seinen Plänen » devint « ses plus douces espérances »

I. 1. « Mein Geist dürstet nach Taten, mein Atem nach Freiheit. »

« Non, j'ai soif de grandes actions, je brûle, j'étouffe ; il faut que je respire la liberté. »

Exemple de coupures :

I. 1. Franz : « Vielleicht, o Vater, Vater, Vater, seht euch nach einem andern Namen um, sonst deuten Krämer und Gassenjungen mit Fingern auf Euch, die euren Herrn Sohn auf dem Leipziger Marktplatz im Portrait gesehen haben. »

« Peut-être — — ô mon père ! Mon père ! cherchez pour vous un autre nom, ou ils diront tous : voilà son père ! »

Nous avons encore plusieurs exemples de passages plus ou moins *paraphrasés* dont Bonneville fournit un mot à mot en bas de la page. Il semble s'intéresser plus particulièrement à la langue de Schiller et essaie même de faire passer quelques germanismes dans sa version.

Exemples :

I. 1. « Du ersparst mir die Krücke. » « Tu m'épargnes la vieillesse. »
Note. — « Tu m'épargnes la *béquille*. »

I. 2. « Bleib, ich beschwöre dich ! — Ich mache mir Luft, wenn ich meinen Schmerz in dein Angesicht geifern kann, Giftmischer! »

« Reste, je t'en conjure. — Je me sens soulagée quand je puis te maudire en face. »
Note. — « Quand je puis te *cracher* ma douleur au visage. »

I. 4. « Grosse Gedanken *dämmern auf* in meiner Seele ! »
« De grandes pensées *crépusculent* dans mon âme ! »

II. 9. « Und diese Flamme brenne in deinem Busen, bis die Ewigkeit grau wird. »

« Que cette flamme dévore tes entrailles toute l'éternité. »
Note. — « Jusqu'à ce que l'Eternité *porte des cheveux blancs*. »

III. 1. « Speie Feuer und Mord aus den Augen. »
« Que ton œil s'allume de tous les éclairs de la vengeance. »
Note. — « Crache feu et meutre *par les yeux*. »

III. 2. « Meine Unschuld, meine Unschuld ! — Seht ! — es ist alles hinausgegangen, sich im fröhlichen Strahl des Frühlings zu sonnen. Warum ich allein die Hölle saugen aus den Freuden des Himmels ? »

« Mon innocence ! mon innocence ! — Voyez, tout est sorti pour se réchauffer aux doux rayons du printemps : Pourquoi faut-il que dans cet air si pur, si frais pour eux, je respire tous les feux de l'enfer ? »

Note. — « Pourquoi faut-il que moi seul je *suce l'enfer* dans les joies du ciel ? »

III. 4. « Die Augen wurzelten auf mir. »
« Tous les yeux *s'enracinent* sur moi. »

IV. 2. « Die goldenen Maienjahre der Knabenzeit. »
« Le printemps de la jeunesse, les années d'or revivent dans l'âme du malheureux. »
Note. — « Les *années-de-mai d'or* du temps de la jeunesse. »

IV. 11. « Der Anfang ist gemacht. — Nun mag der Sturm weiter wüten, und sollt er mir auch bis an die Gurgel schwellen. »
« La mèche est allumée. — Que la bombe éclate, dût-elle me briser en mille pièces. »
Note. — « Le commencement est fait. — maintenant, que la tempête fasse son ravage, dût-elle *monter jusqu'à mon gosier.* »

V. 7. « Seht ihr die Flammen lecken an den Wiegen der Säuglinge ? »
« Voyez-vous ces langues de feu dévorer le berceau de son premier né ? »

Bonneville considère cette dernière image « affreusement belle ». « Des langues de feu qui dévorent », dit-il, « rendent l'image de l'auteur, mais qu'on y fasse attention ; ces mots qui sont usés n'ont plus la terreur de la surprise ; leur peinture est émoussée. L'autre expression, neuve, saisit le cœur ; comme frappé d'un coup de tonnerre, on se recueille pour en sentir toute l'horreur. »

X.

JOURNAL DE NORMANDIE.

19 juillet 1786.

Choix de petits romans imités de l'allemand suivis de 99 essais de poésie lyrique : Dédiés à la reine par M. de Bonneville.
in 12° de 387 p. 1786.

« La littérature allemande est depuis longtemps un champ vaste et fertile, où nos auteurs vont moissonner sans cesse. Trop faibles maintenant pour inventer, nous sommes forcés de recourir à nos voisins ; et riches de leurs dépouilles, notre goût sévère et délicat polit les traits souvent gigantesques qui échappent à leur génie. C'est ainsi qu'on voit tous les jours notre théâtre s'enrichir des ouvrages sublimes de Lessing, de Weise, de Gerstenberg, de Gœthe, etc......

« Après avoir aidé à nous faire connaître, dans une excellente traduction, les meilleures pièces de ces fameux tragiques, M. de Bonneville d'Evreux vient de s'exercer dans un genre où les Allemands font des progrès rapides. Le roman chez eux est encore loin de sa perfection : cependant on lit avec le plus vif intérêt Miss Sara Sampson, et les passions du jeune Werther, ces lettres où le délire et le fanatisme de l'amour sont portés à leur comble.

« Parmi les morceaux curieux renfermés dans le volume que nous annonçons, on trouve Albertine, anecdote piquante, qui a fourni le sujet de Caro line. Celui d'Albertine n'est pas moins intéressant. La forme dramatique employée d'ailleurs dans ce petit ouvrage, en y jetant de la variété, prête davantage au développement des caractères et des passions. Nous nous arrêtons plus longtemps sur le morceau divisé en trois parties et intitulé le Sultan Massoud..... » Grainville, avocat.

XI.

LE CHANSONNIER DE LA MONTAGNE,

ou Recueil de Chansons, Vaudevilles, pots-pourris et hymnes patriotiques par différents auteurs.

2e édition, Paris, an II.

Nota. « Bonneville est cité dans cet ouvrage. »

Avertissement.

« Tous les peuples anciens avaient à leur tête des poètes qui, par des chants de guerre, échauffaient leur courage et les animaient aux combats. Plus d'une fois les farouches Spartiates ont dû la défaite de leurs ennemis aux mâles accents de l'éloquent Tyrtée. Les Gaulois avaient leurs Bardes ; les Fingal et les Ossian ont encore dans les monuments de notre histoire le tribut d'admiration que l'homme le plus lâche ne pourra refuser à l'indomptable fierté, à l'austère vertu de l'homme libre et du républicain. La Révolution Française offrira au burin de l'histoire, et à l'avide curiosité du Bibliophile des milliers d'opuscules dans ce genre, où le génie national, alliant l'esprit et la gaîté à la force et à la sublimité des pensées, a su couvrir jusqu'au fantôme hideux du vice et de la mort, des fleurs de l'engouement et de la plaisanterie : immortaliser une époque par une chanson, et électriser l'esprit public par le *ça ira* et la *carmagnole.* »

SOURCES.

ARCHIVES NATIONALES.

F 7 6174 ; F 7 6442 ; F 7 8083 N° 1106.

Correspondance du Maire d'Evreux à la Bibliothèque Municipale d'Evreux.

Nos. 397, 518, 795.
Registre in fo. n° 6.
Registre des Passeports à Evreux in fo. 41 (5) 5, 41 (7) 4.

BIBLIOGRAPHIE DE NICOLAS DE BONNEVILLE.

N. B. Les cotes citées sont les cotes d'inventaire ou de catalogue de la Bibliothèque Nationale dont l'ordre a été fidèlement respecté ci-dessous.

L'Année MDCCLXXXIX ou les Tribuns du Peuple.	Paris (dans les bureaux de la Bouche de Fer) s. d. in 8°, Y f 8473.
Nicolas de Bonneville, électeur du département de Paris, aux véritables amis de la liberté.	Paris, impr. du Cercle Social, s. d. in 8°, 12 p. L c 31 39.
Bulletin de la Bouche de Fer (par l'Abbé Fauchet et N. de Bonneville) N° 1er — VIII 16 juillet 1790 et 25 juillet 1790-3, 29 juillet 1790.	Paris, impr. du Cercle Social, 1790 8 et 3 livraisons in 8°. L c 2 318.
Cercle Social (par l'Abbé Fauchet et N. de Bonneville). Lettre première janvier 1790 — Lettre LXVI.) Tableau analytique des principes constitutionnels décrétés par l'Assemblée Nationale. L'Année 1789 ou les Tribuns du Peuple par N. de Bonneville. Tableau analytique 2e partie.	Paris, impr. du Cercle Social 1790 4 parties en 2 vol. in 8°. L c2 319.
La Bouche de Fer (par l'Abbé Fauchet et N. de Bonneville). N° I oct. 1790, 2e année (— N° 36 déc. 1790 et N° I, 3 jan. 1791, N° 104, 28 juillet 1791).	Paris, impr. Cercle Social 1790-91. 4 vol. in 8° et un fascicule de prospectus. L c 2 317. (Suite du Cercle Social.)
Annales de la Confédération universelle des amis de la vérité. Premier (— second) supplément à la Bouche de Fer (par l'Abbé Fauchet et N. de Bonneville).	Paris, impr. du Cercle Social (1791) in 8°, 96 p. L c 2 317 *bis*.
Choix de Petits Romans imités de l'Allemand (de Sturz, Wall, Wieland et Meisner, suivis de quelques essais de poésie lyrique, par N. de Bonneville.	(1) Paris, T. Barrois, 1786 in 8°, 323 p. 2 ex.) Y2 11329 et 18821). (2) Un autre ex. rel. aux armes de Marie Antionette. Res. Y2 2376.
De l'Esprit des Religions, par N. Bonneville.	Paris, imp. du Cercle Social 1791. 2 parties en 1 vol. in 8°. Z 17247.

De l'Esprit des Religions, par N. Bonneville. Nouvelle édition : Appendices à la seconde édition de l'Esprit des Religions.	(1) Paris, imp. du Cercle Social 1792. 3 parties en 1 vol. in 8°. D^2 6124. (2) Un autre ex. en 2 vol. Z 17248-17249.
Histoire de l'Europe Moderne depuis l'Irruption des peuples du Nord dans l'Empire Romain jusqu'à la paix de 1783, par N. de Bonneville.	Genève, 1789-1792, 3 vol. in 8°. G 13117-13119.
Prospectus de l'ouvrage précédent.	s. d. in 4° 8 p. 2 ex. G 6992 et 6993.
Traduction allemande, 1791-95.	Berlin, Schoene.
L'Hymne des combats, hommage aux armées de la République, par N. Bonneville.	Paris, Impr.-librairie du Cercle Social 1797 in 8°, 17 p. Y^e 55734.
Les Jésuites chassés de la maçonnerie et leur poignard brisés par les maçons (par N. de Bonneville). (1) La Maçonnerie écossaise comparée avec les trois professions et le secret des Templiers du XIVe siècle. (2) Mêmeté des quatre vœux de la Compagnie de S. Ignace et des quatre grades de la Maçonnerie de S. Jean.	Londres I. G. Robinson 1788 2 vol. in 8°. H 12972-12973.
Lettre de M. de Bonneville, lieutenant-colonel des volontaires de Rouen, adressée aux sieurs Le Cesne, Lotier, Dauphin et Soublin, détenus à la Conciergerie du Palais à Rouen, despuis le 5 août 1789 (16 juillet 1790).	s. l. n. d. in 4°, 2 p. L b^{39} 3796.
Lettre de Nicolas de Bonneville à M. le Marquis de Condorcet (sur les devoirs de l'histoire moderne).	Londres, G. G. G. et J. Robinson, 1787 in 8°, 78 p. 2 ex. G 20263 et 31784.
Lettre du Député de la ville de Paris (N. de Bonneville) à MM. les volontaires patriotes de la Commune de Rouen.	Rouen, Impr. de P. Ferrand 1789 in 4°, 4 p. L b^{39} 2092.
Le Nouveau Code Conjugal, établi sur les bases de la Constitution et d'après les principes... de la loi... qui a préparé ce nouveau code, par N. Bonneville.	Paris, Impr. du Cercle Social 1792, in 8°, 71 p. 3 ex. *E 3924. F 29848 et R 29551.

Nouveau Théâtre Allemand, ou Recueil des pièces qui ont paru avec succès sur les théâtres des capitales de l'Allemagne. Par M. Friedel et N. de Bonneville.	(1) 3e au 12e vol. Paris 1783-1785. 10 vol. in 8°. Y h 1654-1663. (2) Vol. 1 et 2. Y h 1652-1653. 3) Un autre en rel. aux armes de Marie-Antoinette. Vol. III-X et XII. Res. Y h 117-125.
Les Poésies de N. de Bonneville.	(1) Paris, Impr. Cercle Social 1793 in 8°, 248 p. 2 ex. Y e 10259 et 35309. (2) Res. Y e 2600.
Proclamation des Commissaires du Conseil exécutif national. Signé R. J. Loiseau et N. Bonneville, 18 sept. an IV.	Rouen, Impr. de P. Seyer et Beheurt s. d. in fol. plano. L b 39 11187.
Proclamation des Commissaires du Conseil exécutif de la République Française. Signé J. R. Loiseau et N. Bonneville, 28 oct. 1792.	Rouen, Imp. de P. Seyer et Beheurt. s. d. in fol. plano. L b 41 4729.
Le Tribun du Peuple (par N. Bonneville).	(1) Paris, Le Jay Fils 1789 in 8°, 166 p. Lc2 109. (2) 1789 2e éd., s. l. in 8°, 166 p. L c 2 109 A. Réimpression des quatre premières lettres. (3) 1789 3e éd. s. l. in 8°, 166 p. L c 2 109 B.
Le Tribun du Peuple, ou Recueil des lettres de quelques électeurs de Paris, avant la Révolution de 1789 pour servir d'introduction aux feuilles de la Bouche de Fer (par N. de Bonneville).	Paris, Cercle Social, s. d. in 8°, 256 p. L c 2 109 C.
Le Vieux Tribun du Peuple. Année 1789-1796 par N. de Bonneville.	5e éd. Paris. Cercle Social, An IV. 2 parties en I vol. in 8°. L c2 110.
Le Vieux Tribun et sa Bouche de Fer, par N. de Bonneville. L'Hymne des Combats, hommage aux armées de la République, par N. de Bonneville. Lettre de Th. Paine sur les cultes.	Nouvelle éd. Paris Imp. Lib. Cercle Social, An V. 1796-97 in 8°. L c 2 111.

Trad. Paine (Thomas) De l'Origine de la Franc-Maçonnerie.	Paris 1812 in 8°. H 20052.
Trad. Paine (Th.) Pacte Maritime.	Paris 1800 in 8°. L b [43] 582.
Die Jesuiten vertrieben aus der Frey Maurerey und ihr Dolch zerbrochen durch die Freymaurer	Leipzig, Gœschen, 1788, 2 vol. in 8° Il y a aussi une traduction allemande, Strassburg, Treuttel, 1786.

Journaux dont Bonneville fut co-rédacteur.

Le Bien Informé, 17 fructidor an V — 15 germinal an VIII.	Paris, Imprimerie-librairie du Cercle Social, 4 vol. in 4°. L c² 968.
Le Bulletin des Amis de la Vérité par les Directeurs de l'Imprimerie du Cercle Social.	Paris, Imprimerie du Cercle Social, 1793 in folio, an II de la République. L c² 703.
La Chronique du Mois ou les Cahiers Patriotiques, nov. 1791 — juillet 1793.	Paris, Imprimerie du Cercle Social, L c² 640.
Le Républicain, ou le Défenseur du gouvernement représentatif, par une société de républicains.	Paris, au bureau du « Courrier de Provence », juillet 1791. 4 vol. in 8°. L c² 613.

Journal dont Bonneville réimprimait les articles.

La Sentinelle, par J.-B. Louvet (du Loiret), représentant du peuple. 6 messidor, an III — pluviôse an VI.	Paris, Imprimerie du Cercle Social, s. d. in 8°. L c² 692. Paris, Imprimerie du Cercle Social, s. d. in folio, L c² 693 — 4 vol. in 4°.

BIBLIOGRAPHIE GÉNÉRALE.

Principaux ouvrages consultés.

Les cotes citées sont les cotes d'inventaire ou de catalogue de la Bibliothèque nationale,

Caron de Beaumarchais	« Mémoires. » Tome I (-II)	3 vol. in 8°, Amsterdam 1775. Res. Z 2928-2930
P.-J.-C. Cabanis	« Choix de traductions allemandes » «Stella » voir «Chefs d'œuvre de Théâtres étrangers. »	Ladvocat, 1822, Paris. Y 642
M.-J. Chénier	« Œuvres Posthumes. » Tome I (-III), 8 vol. in 8°	Paris 1823-27. Z 19986-19990 Z 19992-19994
Couret de Villeneuve	« Les Lyriques Sacrés. »	Paris 1789, 2e éd. Ye 10245.
Creuzé de Lesser	« Les Voleurs. »	1795
Cubières de Palmézeaux	« Œuvres. »	Paris 1806. Y b 4468-74
Herbert Croft	« Love and Madness. »	Londres 1780. Y 2 49714
Dubuisson	« Stella. »	s. l. n. d. in 8°. 8° Y th 16834
Dubuisson	« Zélia. »	Paris et Lisle 1793 in 8°. 8° T th 19463
Alex. Duval	« Œuvres Complètes. »	Paris 1822.
A.-C. Friedel	« Le Page. »	Paris 1781.
J. H. E.	« Le Page. »	Paris 1781.
Mme de Genlis	« Théâtre à l'usage des jeunes personnes. » « La Mort d'Adam. »	Paris 1785. Y b 5975
Lamartelière	« Robert, Chef des Brigands. » Voir « Répertoire du Théâtre Français. » (Lepeintre) (Drames en prose)	Paris 1822. Y f 5441

Juncker & Liebaut	« Théâtre Allemand », 4 vol. in 4°	Paris 1772-85. Y h 1679
P. Letourneur	« Shakespeare. »	Paris 1776-83. YK 1233-1252
Marsollier	« Œuvres Choisies. » (publiées par Cte. d'Hautpoul), 3 vol. in 8°	Paris 1825. Y f 4565-4567
René Périn	« Beaumarchais en Espagne. »	
Abbé Roman	« La Mort d'Adam. »	Paris 1762 in 12° Y h 1542
Walter Scott	« Essay on the Imitation of the Ancient Ballad. »	April 1830.
Walter Scott	« Poetical Works. » 12 vol.	Edimbourg, éd. 1880.
Christian-Felix Weisse	« Beitrag zum Deutschen Theater. »	1759-1768
Edward Young	« Works. »	Londres 1765.

Abbé Barruel	« Mémoires pour servir à l'histoire du Jacobinisme. » 5 vol. in 8°	Hambourg 1798-99. L a 33 II
J.-P. Brissot	« Mémoires sur ses Contemporains et la Révolution Française. » 4 vol. in 8°	Paris 1830-2. L a 33 24
Buzot	« Mémoires sur la Révolution Française. »	Paris 1828. L a 33 26 A
Grimm	« Correspondance Littéraire. »	oct. 1762, sept. 1782.
Helvétius	« Œuvres Complètes de M. Helvétius, nouvelle édition corrigée et augmentée sur les manuscrits de l'auteur avec sa vie et son portrait. »	4 vol. in 8°, Londres 1781. 8° Z 20360.
Laharpe	« Correspondance Littéraire. » (1801-7)	8° Z 20395-20400.
Abbé de Mably	« Droits et Devoirs du Citoyen »	Kell 1789 in 12°. 8° * E 1128
Mirabeau (le Comte de)	« De la Monarchie Prussienne sous Frédéric le Grand. »	8° Londres 1788 M 1093, Inventaire M 16185, etc.

Montesquieu	« De l'Esprit des Lois. »	Genève 1748.
	« Considérations sur les causes de la grandeur et de la décadence des Romains. » édition E. Flammarion 1909, 2 vol.	Amsterdam 1734. 8° * E 935
S. Pritchard	« Masonry dissected. »	Vol. in 8°, Londres 1730, 7e éd. 1737.
John Robison	« Proofs of a Conspiracy against all the Religions and Governments of Europe carried on in the secret meetings of Free Masons, Illuminati and Reading Societies. » 3rd. edition	Londres 1798.
Mme Roland	« Mémoires de Mme Roland ; nouv. éd. critique, contenant des fragments inédits et des lettres de la prison. » Plon-Nourrit et Cie.	1905, 2 vol. in 8°. L a 33 203
Jean-Jacques Rousseau	« Œuvres. »	
Edinburgh Royal Society	« Transactions. »	Année 1788.
William Russell	« History of Modern Europe. » 2e éd., 4 vol.	Londres 1782. G 13113-6.
Captain George Smith	« The Use and Abuse of the Masonry. »	Londres 1783, in 8°
Mme de Staël	« De l'Allemagne. » 2e éd., 1814, 3 vol., in 8°, édition 1866	M. 3773-5 M 3796
Voltaire	« Œuvres. »	
Horace Walpole	« Letters of Horace Walpole. » edited by Mrs. Paget Toynbee.	16 vol. in 8°, Oxford 1903-5. Nx 2968.
Horace Walpole	« Supplement to the Letters of Horace Walpole. »	2 vol. in 8°, Oxford 1918. 8° Nx 2968

A. Aulard	« La Société des Jacobins. » 6 vol. in 8°	Paris 1889-1897. La^{32} 612
F. Baldensperger	« Bibliographie critique de Gœthe en France. »	Paris 1907. 8° Q 3414
F. Baldensperger	« Gœthe en France. »	Paris 1904. 8° Z 16381
A. Biese	«Deutsche Litteraturgeschichte. »	München, 3 vol., 1910-11.
Louis Blanc	«Histoire de la Révolution Française. » 12 vol. in 8°	Paris 1847-62. La^{32} 246
Jean Blum	« J.-A. Stark et la Querelle du Crypto-Catholicisme en Allemagne 1785-1789. »	Paris 1912. 8° M 16217
A. Bossert	« Histoire de la Littérature allemande. »	Paris, 4ᵉ éd. 1913. 8° Z 19036
Abbé Charrier	« Claude Fauchet. »	Paris 1909, 2 vol., 8° Ln^{27} 53919
A. Chuquet	« Littérature Allemande. »	Paris, 1909. 8° Z 17666
A. Chuquet	« Etudes de Littérature allemande. » (2ᵉ série)	Paris, 1902. 8° L 15321
M. D. Conway	« Life of Thomas Paine. »	New-York, 2 vol., 8° 1892. N x 2355
M. D. Conway	« Life of Thomas Paine. » edited by Hypatia B. Bonner.	Londres 1909.
M. D. Conway	« The Writings of Thomas Paine. »	New-York, 4 vol. 8°. 8° Z 13676
Mary Cushing	« Pierre Letourneur. »	New-York 1908.
G. W. Cullum	« Biographical Register of the Officers and Graduates of the United States Military Academy at West Point from its establishment... 1802 to the Army reorganisation of 1866-67. »	New-York 1868 in 8°. British Museum, 8824 ccc. 7
Davy	« Les Conventionnels de l'Eure. »	Paris 1876, 2 vol. La^{32} 521
Doberenz	« Lamartelière et ses remaniements des drames de Schiller. »	Löbau, s. d. 4° Yq 178
Georges Duval	« Histoire de la Littérature révolutionnaire. »	Paris 1879, in 8°. 8° Z 971

Emile Faguet	« La Politique comparée de Montesquieu, Rousseau et Voltaire. »	Paris 1902, in 8°. 8° L a [34] 143
Léonard Gallois	« Histoire des Journaux et des Journalistes de la Révolution Française. » (1789-1796) 2 vol.	Paris 1845. L c [1] 6
R. F. Gould	« History of Free Masonry : its antiquities, symbols, constitutions, customs, etc. » 3 vol.	Edinburg, s. d.
Léon Halévy	« Beaumarchais à Madrid. »	Paris 1831. 8°, Yth 1852
Eugène Hatin	« Biographie historique et critique de la presse périodique française. »	Paris 1866. J 376
Eugène Hatin	« Histoire de la Presse en France. »	Paris 1860-61. L c [1] 22
Washington Irving	« Adventures of Captain Bonneville or Scenes beyond the Rocky Mountains of the far West. » 3 vol.	London 1837.
Jean Jaurès	« Histoire Socialiste de la Révolution Française. » vol. I-IV.	Paris, s. d. 4° L a [31] 47
Charles Joret	« Des Rapports intellectuels et littéraires de la France avec l'Allemagne avant 1789. »	Paris 1884. 8° Z pièce 747
Kinkel	« Lessings Dramen in Frankreich. »	Heidelberg 1908. 8°, Heid. Ph. 891
Gustave Lanson	« Histoire de la Littérature française. » (IIe édition)	Paris 1909. 8° Z 17813
S. Lacroix	« Actes de la Commune de Paris. » 7 vol.	N 355
Ernest Lavisse	« Histoire de France contemporaine depuis la Révolution jusqu'à la paix de 1919. » vol. I et II	10 vol., Paris.
A. Lichtenberger	« Le Socialisme et la Révolution Française. »	Paris 1899, in 8°. L a [32] 735.
A. Lichtenberger	« Le Socialisme au XVIIIe Siècle. »	Paris 1895, gr. in 8°. 4° R 1297

Lintilhac	« Beaumarchais et ses œuvres. »	Paris 1887. Ln ^{27} 38861
Lockart	« Life of Scott. » (éd. 1902.)	Edimbourg.
Louis Maigron	« Le Romantisme et les Mœurs. »	Paris 1910,.in 8° 8° Li ^{2} 190
L. Morel	« Clavigo en France et en Allemagne. »	Paris 1904. 8° Y h 129
Ch. Nodier	« Souvenirs, épisodes et portraits pour servir à l'histoire de la Révolution et de l'Empire. »	Paris 1831. L a ^{33} 91
L. Pingaud	« La Jeunesse de Charles Nodier. »	Paris 1919.
Ch. de Rémusat	« Critiques et Etudes Littéraires, ou Passé et Présent. » (Chap. Révolution du Théâtre 1820)	Paris 1859. 8° Z 11364
L. Reynaud	« Histoire générale de l'influence française en Allemagne. »	Paris 1914, in 8°. 8° M 17217
L. Reynaud	« L'influence allemande en France au XVIIIe et XIXe siècle. »	Paris 1922
Raoul Rosières	« La Littérature allemande en France de 1750-1800. » voir Revue Politique et Littéraire de la France et de l'Etranger. 15 sept. 1883	4° R 16
Virgile Rossel	« Histoire des Relations Littéraires entre la France et l'Allemagne. »	Paris 1897. 8° Z 14431
Sainte-Beuve	« Critiques et Portraits littéraires. » Paris, E. Renduel, 1836-1839, 5 vol. in 8°	8° Z 15225
M. Talmeyr	« La Franc-Maçonnerie et la Révolution Française. »	Paris 1904. L a ^{32} 775
Techener	« Bulletin du Bibliophile. »	11 nov. 1847.
Joseph Texte	« L'influence allemande dans le Romantisme français. » voir Revue des deux Mondes, 1er décembre 1897	

Joseph Texte	« Les Origines de l'Influence allemande dans la littérature française du XIXe siècle. » voir Revue d'Histoire littéraire de la France, 15 jan. 1898	Paris 1793, etc. 8° Z 13998
M. Tourneux	« Bibliographie de l'Histoire de Paris pendant la Révolution Française. »	Paris 1894. M 22-27
Alex. Tuetey	« Répertoire général des sources manuscrites de l'histoire de Paris pendant la Révolution. »	Paris, 1890. M 28-35
Nesta H. Webster	« The French Revolution, a Study in Democracy. »	London 1919.
L. A. Willoughby	« Die Räuber, ein Trauerspiel von Friedrich Schiller ».	Oxford University Press, in 8°, 1922.

JOURNAUX ET PÉRIODIQUES.

Année Littéraire.	1762. III. p. 242. 1782. I. lettre XII. 1788. VII. lettre XI.
Chronique du Mois.	Févr., avril, août, sept., oct., nov. 1792, Janv., févr., mars, avril 1793.
Le Correspondant.	11 et 25 mai 1906, 10 avril 1920, 10 mars 1921, 25 févr. 1922.
Courrier des Spectacles.	8 germinal, an XIII.
Courrier des Départements.	28 oct. 1790.
Critical Observations.	June 1770.
Le Drapeau Blanc.	1823.
Le Globe.	Févr., juin, 1828.
Esprit des Journaux.	Juillet 1783.
Journal des Amis de la Constitution.	Nov. 1790, mars, févr. 1791.
Journal des Clubs.	N° III, 1790-1.
Journal Encyclopédique.	Août 1782.
Journal Etranger.	Sept. 1761.
Journal de Lyon.	Mars 1785.
Journal de Paris.	Août, sept. 1781, avril, sept. 1782, nov. 1787.
Journal des Débats.	Mars 1814, nov. 1818, août 1822, mars 1831.
Litteratur- und Theater-Zeitung.	1784.
Magasin Encyclopédique.	1805, II. 292.
Mercure de France.	Oct. 1750, févr. 1751, sept., déc. 1752, févr., mars, avril 1753, mai, oct. 1782, mai, nov. 1783, mars 1784, juin 1786, août, oct. 1787, nov., déc. 1790.

Le Moniteur.	1792, 1793.
Révolutions de Paris.	Oct., nov. 1790.
Révolutions de France et de Brabant.	N° 54, 1790-1.
Revue d'Histoire littéraire de la France.	15 jan. 1898.
Revue des deux Mondes.	Janv. 1868, déc. 1897.
Revue Encyclopédique.	Mai 1761, août 1782, vol. II 1805, mars 1831.
Revue Politique et Littéraire de la France et de l'Etranger.	15 sept. 1883.

INDEX ALPHABÉTIQUE DES NOMS PROPRES.

Alfred, 31.
Amélius, voir *Bode*.
Amiable, 4.
Amyot, 72 n. 2.
Anderson, 20.
Athelstan, 23.
Auger (Athanase), 35 et n. 5, 68, 156.
Babo (J.-M.), 114.
Bacon, 17, 21, 51, 72 n. 2.
Bailly, 19, 60.
Baldensperger 78 n. 2, 87 n. 1, 107 n. 3.
Barrière, 147.
Barruel, 3, 4.
Barruel-Bauvert, 11.
Bayard, voir *Busche*.
Beaumarchais 89, 90, 91, 117, 118.
Bertuch, 83, 106.
Bianzat, 147.
Blin de Saint-More, 89 n. 3.
Boccace, 106.
Boch 83.
Bode (Amélius), 3, 24.
Boisgermain, 3.
Boileau, 79.
Bolingbroke, 32.
Bonnet (Charles), 19.
Bonneville (Nicolas de)
 en Amérique, 14.
 en Angleterre, 3, 26.
 Assemblée Législative, 4.
 bibliophile lettré, 14 et n. 5
 bibliothèque de 72 n. 2.
 biographie, voir chapitre I et p. 45.
 bouquiniste, 15, 16.
 et le Cercle Social, 7, 8, 9 et chapitre V.
 décoré du Mont Carmel, 4.
 Electeur de la Ville de Paris, 4, 45, 48, 67 n. 1, 144, 152
 Franc-Maçon, 3, 4, 7.
 et la Garde Bourgeoise, 4, 6, 45, 48, 49, 67 n. 1, 144.
 et les Girondins, 9, 10.
 historien, voir *Russell*.
 idées politiques, sociales et religieuses, voir chapitre VI.
 journaliste, 7 et chapitre V.
 lexicologue, 2.
 linguiste, 2, 3, 6.
 au Musée, 5, 49.
 poète, 3, 70, 76, 134-9.
 précurseur du Romantisme, voir chapitres VII, 1 et 4 et IX.
 profession de foi de 44, 138.
 précurseur de la Révolution, chapitres VI et IX (140, 141, 145).
 à Rouen, 5, 6.
 signalement de, 146.
Bonneville (les), 11, 12, 13, 14, 16.
Bonneville (Mme), 10, 11 et n. 4, 12, 13, 14, 15, 16.
Bonneville (Benjamin), 12, 13, 15, 16, 158.
 Jehan de, 1.
 Louis, 12.
 Louise Angélique de, 1.
 Pierre, de 1.
 Renée de, 1.
 Taurin de, 1.
 Thomas, 11, 12, 13, 15.
Bordigny (Suzanne Duval de), 1.
Brabançons, 61, 153.
Brahma, 45.
Brandès, 83, 93, 121.
Brissot, 8, 64, 68, 69.
Bürger, 124 n. 5, 125.
Burke, 9.
Busche, 24.
Buzot, 2, 62.

Cabanis, 95, 160, 161, 162.
Calas, 106.
Canning, 126.
Carlyle, 40.
Chabrand, 147.
Charlemagne, 30, 149.
Charles 1er, 23.
Charrier (l'Abbé), 58.
Chateaubriand, 43 n. 2.
Chatterton, 127, 128.
Cheetham, 13.
Chénier (M.-J.), 105, 106, 143.
Chuquet, 115 n. 1.
Clavière, 68.
Clermont (Collège de), 23.
Clootz, 64.
Cobbett, 14.
Condorcet, 7, 8, 19 et n. 2, 26, 48, 56, 64, 68, 69, 70, 146.
Conway, 10 n. 2, 11 n. 3, 12 n. 1, 14, 15 n. 1, 16, n. 3.
Corneille, 76 n. 2, 79, 136.
Couret de Villeneuve, 135.
Creuzé de Lesser, 118.
Croft, 128.
Cromwell, 11, 148, 149, 156.
Cubières-Palmézeaux, 91, 102, 103, 104, 106, 143.
Dahlberg, 106, 107.
Dalembert, 2, 40 et n. 2.
Danton, 9, 69.
David, 109, 134.
Desame (Marie-Cathérine), 1.
Deshaye, 96.
Desmoulins (Camille), 64.
Diderot, 61 n. 4, 77 80, 99.
Doberenz, 115 n. 1.
Dubuisson, 96, 97, 162, 163.
Duchâtelet, 7.
Duff (Wm.), 128.
Dumas, 107 et n. 2, 140.
Dusaulx, 5.
Duval (Alex.), 113.
Duval (Suzanne), 1.
Eckhof, 120.
Edouard, 136.
Edwin, 23.
Engel (Joachim), 83.
Erskine (Wm.), 126.
Evreux (ville d') 2.
Faguet (E.), 72 n. 1.
Fauchet (l'Abbé) 6, 33 et n. 1, 47, 48, 51, 64, 66, 67, 147, 148, 151, 155.
Fergusson, 26, 27.
Fouquier-Tinville, 69.
Francs, 35, 37, 44, 138.
Frédéric le Grand, 24.
Friedel, 3, 79, 81, 82, 83, 84, 88, 89, 90, 91, 93, 102, 115, 118, 119, 120, 122, 123, 126, 127, 140, 142. 143.
Gallatin, 15.
Garrick, 120.
Gebler, 83.
Gellert, 83, 119.
Gemmingen, 99.
Genlis (Mme de), 112.
Gerstenberg, 168.
Gessner, 121, 124, 131, 133.
Goethe, 79, 80, 83, 90, 91, 92, 94, 95, 96, 99, 107, 108, 109, 114, 121, 123, 125, 142, 143, 159, 160, 161, 165, 166, 168.
Gotter, 83.
Gottsched, 77, 82, 83, 120.
Gracques (les), 36.
Grainville, 169.
Gray, 136.
Grégoire, 62.
Grimm, 79, 88, 110, 142 n. 1.
Grimonville (Loys de), 1.
Grossman (*Les six Plats*), 82.
Halévy (Léon), 92.
Haller, 119.
Hayley, 127 et n. 2.
Helvétius, 34, 37, 39, 46, 72 et n. 2.
Helvétius (Mme), 95 n. 3.
Henri VI, 136.
Hippel (Ch.-Th.), *L'Homme à la Minute*, 98.
Hobbes, 75, 146.
Homère, 46, 50, 72 n. 2, 86, 128.
Hugo (Victor), 15, 87, n. 2, 107 n. 2 140, 142.
Hume, 26, 27, 106, 119 n. 1.
Ignace (S.), 17.
Irving (Washington), 14, 16, 51 n. 1.
Isaïe, 3, 109, 134, 135.

Jacques II, 23.
Jean (le roi), 31, 61.
Jean (S.), 17.
Jérémie, 109, 134.
Jésuites, 17, 19, 20, 21, 23, 24, 157.
Jésus-Christ, 45.
Job, 3, 42, 109, 134, 135, 138.
Joret (Ch.), 78 n. 2.
Juncker et Liébaut, 81, 112, 119, 120, 121.
Junius, 38 n. 4, 61 n. 4.

Kersaint (Guy), 70.
Kinneder (Lord), voir *Erskine*.
Klinger, 84 n. 1.
Klopstock, 109, 110, 111, 112, 119, 121, 133, 136, 141.
Knigge, 24.
Koch, 83.

La Bruyère, 72 n. 2.
La Chaussée, 77.
Laclos, 52, 147.
Lacroix (S.), 47.
Ladvocat, 107.
Lafayette, 63.
La Fontaine, 72 n. 2, 119.
Laharpe, 48, 66, 67, 155.
Lamartelière, 117 et n. 2, 118.
Lamartine, 142.
Lambesc, 5.
Lanson, 77 n. 1.
Lanthénas, 7.
La Place, 140.
La Rochefoucauld, 72 n. 2.
Le Brigant (Jacques), 2.
Leicester, 32.
Leisewitz, 83, 92.
Lekain, 120.
Lepeintre, 117 n. 5.
Lessing, 77, 78, 83, 88, 89, 101-6, 112, 113, 120, 121, 123, 133, 163, 165, 168.
Le Tourneur, 80, 116, 128, 134, 140, 141, 142.
Lewis (*Monk*), 125 et n. 5.
Liebaut, voir *Juncker*.
Lintilhac, 89 n. 3.
Lockhart, 125 n. 4, et 6, 126 n. 2.
Louis XVI, 6, 8, 40, 45, 60, 61, 62, 65, 149.
Louis XVIII, 4.
Louvet, 9, 70.
Lucian, voir *Nicolai*.
Lucien, 27.

Mably, 34, 46, 50, 51, 55, 72 n. 2, 148, 152.
Mackenzie (Henry), 119, et n. 1, 120, 121 122, 123, 124, 125, 126, 143.
Macpherson, 142.
Maigron (L.), 128 n. 1.
Malherbes, 72 n. 2.
Marat, 10.
Marsollier de Vivetières, 90, 91.
Martignac (de), 15.
Mauvillon, 24.
Maydieu (l'Abbé), 84.
Mennechet, 132, n. 1.
Mercier, 7, 70, 80, 115.
Mérimée, 107 n. 2, 140.
Milton, 20, 43, n. 2, 61, 62, 110, 136.
Mirabeau, 5, 6, 24, 25, 40 n. 2, 48, 62.
Moïse, 36 et n. 5, 43.
Molay (Jacques), 138.
Molière, 72 n. 2, 83, 98.
Montaigne, 51, 76.
Montesquieu, 2, 26, 27, 28, 30, 34, 36, 49, 55, 72 et n. 2, 76.
Morel (Louis), 90.
Musset (A. de), 44, n. 1.

Napoléon, 14, 103.
Necker, 68.
Neubert (Mme), 83.
Nicolaï, 24.
Nodier (Charles), 3, 11, 15, 79, 80, 128, 140, 141, 143.

Opitz, 82.
d'Orléans (le duc), 61 et n. 1, 66.
Ossian, 42, 46, 50, 72, n. 2, 86, 128, 142, 169.
Oswald (John), 68.

Paine (Thomas), 7, 8, 9, 10, 11, 12, 13, 14, 15, 16, 64, 68, 70.
Palm (Mme), 58, 59, 150.

Palmézeaux, voir *Cubières*.
Pascal, 72 n. 2.
Pépin, 30.
Périn (René), 91.
Pétion, 8, 62.
Pindare, 43, 50, 72, n. 2.
Pitt, 9.
Philo, voir *Knigge*.
Plutarque, 2, 72, n. 2, 117.
Pixérécourt, 107 n. 2, 143.
Pompadour (Mme de), 10.
Préfeln (Goupil de), 147.
Prince Noir (le) 136.
Pritchard (Samuel), 4, 17 et n. 2.
Puffendorf, 26.

Quinet (Edgar), 38 n. 1.

Racine, 50, 72, n. 2, 79, 136, 138.
Ramon de Carbonnières, 107 n. 2.
Ramsay, 20.
Reichard, 83.
Rémusat (Ch. de), 94, 96 n. 2.
Reynaud (L.), 78 n. 2.
Richardson, 110.
Richter, 106,
Robertson, 26, 27, 119 n. 1.
Robespierre, 8, 9, 62, 69.
Robison (John), 25.
Roland, 9, 10, 69, 70.
Roland (Mme), 7, 64.
Roman (l'Abbé), 110, 111.
Rosenbluth (Hans), 86.
Rosencreuz, 21.
Rosières (R.), 78 n. 2.
Rossel (V.), 78 n. 2, 108, 115 n. 1.
Rousseau (Jean-Jacques), 2, 34, 36, 46, 49, 51, 53, 55, 72 et n. 2, 73, 74, 75, 78, 92, 115, 116, 129, 138, 139, 142, 146, 157.
Royal Society (Edimbourg), 119 et suite, 143.
Russell, 3, 26, 27, 28, 32.

Sachs (Hans), 82, 83.
St-Alban, 23.
Sainte-Beuve, 79, 140.
Salomon, 22.
Schiller, 78, 80, 108, 114, 115, 116, 117, 118, 123, 125, 126, 142, 143, 166, 167, 168.
Schlegel (Jean-Elie), 83.
Scott (Walter), 16, 107, 114, 119 n. 1, 123, 124, 125, 126, 143.
Scott (Mrs.) of Harden, 125.
Shakespeare, 50, 72 n. 2, 78, 92, 98, 102, 107, 116, 121, 122, 124, 128, 129, 130, 131, 132, 136, 137, 140, 142, 164, 166.
Sieyès, 53, 64.
Siret (P.-L.), 2 n. 3.
Smith (Captain), 20 et n. 2.
Sophocle, 50, 72 n. 2.
Sorel (Albert) 93 n. 2.
Spartacus, voir *Weishaupt*.
Staël (Mme de), 78, 80, 82 n. 2, 84, 93 n. 2, 101, 102, 143.
Steinberg, 114.
Sterne, 121.
Stuarts (les), 21.
Sturz, 133.

Tacite, 35.
Talleyrand, 10.
Tarquin, 139.
Taylor (Wm.) de Norwich, 124, 125.
Texte (Joseph), 78 n. 2, 142.
Törring (Comte), 97, 98, 121.
Tudors (les), 136.
Tytler (Alex Fraser), 125 et n. 3.

Unzer, 98.

Veltheim, 83.
Vienzac, 147.
Vigny (A. de), 15, 128, 133, 142.
Virgile, 43, 72 n. 2.
Vitet, 107 n. 2.
Vivetières, voir *Marsollier de*.
Voltaire, 26, 27, 28, 32, 40 n. 4, 49, 53 n. 2, 72 et n. 2, 77, 78, 79, 106, 129, 130, 131.

Walpole, 128.
Webster (N.-H.), 26 n. 4.
Weishaupt, 24.
Weisse, 83, 84, 121, 168.
Wezel, 83, 93, 94.
Wieland, 78, 83, 121, 133.
Willich (Dr.), 124.
Young, 110, 128, 134.

INDEX MÉTHODIQUE.

Agraire (Loi), voir *loi*.
Allégories, 18, 19, 42, et n. 7, 45, 66, 76, 154, 156.
Allégories maçonniques, 19, 22, 23, 24, 156.
des Rose-Croix, 21, 23.
des Templiers, 20.
Allemande, voir *femme*.
Ame, 42, 44, 45, 75, 138.
Amis de la Constitution, 52, 64, 66 n. 2, 67, 147, 148, 154
Amis de la Vérité, 47, 52, 58, 59, 64, 65, 67, 147, 151, 154.
Amies de la Vérité, 59, 150.
Amis de la Vérité (Manifeste des), 152-3.
Amis Réunis (*Loge des*), 24.
Anonymat, 57.
Aristocratie, 53, 54 et n. 1, 56, 73.
Assemblée délibérante, 37.
voir aussi *Ratification annuelle*.
Assemblée fédérative, 37, 74.
Assemblée législative, 9, 63, 68, 69.
Assemblée nationale, 6, 8, 9, 30, 35, 51, 54, 56, 57, 59, 62, 70, 147, 150.
Assemblée des Sages, 30.
Ateliers de charité, 7, 59, 150.
Athée, 41.
Bardes, 46, 76, 82, 111, 136, 142, 169.
Bible (la), 2, 3, 72 n. 2, 86, 109, 116, 133, 134, 135, 142.
Bien Informé (*Le*), 7, 11.
Bonté de l'homme, 38, 46, 76.
Bouche de Fer (*La*), 7, 8, 9, 33, 34, 47, 52, 59, 62, 63, 65, 66, 67, 150, 151, 153, 154, 155, 157.
Bouches de Fer (Les), 51, 56, 154, 155.
Bulletin des Amis de la Vérité, 9, 65 n. 1, 70.
Cabalisme, 22.
Carnaval (Jeux de), 82.
Cénacle, 140.
Censurat national, 54, 55, 69, 73, 153.
Cercle Social (*Le*), 6, 7, 8, 9, chap. V, 47, 50, 51, 52, 57, 58, 64, 65, 66, 145, 147, 150, 152, 153, 154, 155, 156.
femmes au, 58, 150, 151.
manifeste des fondateurs, 65, 152, 153.
Champ de Mars (fusillade du), 7, 65.
Chansonnier de la Montagne (*Le*), 169.
Charte d'Angleterre (La Grande), 31, 32, 61.
Chattertonistes, 128.
Choix de petits romans imités de l'allemand, 3, 81, 82 n. 1, 83 n. 4, Chapitre VIII, 127-134, 135, 168.
Chronique du Mois (*La*), 7, 9, 68, 69, 70, 81, 131, 149.
Cirque du Palais Royal, 64-7.
Cirque national, 47, 65, 66, 147, 148.
Citoyens actifs et passifs, 55, 56.
Classicisme français, 78.
Clergé, 19, 29, 31, 40, 45, 53, 61, 73, 109, 146, voir aussi *Prêtres*.
Code conjugal, 69, 76.
Comédie, 119.
Comédie bourgeoise, 114.
Comique (Le bas), 94, 98.
Comique (Le) et le tragique, 87, 98.
Comité de surveillance, 9.
Communauté, 35, 157.
Commune (*La*), 9, 69, 70.
Communes (Les) de France, 8, 65.
Communisme, 64 voir aussi *Partage des biens*.
Concordat (*Le*), 103.

Confédération universelle, 7, 37, 46, 47, 50, 51, 52, 64, 67, 69, 74, 147, 154.
Confédération (religion) universelle, 37.
Conspiration maçonnique, 25.
Constitution, 9, 34, 39, et n. 4, et 5, 40, 41, 55, 56, 62, 63, 68, 74, 147, 155, voir aussi *Loi constitutionnelle*.
Constitution municipale, 6, 7.
Contrat Social, 29, 31, 38, 73, 152.
Contributions, 56.
Convention (La), 10, 75.
Cordeliers, 7, 8, 33, 64, 65.
Créateur, 41, 50, 71, 75, 135.
Croisades, 21, 31.
Croisés (Les), 103.
Croix (La), 43.

Déisme, 45.
Déchéance du roi, 8, 62, 65.
Démocratie, 64.
Drame, 78, 84, 104, 119.
Drames allemands, 86, 87.
Drames bourgeois, 99.
Droits de l'homme, 9, 54, 56, 63, 69, 117.
Droits des Peuples, 27, 54, 153.
Druides, 15, 30, 36, 37, 43, 72 73.

Ecosse (l') et *le Nouveau Théâtre Allemand*, voir chapitre VII (4).
Ecosse, voir *Mackenzie* et *Walter Scott*.
Egalité des sexes, 58.
Eglise catholique et romaine, 40, 61, 75, 102, 103.
Electeurs de '89, 5, 6, 49, 52.
Electeurs (Assemblée des), 4, 5, 48.
Emigrés (Les), 68, 149.
Esprit créateur, 41, 65, 75.
Esprit des Religions, 8, 28, chapitre IV, 33, 34, 46, 48, et n. 5, 49, 52, 53, 60, 72.
Eternité, 42, 75.
Europe Moderne, 3, chapitre III, 33, 49.
Evangile, 45, 155.
Exotique, 76, 77.
Exotisme, 102, 108, 142, 144, voir aussi *histoire, sujets historiques*.
Expressions étrangères, 102, 103, 164, 165, 167, 168.

Fanatisme, 19, 27, 29, 31, 34, 106.
Farce bouffonne, 104.
Fédération (champ de), 60.
Femme allemande, 99, 123.
Fêtes annuelles, 37, 39.
Francs cosmopolites, 138, 139.
Francs Frères, 48, 67.
Francs-Maçons Anglais, 22.
Franc-Maçonnerie, 3, 4, 7, 15, 18, 19, 20, 22 et n. 2, 22, 23, 24, 25, 37, 139, 151, 155.
Illuminations maçonniques, 151, 155.
Jésuites (Les) et la F.-M., voir chapitre II.

Garde bourgeoise, 4, 6, 45, 48, 49, 144.
Genèse, 43, 50.
Girondins (Les), 9, 10, 69, 70.
Gnosticisme, 22.
Gouvernement, 31, 32, 34, 36, 37, 38, 39, 40 et n. 3, 44, 56, 68, 74, 157.
féodal, 30.
national, 62, 157, 158.

Histoire, 27, 28, 29, 50.
Histoire de l'Europe Moderne, voir *Europe*.
Histoire, *sujets historiques au théâtre*, 78, 98, 101, 106, 107 et n. 1, 108, 114, 121, 126, 142, 143.

Illuminés, 24, 25, 155.
Impôts indirectes, 56.
Instruction, 45, 46, 57, 58, 69, 76, 150, 151, 157.
Intolérance, 75, 146.
Intolérants, 19, 103.

Jacobins, 4, 7, 52, 64, 65, 67, 73, 147.
Jésuites (Les) chassés de la Maçonnerie, 3, chapitre II, 49, 157.

Larmoyant (Le), 98, 104.
Législative (La), voir *Assemblée*.

Lettres (République des) 57.
Liberté des mers, 10.
Loi agraire, 52, 147, 148, voir aussi *succession* et *partage*.
Loi constitutionnelle, 39, 54, 56, 59.
Loi provisoire, 63.
Louis XVI, voir index des noms propres.
Louis XVI (Le goût), 78.
Lyrisme, 78, 109, 133, 134, 135, 142.

Majorité (volonté de la), 36, 38, 39, 54 et n. 3, 73.
Marc d'argent, 56.
Mariage (Le), 69, 76.
Matérialisme, 45.
Mélancolie douce et vague, 95, 115 n. 3, 134, 142, 160.
Mélodrame, 80, 143.
Mercure de France, 44, 66, 67, 79, 85, 93, 95, 98, 106, 108.
Métaphysique, 45.
Ministres, 55.
Minnesænger, 82 et n. 3.
Moi (hypertrophie du), 90.
Monarchie, 29, 157.
  constitutionnelle, 40, 59, 158.
  féodale, 30.
  prussienne, 24.
Mystères (Les), 34, 67, 155.

Nature (La), 17, 18, 27, 38, 39, 41, 42, 44 45, 46, 50, 56, 66, 73, 75, 77, 85, 86, 87, 88, 110, 115, 117, 127, 129, 130, 133, 138, 142.
Nature héroïque, 89.
  vulgaire, 89.
Neuf Sœurs (*Loge des*), 4.
Noblesse, 31, 45, 53, 73.
Nouveau Théâtre Allemand, voir chapitre VII.

Opéra comique, 83.

Pacte fédératif, 51, 69.
Pacte maritime, 10.
Pacte social, voir *Contrat*.
Panthéisme, 41, 65, 75.
Partage des biens, 35, 74.
Patrie, 75, 111, 136, 142.
Perfectibilistes, voir *Illuminés*.
Perfectibilité
  du gouvernement, 34, 39, 51, 56, 62, 63, 71, 75.
  de l'homme, 38, 46, 57, 76.
  sociale, 74.
Pétitions, 9, 65.
  des Cents, 8.
Peuple (la voix du), 30, 36, 38, 50, 53, 54, 59, 60, 63, 64, 73, 139, 152, 156.
Peuple (Le), peut s'armer, 38.
Plébiscite, voir *Referendum*.
Pittoresque (Le), 78, 141.
Poésies, chap, VIII, 127, 134-139, 168.
Poésie dramatique, 82.
  pastorale, 86.
Poète (rôle du), 98, 136, 137, 139, 142, 169.
Pontificat, 29, 40, 75.
Pouvoir
  administratif, 54, 68, 74.
  arbitraire, 30.
  censorial, 54, 74, 153.
  exécutif, 54, 65, 68, 74.
  initiatif, 62.
  judiciaire, 55, 68.
  législatif, 25, 30, 54, 68, 74.
  répartition des pouvoirs, 25, 54, 68, 74.
Presse (Liberté de la), 57, 64, 73.
Prêtres, 40, 41, 53, 55, 61, 73, 75, 146, voir aussi *Clergé*.
Primitif (Le), 86, 115, 122, 141, 142.
Privilèges, 31, 36, 38, 41, 55, 61, 64, 70, 74.
Propriété, 31, 70, 74, 147.
Quakers (Les), 13.
Ratification annuelle des lois, 39 n. 3, 63, 73, voir aussi *Referendum*.
Referendum, 7, 39, 64, 73, 74.
Religion chrétienne, 42, 45, 53, 75, 155.
Religion (politique), 33, 34, 36, 37, 38, 39, 41, 44, 51, 53, 72, 75, 111, 140, 142.
Républicain (Le), 7.
République, 8, 37, 50, 62, 65, 67, 71, 72, 140, 157.
  fédérative, 74.
  gouvernement républicain, 8.

Résurrection, 42, 75, 138.
Réunion des Etrangers (*Loge de la*), 3, 4.
Révolution Française, 14, 25, 38 n. 1, 72, 77, 78, 79, 103, 109, 113, 117, 136, 140, 143, 144, 152, 169.
Riches (Haine des), 53.
Roman (Le), 96 et n. 2, 168.
dialogué, 98.
Romanesque, 78, 94, 118, 141.
Romantique, 78, 79, 80, 94, 96, 97, 98, 104, 113, 114, 141, 142, 143.
(tragédie) 80.
Romantiques (Les), 76, 87 n. 2, 95, 98, 102, 140, 160.
Romantisme (Le), 77, 78, 80, 90, 92, 105, 107, 110, 116, 118, 119, 136, 140, 141, 143, 144.
Rose-Croix, 21, 23, 147.
Roses (Guerre des), 136.

Salomon (Temple de), 20, 21.
Sensibilité, 77, 78, 86, 87, 88, 91, 92, 93 et n. 2, 94, 96, 99 n. 1, 121, 122, 129, 141, 160.
Sentinelle (*La*), 9, 70.
Septembre (Massacres de), 9, 69, 70, 136, 137.
Snuffbox (Société), 121.
Socialisme, 7, 64, 74.
Société du Point central des Arts et Métiers, 7.
Spectateurs anglais et allemands, 51.
Sturm und Drang, 110, 115 n. 3, 141,
Stürmers, 142.
Successions (Loi sur les), 35, 74.
Suffrage universelle, 7, 64.
Suspension du roi, 8, 65.

Temple de Dieu, 44 et n. 1, 75.
Templiers (*Les*), 17, 20, 22, 138.
Terre (La) à tous, 36.
Terreur (*La*), 38 n. 6, 136, voir aussi *Septembre*.
Théâtre, *Le Nouveau Théâtre Allemand*, 3, chapitre VII.
Théâtre allemand, 77, 82, 84, 85, 86, 87, 106, 110, 119, 122, 133, 141.
Théâtre anglais, 84, 88, 110, 121, 124, 141.
Théâtre français, 77, 84, 88, 110, 134, 141, 168.
Théâtre classique, 105, 106, 113.
Théâtre romantique, voir ce mot.
Théâtre Français (*Le*), 117 n. 5.
Théâtre des Amis de la Vérité, 96.
Théâtre des Grands Danseurs du Roi, 88.
Théâtre de la rue de Louvois, 96.
Théâtre de Hambourg, 83, 120.
Théâtre de Mannheim, 115, 116, 120.
Théâtre du Marais, 117, 118.
Théologie, 41.
Tiers Etat (Le), 32, 53, 54.
Tolérance, 38, 40, 75, 101, 103, 106.
Tragédie, 84, 89, 119.
bourgeoise, 112.
grecque, 86.
romantique, voir ce mot.
Tragique (Le), et le comique, 87, 98.
Traite des noirs, 69.
Transmigration, 75.
Tribun du Peuple (*Le*), 5, 7, 34, 47, 48, 139.
Tribunal international, 39, 58, 74.
Trois Cents (*Les*), 6.
Troubadours, 82 et n. 3.
Tyrannie, 19, 27, 29, 32, 36, 39, 43 n. 3, 69, 73, 117, 149.

Unité politique, 40.
Unités (les) au théâtre, 78, 97, 104, 105, 108, 113, 115, 118.
Universalité, 36, 66, 73.

Vers blancs, 131, 133.
Vieux Tribun du Peuple (*Le*), 34, 35, 37, 48, 55.
Volonté universelle, 38, 54, 61, 62, 63, 150, 157, 158, voir aussi *Majorité*.
Werther, 86, 91, 121, 168.

TABLE ANALYTIQUE DES MATIERES.

pages

Préface VII

Première Partie.

CHAPITRE I.

LA VIE DE NICOLAS DE BONNEVILLE

1760—1828.

Les origines de la famille Bonneville. — Nicolas de Bonneville. — Sa jeunesse. — Ses premières études. — Ses essais linguistiques. — Ses premières poésies. — Sa collaboration avec Friedel. (*Nouveau Théâtre Allemand*). — Son voyage en Angleterre et sa pseudo-initiation à la Franc-Maçonnerie. — Sa traduction de l'*Europe Moderne* de Wm. Russell 1

Bonneville, Electeur de la Ville de Paris. — La Garde Bourgeoise. — Les convois de blé. — Bonneville à Rouen. — Le Cercle Social. — Bonneville rédacteur et imprimeur. — Le mouvement républicain. — *Le Républicain*. — Sa brouille avec Fauchet. — *L'Esprit des Religions*. — Le Cercle Social et la nécessité d'une République 4

Bonneville collabore à la *Chronique du Mois*. — Il épouse les querelles des Girondins. — Il est épouvanté des exigences de la Commune. — Il veut fondre le *Bulletin des Amis de la Vérité* avec la *Sentinelle* de Louvet. — Bonneville se lie avec Thomas Paine. — Marat dénonce Bonneville à la Convention. — Il se réfugie à Evreux. — Il traduit le *Pacte Maritime* de Paine. — Nouvelles persécutions sous Napoléon. — Bonneville se réfugie de nouveau à Evreux 9

L'épisode transatlantique de la famille Bonneville. — Mme Bonneville et Thomas Paine. — Mort de Paine. — Procès en diffamation intenté à Cheetham. — Cobbett s'adresse à Mme Bonneville pour sa biographie de Paine. — Bonneville rejoint sa famille à New-York. — Il rentre à Paris où il devient bouquiniste. — Sa mort. — Tableau que fait Nodier de sa triste fin. — Benjamin Bonneville 11

pages

CHAPITRE II.

LES JESUITES CHASSES DE LA FRANC-MAÇONNERIE (1788).

L'insinuation des Jésuites dans la Franc-Maçonnerie. — Les Maçons descendraient des anciens Templiers. — Bonneville et la Nature. — Les anciennes allégories. — Le fanatisme. — *The Use and Abuse of the Masonry.* — Les Rose-Croix. — Les Maçons anglais. — Les Illuminés d'Allemagne. — Bonneville et les perfectibilistes. — Mirabeau. — Robison et la conspiration européenne. — Les Maçons et la Révolution Française. — Bonneville et la monarchie constitutionnelle 17

CHAPITRE III.

HISTOIRE DE L'EUROPE MODERNE (1789-92).

L'œuvre de Russell. — Une savante compilation. — Bonneville ajoute des appréciations personnelles. — La philosophie de l'histoire. — Le plan de l'œuvre projetée de Bonneville. — Les conséquences politiques et sociales des révolutions. — Les droits de la nature et du pacte social. — La tyrannie et le fanatisme. — Les entraves imposées par le système féodal. — Le rôle que doit jouer la démocratie dans l'Etat. — Exemples à l'appui de sa thèse 26

CHAPITRE IV.

DE L'ESPRIT DES RELIGIONS (1791-92).

Œuvre d'interprétation et de construction :

Le partage des biens. — L'abolition des privilèges héréditaires. — Le dogme de la souveraineté populaire. — La confédération (religion) universelle. — Le pacte social. — La bonté et la perfectibilité de l'homme. — Le tribunal suprême des nations. — Le referendum. — La réunion du gouvernement spirituel et temporel. — Le panthéisme de Bonneville. — Les allégories et la religion chrétienne. — La nécessité de l'instruction pour tous 33

CHAPITRE V.

NICOLAS DE BONNEVILLE, JOURNALISTE ET FONDATEUR DU CERCLE SOCIAL.

Le rédacteur de la *Bouche de Fer.* — Les bouches de fer. — *La Bouche de Fer.* — La confédération universelle. — Le Cercle Social. — L'hostilité des Jacobins 47

Les idées directrices de Bonneville. — La haine des riches, des nobles, des prêtres. — L'aristocratie élective. — La répartition des pouvoirs — La volonté de la majorité. — La censure nationale. — Les citoyens actifs. — La perfectibilité du gouvernement. — La nécessité d'un gouvernement national. — L'instruction du peuple. — La liberté de la presse. — L'anonymat 53

pages

Les femmes au Cercle Social 58

La marche générale de la *Bouche de Fer* jusqu'en 1790. — La crise de juin 1791. — L'évolution de Bonneville. — D'abord partisan d'une monarchie constitutionnelle, il devient ardent républicain. — Le décret à obtenir sur l'heure. — Lafayette. — Les Amis de la Constitution 59

Les doctrines du Cercle Social. — Où se réunissaient les Amis de la Vérité. — Les railleries des contemporains. — La profession de foi de Claude Fauchet 64

La Chronique du Mois. — La Législative. — *Le Nouveau Code Conjugal.* — Bonneville s'identifie avec le parti Girondin. — La Commune. — Le lendemain fatal. — *Le Bulletin des Amis de la Vérité.* — La Convention. — *La Sentinelle.* — Louvet. — Roland. — La République. — Plus d'idoles, plus de partis 68

CHAPITRE VI.

RESUME.

REVUE DES IDEES POLITIQUES, SOCIALES ET RELIGIEUSES DE BONNEVILLE.

Ses maitres. — La sociabilité de l'homme. — Les Druides. — La souveraineté du Peuple. — La ratification des lois par le peuple assemblé. — La liberté de la presse. — Le censurat national. — La haine de la noblesse et du clergé. — L'aristocratie élective. — La répartition des pouvoirs. — Le perfectionnement social. — Le partage des successions. — La République fédérative. — La constitution et le gouvernement. — Le culte de la patrie. — Le panthéisme de Bonneville. — L'instruction pour tous. — Le mariage, un devoir social. — La méthode et le style de Bonneville 72

Seconde partie.

CHAPITRE VII.

NICOLAS DE BONNEVILLE ET LE THEATRE ALLEMAND.

1° LA PLACE DE BONNEVILLE DANS LA LITTÉRATURE.

Le milieu. — La personnalité de l'homme. — L'action double de l'influence allemande. — Mme de Staël et le romantisme. — Sainte-Beuve et l'Allemagne. — Grimm et le *Mercure de France.* — Diderot, Mercier, Letourneur, Bonneville 77

pages

2° Le Nouveau Théatre Allemand (1782-85). Dissertation.

La collaboration Friedel-Bonneville. — Le Théâtre Allemand de Juncker et Liebaut et leur dissertation sur la poésie théâtrale en Allemagne. — L'œuvre de Friedel et Bonneville et leur histoire abrégée du théâtre allemand. — On juge d'une nation d'après son théâtre. — Le théâtre allemand tient le milieu entre celui des Français et des Anglais 81

3° Le Nouveau Théatre Allemand. Traduction, confrontations de textes, imitations, critiques contemporaines, etc.

Emilia Galotti. — *Clavigo,* Beaumarchais, Marsollier de Vivetières, Cubières-Palmézeaux, René Périn, Léon Halévy. — *Jules de Tarente.* — *Le Comte d'Olsbach.* — *Astrée et Thyeste.* — *Le voilà pris.* — *Stella,* Cabanis. — *Agnès Bernau.* — *Le ministre d'Etat.* — *L'Homme à la minute.* — *Diégo et Léonor.* — *La Nouvelle Emma.* — *Le Père de Famille.* — *Nathan le Sage.* — Cubières de Palmézeaux, M.-J. Chénier. — *Elfride.* — *Walwais et Adelaide.* — *Gœtz de Berlichingen.* — Walter Scott (Dumas, Victor Hugo). — *La Mort d'Adam,* l'Abbé Roman, Mme de Genlis. — *Miss Sara Sampson.* — Alex. Duval. — *Otto de Wittelsbach.* — *Les Brigands,* Mercier, Lamartelière 88

4° Le Nouveau Théatre Allemand en Angleterre et en Ecosse.

Henry Mackenzie et les traductions françaises du Théâtre Allemand. — Sa conférence à Edimbourg, inspirée par le recueil de Bonneville, attire l'attention de Walter Scott. — Celui-ci s'enthousiasme pour la littérature allemande et apprend l'allemand. — Wm. Taylor de Norwich et Walter Scott. — Les encouragements de Alex. Fraser Tytler. — « Monk » Lewis et la dissertation de Mackenzie. — Les sages conseils de Wm. Erskine 119

CHAPITRE VIII.

CHOIX DE PETITS ROMANS IMITES DE L'ALLEMAND SUIVIS DE QUELQUES ESSAIS DE POESIE (1786). POESIES (1793).

Les génies inconnus. — Croft éveille en Bonneville un intérêt pour Chatterton. — Homère, Ossian, Shakespeare. — Bonneville témoigne de sa reconnaissance à Rousseau. — L'admiration de Bonneville pour Shakespeare. — Ses imitations du dramaturge anglais. — Les vers blancs. — Les romans imités de l'allemand. — La saynète sur les Français et les Allemands. — Ses essais poétiques. — Ses imitations de la Bible et de Joung. — Le poète, guide des démocraties. — Les bardes. — Dieu, la liberté, la patrie. — La Révolution 127

CHAPITRE IX.

BONNEVILLE ET SON PREROMANTISME.

pages

L'esprit romanesque de Bonneville. — Il pressent les inspirations du moment. — Il initie les Français au Théâtre Allemand. — Sa conception du romantisme. — Ses sources. — Son influence. — Sa manière de traduire. — Le révolutionnaire 140

Appendice « A » 146
Appendice « B » 159
Sources 170
Bibliographie de Bonneville 171
Bibliographie générale, principaux ouvrages consultés 175
Journaux et périodiques 182
Index alphabétique des noms propres 184
Index méthodique 188
Table analytique des matières 193

CURRICULUM VITAE DE L'AUTEUR.

Né à Edimbourg le 19 janvier 1889, je fis mes études au Collège Daniel Stewart (Edimbourg) et à l'Université d'Edimbourg, Faculté des Lettres, où je suivis les cours de Latin, de Mathématiques, de Philosophie, de Français et d'Allemand. Je quittai l'Université muni du diplôme de « *Master of Arts* (*Honours*) » (1911).

Pendant ces années d'études universitaires, je profitai du trimestre d'été pour travailler à la Sorbonne (1909) sous la direction de MM. Faguet, Lanson, Thomas, Denis et Basch ; puis en 1910 à la Faculté des Lettres de Munich sous celle de MM. Borinski, Jordan, Muncker, Petersen et Wilhelm. De 1911 à 1913 je fus assistant de langue anglaise au Lycée Michelet à Paris. En 1913 j'occupai aussi le poste de lecteur anglais à l'Ecole Normale de l'Enseignement Technique. C'est pendant ces années-là que je fis, sous la direction de M. Baldensperger, mes premières recherches sur Nicolas de Bonneville, travail qui devait servir à la thèse que je préparais pour le Doctorat d'Université.

Revenu à Edimbourg en 1913, j'entrai à l'Ecole Normale (Edimbourg) à titre de « *Higher Subject Student* ».

Engagé volontaire au début de la guerre, je fus, en 1915, accepté dans les services auxiliaires et attaché à la Ve armée britannique en France en qualité de secrétaire-interprète: service « *Claims Commission and Directorate of Hirings and Requisitions* ».

Actuellement j'occupe le poste de Professeur de Français au Collège George Watson à Edimbourg et je suis aussi chargé de cours à l'Ecole Normale (Episcopale) de l'Eglise Anglicane.

Septembre 1922.

Philippe LE HARIVEL.

www.ingramcontent.com/pod-product-compliance
Ingram Content Group UK Ltd.
Pitfield, Milton Keynes, MK11 3LW, UK
UKHW020408190726
13838UKWH00006B/177